宿州文博

第二辑

SUZHOU CULTURAL RELICS

宿州市博物馆 编

图书在版编目(CIP)数据

宿州文博 . 第二辑 / 宿州市博物馆编 . –– 北京：
文物出版社 , 2023.5
ISBN 978-7-5010-8027-4

Ⅰ.①宿… Ⅱ.①宿… Ⅲ.①文物工作—宿州—文集
②博物馆—工作—宿州—文集 Ⅳ.① G269.275.43-53

中国国家版本馆 CIP 数据核字 (2023) 第 067192 号

# 宿州文博（第二辑）

编　　者：宿州市博物馆

责任编辑：智　朴
责任印制：王　芳

出版发行：文物出版社

社　　址：北京市东城区东直门内北小街2号楼

网　　址：http：//www.wenwu.com

经　　销：新华书店

制版印刷：北京荣宝艺品印刷有限公司

开　　本：889mm×1194mm　1/16

印　　张：13.75

版　　次：2023年5月第1版

印　　次：2023年5月第1次印刷

书　　号：ISBN 978-7-5010-8027-4

定　　价：186.00元

序　言

## 考古发现

## 学术研究

## 文物赏析

## 文物保护

## 陈列展览

## 社会教育

## 文博工作

## 征稿启事

# 序言

2022 年，我们开始编辑《宿州文博》（第二辑），距第一辑出版发行，已过了五个年头。五年来，宿州市经济发展、文化繁荣，并取得了全国文明城市首创首成的骄人成绩。五年来，宿州文博事业有了长足的进步：一是宿州市第一个国有专题博物馆——汴河博物馆 2018 年建成开放，二是宿州市第一个民办博物馆——宿州铜文化博物馆 2019 年建成开放，三是安徽省第一家成建制的市级美术馆——宿州美术馆 2022 年建成开放。五年来，宿州市博物馆奋发向上，砥砺前行：宿州市博物馆 2017 年被评为国家 AAAA 级旅游景区、2018 年晋升国家二级博物馆、2020 年被评为安徽省十佳最美博物馆并晋升国家一级博物馆。

　　五年时间，如白驹过隙。作为宿州的文博工作者，回顾五年来的发展历程，有艰辛也有喜悦，有曲折也有辉煌。《宿州文博》不仅是宿州市博物馆的学术文集，也是记录宿州文博事业、宿州市博物馆成长历程的年鉴纪实。《宿州文博》（第二辑）的目标任务就是将五年以来宿州历史文化研究的学术成果和宿州文博事业蓬勃发展的典型范例、关键节点整理记录、集结出版，为热爱宿州历史文化、关心宿州文博工作的读者们搭建一个乡音、乡情、乡土的精神家园。

　　我们将继续努力，以习近平新时代中国特色社会主义思想为指导，在各级领导、专家学者、文博工作者和广大读者的关心、支持下，把《宿州文博》办好，为宿州文博事业开创新局面、宿州市博物馆各项工作再上新台阶贡献一份力量。

编者

2022 年 12 月

考古发现

# 安徽宿州栏杆镇金山寨汉代画像石墓发掘简报

安徽省文物考古研究所
宿 州 市 博 物 馆
宿 州 市 文 物 管 理 所

2018 年中旬，位于安徽省宿州市埇桥区栏杆镇金山寨村一座画像石墓遭不法分子盗掘，盗墓者采用炸药等工具对墓室及画像石造成严重破坏，为防止自然与人为因素导致的再次破坏，迫切需要对这座古墓葬进行抢救性清理与发掘，因此，宿州市文物部门立即向上级部门做了汇报。在安徽省文物局的批准下，宿州市文物部门同安徽省文物考古研究所于 2019 年 4 月至 5 月初对这座画像石墓进行了抢救性清理与发掘，编号 2019SJM1，简称 M1。金山寨自然村隶属栏杆镇石河行政村，西南距离宿州市区约 50 千米，西北距栏杆镇 2 千米（图一）。现将发掘情况简报如下。

## 一 墓葬形制

墓葬位于栏杆镇金山寨村东山南麓，为砖石混合结构，坐北朝南，方向 220°，平面大致呈"中"字形，由墓道、甬道、中室、东耳室、西耳室、后室组

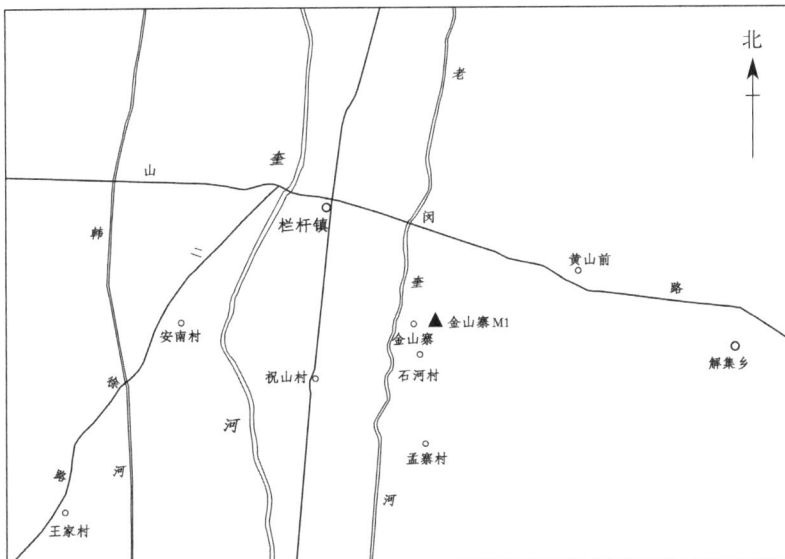

图一　M1 墓葬位置示意图

1

图二　M1全景

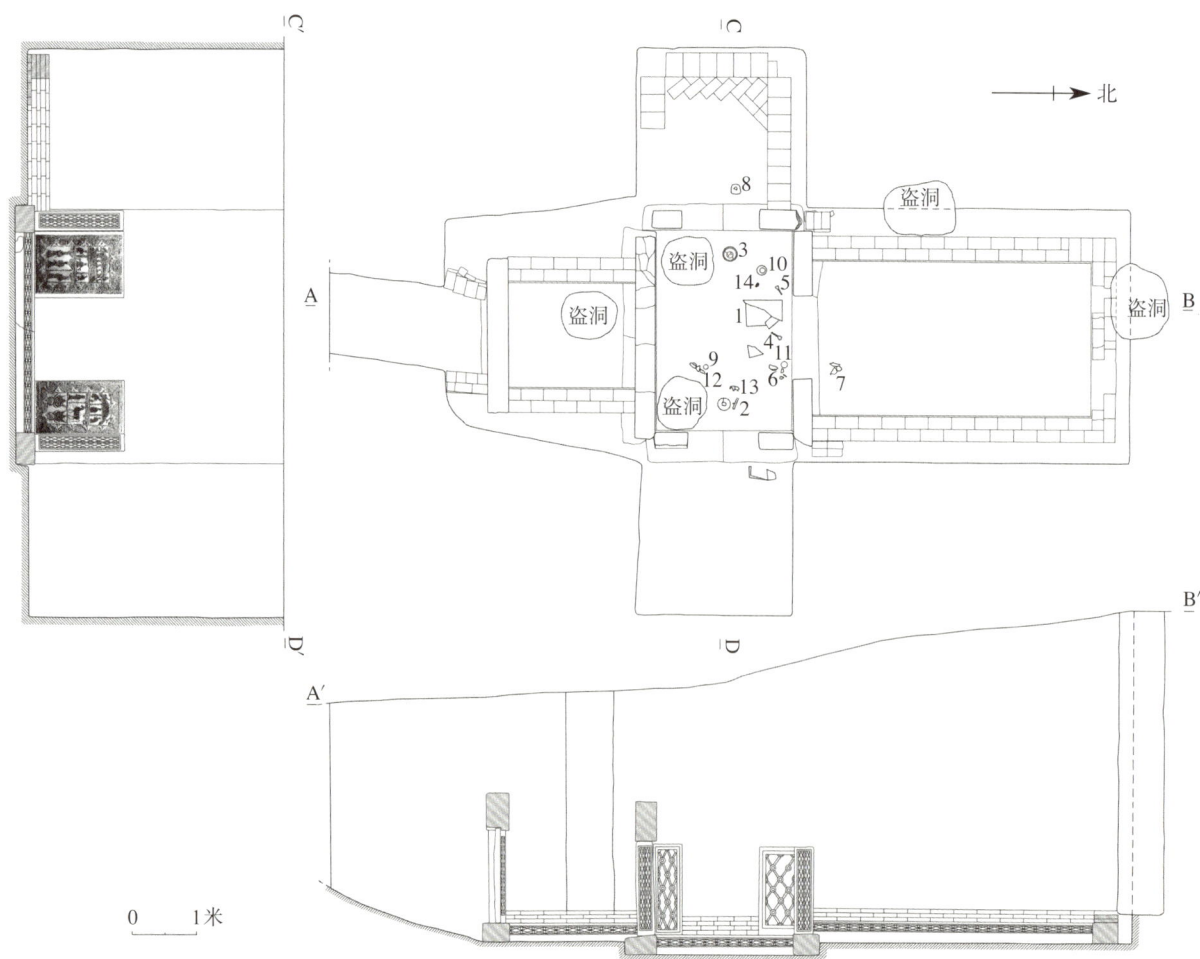

图三　M1平、剖面图

1.陶案　2.陶灯　3.陶甑　4、5.陶勺　6、7.陶耳杯　8、10陶磨　9.陶釜　11.陶盒　12.陶盂　13.陶猪　14.铜钱

图四 M1墓门

成。残长12.4、宽8.5、墓底距地表深2.8~5米（图二、三）。

墓道位于墓门前，南部残缺，平面大致呈长方形，斜坡底，坡度约10°。靠近墓门处两侧用青砖错缝平铺叠砌而成。墓道口长约2.4、宽1.12~1.2、深2.8~3.66米。

墓门位于墓道之后，由门楣、门柱、门扉、地基石等画像石构件组成（图四）。门楣长2.3、宽0.52~0.56、厚0.34米，两面刻有画像，立柱侧立于墓门两侧，左立柱高1.4、宽约0.4、厚0.26米，右立柱高1.4、宽约0.5、厚0.26米。内侧为菱形纹。门扉为两扇，左门扉高1.4、宽0.54、厚0.08米，右门扉高1.4、宽0.62、厚0.08米。南侧门面较粗糙，背面均刻画铺首衔环。立柱、门扉下为地基石，长约2.2、宽约0.5、厚0.28米。地基石南侧粗糙，北侧刻画菱形纹。

甬道位于封门内侧、中室南侧。平面呈长方形，内长2、宽1.58米。两侧底部为地基石，上部为青砖错缝平铺叠砌，地基石内侧刻画菱形纹。

中室位于甬道北侧，中室西侧为西耳室，东侧为东耳室，北侧为后室。中室平面呈长方形，南北长2.1、东西宽3.66米。中室与甬道之间设有立柱、门楣。门楣残长3.36、宽0.6、厚0.34米，两面刻有画像。左立柱高1.4、宽0.88、厚0.26米，南侧粗糙，

北侧刻有画像。右立柱高1.4、宽0.84、厚0.26米，南侧粗糙，北侧刻有画像。立柱内侧均刻画菱形纹。

东耳室位于中室东侧，平面呈方形，长2.3、宽2.3米。东耳室入口处有两立柱，左立柱高1.4、宽约0.5、厚0.26米，右立柱高1.4、宽约0.52、厚0.26米，正面均刻画像。立柱下有地基石，外侧刻画菱形纹。

西耳室位于中室西侧，平面呈方形，长2.2~2.4、宽2.6米，内长1.9、宽1.58米。西耳室入口处有两立柱，左立柱高1.4、宽约0.5、厚0.26米，右立柱高1.4、宽约0.52、厚0.26米，正面均刻画像。立柱下有地基石，外侧刻画菱形纹。四壁用青砖错缝平铺叠砌而成。耳室西部残留少量铺地砖。

后室位于中室北侧，平面呈长方形，长4.9、宽3.8米，内长4.3、宽2.4米。后室为券顶，南部残留少量起券部分。后室入口处设有两立柱，左立柱高1.4、宽约0.96、厚0.3米，正面刻有画像；右立柱高1.4、宽约1、厚0.3米，正面刻有画像。画面外饰有连弧纹、波浪纹。立柱内侧刻画菱形纹。墓室东、北、西壁底部为地基石，高约0.32米，内侧刻画有菱形纹，上部为青砖错缝平铺叠砌而成。

葬具已朽，无法判断葬具形制。东耳室扰土中有少量人骨。

## 二 出土器物

该墓被盗，残留的随葬品主要是陶器，器形有耳杯、陶勺、案、灯、釜、动物模型等，并出土少量铜钱。随葬品皆出于扰土中，中室居多，东、西耳室及后室较少，均为残碎品，无完整品。

（一）陶器

案 1件。M1:1，泥质灰陶，敞口，圆唇，浅腹，平底。长66.4、宽44.8、高3厘米（图五:1）。

灯 1件。M1:2，泥质灰陶，由灯柱、灯盘组成。灯盘呈圆形，敞口，圆唇，浅斜腹，平底，内腹部有两道凹弦纹。灯柱呈圆柱状，中下部按有兽形饰件，其中两个缺失，残存一个，兽首双目平视，两耳

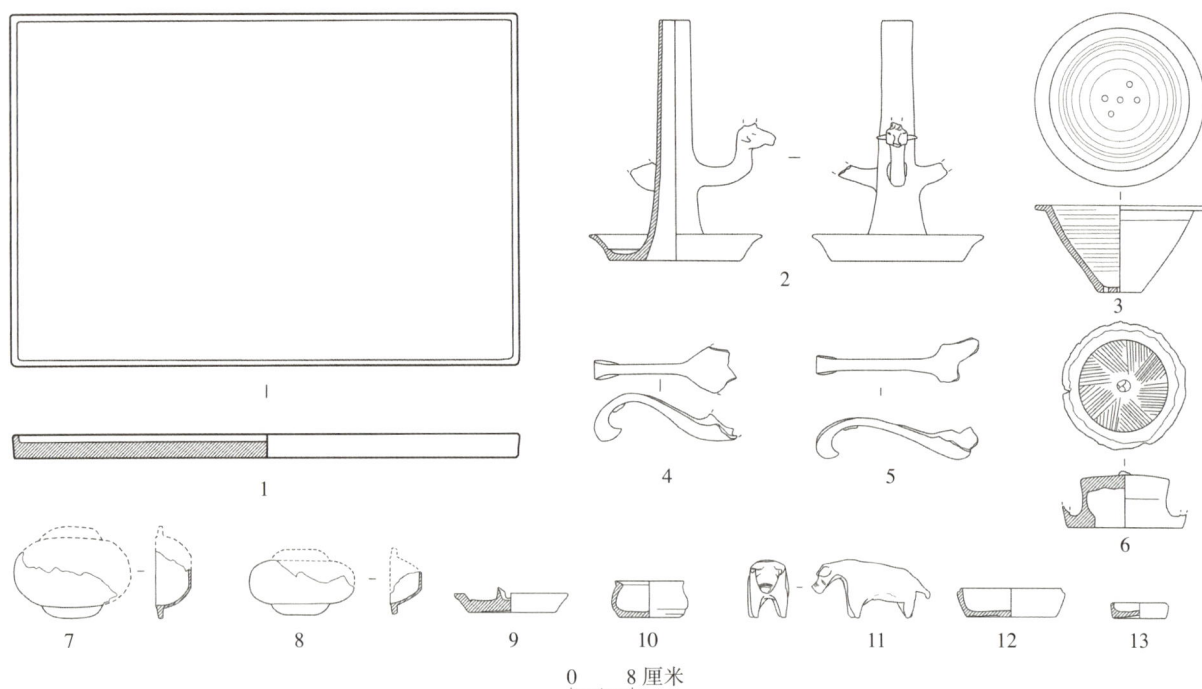

0　　8厘米

图五　陶器

1.案（M1：1）　2.灯（M1：2）　3.甑（M1：3）　4、5.勺（M1：4、M1：5）　6、9.磨（M1：8、M1：10）
7、8.耳杯（M1：6、M1：7）　10.釜（M1：9）　11.猪（M1：13）　12.盒（M1：11）　13.盂（M1：12）

图六　陶器

1.灯（M1：2）　2.甑（M1：3）　3.磨（M1：8）　4.耳杯（M1：6）　5、6.勺（M1：4、M1：5）　7.釜（M1：9）
8.盒（M1：11）　9.猪（M1：13）

前倾，曲状长颈。灯盘口径 22.2、底径 17 厘米，通高 30.4 厘米（图五：2，图六：1）。

甑　1 件。M1：3，泥质灰陶，敞口，平沿，圆唇，斜腹，平底，底部有五孔，内腹部弦纹数道。口径 22、底径 5.4、高 11 厘米（图五：3，图六：2）。

勺　2 件。均为泥质灰陶，口残，曲状长柄。M1：4，残长 18.4、通高 6 厘米（图五：4，图六：5）。M1：5，残长 21、通高 5.2 厘米（图五：5，图六：6）。

耳杯　2 件。均为泥质灰陶。M1：6，椭圆形，新月形耳微下斜，平底。残长 13、残宽 11.6、高 4.6 厘米（图五：7，图六：4）。M1：7，长椭圆形，新月形耳稍平、较厚，平底。长 13.8、宽 8、高 4.1 厘米（图五：8）。

磨　2 件。均为泥质灰陶，为连体磨。M1：8，磨盘呈圆形，平底内空，磨盘中部设磨扇，磨扇有八组凹弦纹，中间一钮残。磨盘底径 15、磨扇径 11.6、残高 7 厘米（图五：6，图六：3）。M1：10，磨盘呈圆形，敞口，平沿，浅腹，平底内凹，中部磨扇残缺。口径 15、底径 11.4、残高 3.2 厘米（图五：9）。

釜　1 件。M1：9，泥质灰陶，敛口，斜平沿，圆唇，弧腹，平底。口径 8.8、底径 7.8、高 4.6 厘米（图五：10，图六：7）。

盒　1 件。M1：11，泥质灰陶，子母口，敞口，浅斜腹，底部凹凸不平。口径 14、底径 11.6、高 3.6 厘米（图五：12，图六：8）。

盂　1 件。M1：12，泥质灰陶，直口，浅腹，平底内凹。口径 7.6、底径 7、高 2 厘米（图五：13）。

猪　1 件。M1：13，泥质灰陶，猪身整体瘦长，长鼻，俯耳，长颈，四肢粗壮。通长 15.5、高 7.2 厘米（图五：11，图六：9）。

另外，还出土有较多陶器残片，器形可辨的有灶、楼、盘、熏、耳杯、釉陶灶等，无法修复。

**（二）铜钱**

铜钱　5 枚。M1：14-1～5，其中一枚残。形制相同，均为五铢，圆形，方穿，钱边缘有周郭，钱

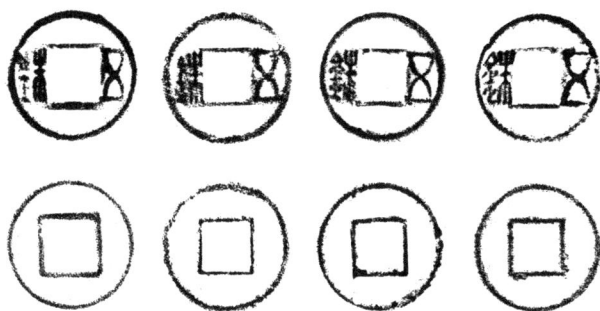
图七　铜钱

穿之背部有周郭。正面左右铸有篆书"五铢"二字，"五"字中间两边弯曲；"铢"字的金字头呈三角形，朱字头是方折（图七）。

## 三　画像石

M1 画像石较为丰富，除地基石及部分立柱外，雕刻有画像的石块主要有 12 块 14 幅，包括两块门楣、两扇门扉、八块立柱画像，其中两块门楣两面刻画。画像内容包括装饰纹样、神兽祥瑞及人物三类。地基石外侧用菱形纹进行装饰。雕刻技法上，以减低浅浮雕和阴线刻为主。

**1. 墓门门楣画像石**

共 2 幅，编为第 1 幅（图八）、第 2 幅（图九）。

第 1 幅位于门楣南侧，为双羊、人物图。双羊位于画面中部，对首而立，形状大致相同，圆目，长须，头顶有弯曲状双角，平腹，短尾，四肢细长。两侧人物皆双手衔握呈站立状，目向双羊。双羊与两侧人物由长方形框相隔。雕刻技法为减低浅浮雕。

第 2 幅位于门楣北侧，为伏羲、女娲交尾图。伏羲、女娲交尾呈两环状，女娲位于左侧，伏羲位于右侧，皆宽衣长袖，左手斜向伸直，仿如舞蹈。左侧环内上部有一只玉兔，下部左侧为蟾蜍，右侧为飞奔状的有翼神兽；右侧环内上部为三足乌，下部为一只有翼、长尾神兽。两环之间饰一常青树。伏羲右下侧刻画一站立状人物。画面主要采用凿纹地阴线刻技法。

**2. 墓门东门扉画像石**

共 1 幅，编为第 3 幅（图一〇）。

5

图八　墓门门楣南侧拓片

图九　墓门门楣北侧拓片

图一〇　墓门东门扉拓片　　　图一一　墓门西门扉拓片

状长眉，宽耳，长须上翘，口衔圆环。画面左右两侧及上部饰连弧纹，最下部有"山"形装饰。画面主要采用凿纹地阴线刻技法。

**3. 墓门西门扉画像石**

共 1 幅，编为第 4 幅（图一一）。

第 4 幅为凤鸟、铺首衔环图。上部为一凤鸟昂首状，圆目，短喙，双翅呈展开状，细长腿，曲状尾翼，尾端宽大。兽面纹凤眼目视前方，头生角，细长鼻，弯曲状长眉，口衔双圆环。下部有"山"形装饰。外围为一周长方形框。画面主要采用凿纹地阴线刻技法。与第 3 幅画像皆为同一内容，但有所差异，大致为：第 4 幅画像凤鸟略小，无冠，尾部也稍小；兽面纹凤眼更甚，无耳，无须，但圆环为双环；外围无连弧纹装饰。总体而言，第 3 幅比第 4 幅刻画更细致。

**4. 中室门楣画像石**

共 2 幅，编为第 5 幅（图一二）、第 6 幅（图一三）。

第 5 幅位于门楣南侧，朝向甬道，为

第 3 幅为凤鸟、铺首衔环图。上部凤鸟昂首起飞状，头生冠，细短喙，目视前方，双翅挥动，曲状尾翼，尾端宽大。下部为铺首衔环，兽面纹凤眼目视前方，头生角，细长鼻，弯曲

图一二　中室门楣南侧拓片

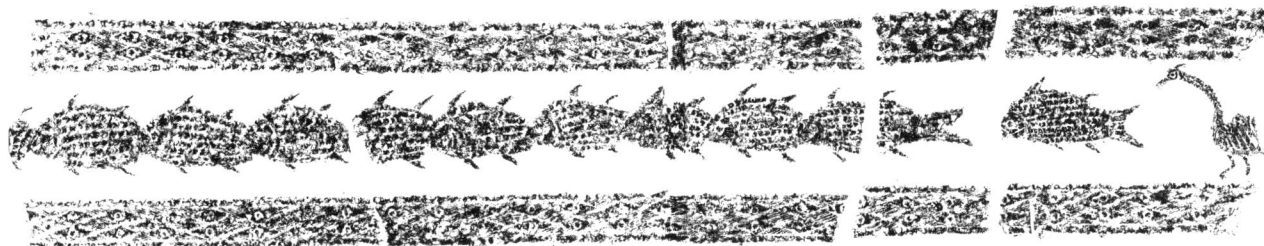

图一三　中室门楣北侧拓片

双鹿图。其中左侧为母鹿，四肢站立，垂颈低首，双耳向上耸立，目圆睁，似食草状；右侧为公鹿，四肢站立，短尾下翘，昂首挺胸，双角耸立，双目圆睁视向前方，整体雄壮有力，似为母鹿作警戒。外围有两周长方形框，间饰水波纹。框左右两侧、上部分别饰两个、三个连弧纹。雕刻技法为减低浅浮雕。

第6幅位于门楣北侧，朝向中室，为鹮鱼图。两端残缺。共11条鱼，头朝东，除最后一条外，皆首尾相连，最后端为一只鹮，长曲颈，目向前方的鱼。画面上下两侧饰菱形纹。雕刻技法为减低浅浮雕。

**5. 中室门楣下东侧立柱**

共1幅，编为第7幅（图一四）。

画面朝北，主要分为上、下两格。上格为翼龙，瘦长身，张嘴，长须，长双角，长曲状颈，肩生翼，长尾，四肢雄壮有力，目视前方，作奔走状，上下两侧饰连弧纹。下格为四个人物，最左侧人物头戴冠，躬身低首，双手执笏，呈作揖状；其右侧人物站立状，头戴冠，双手合拢，面向画面左侧人物。最右侧两人皆持笏，互相作揖。下部饰斜线纹。画面采用减低浅浮雕的技法，下方采用阴线刻。

**6. 中室门楣下西侧立柱**

共1幅，编为第8幅。残碎。

画面朝北，主要分为上、下两格。上格为翼虎，肩生羽翼，四肢雄健有力，长尾，整体呈昂首奔走捕食状，其左侧为一纵向的动物，似为其即将捕食的猎物，画面右侧为一人物，手持短剑，似是在驱赶翼虎，上下两侧饰连弧纹。整个画面呈现了紧张的动态感。下格为拜谒图，画面中心人物呈站立状，左侧人物躬身低首，向其作揖，右侧两人物恭敬位于其身后。下部饰斜线纹。画面采用减低浅浮雕的技法，下方采用阴线刻。

**7. 后室东侧立柱**

共1幅，编为第9幅（图一五）。

画面朝南，分为上、中、下三格。上格为跽拜图，两侧屋脊各栖一只凤鸟，屋内一人，头戴冠，跽坐状，左右两边各一人躬身低首呈跽拜状。中格左侧为一站立状人物，右侧为一行走状马。下格为两个铺首衔环，兽面头生三角，长眉，长须。外围饰连弧纹、水波纹。雕刻技法为减低浅浮雕。

**8. 后室西侧立柱**

共1幅，编为第10幅（图一六）。

图一四 中室门楣下东侧立柱拓片　　图一五 后室东侧立柱拓片　　图一六 后室西侧立柱拓片

画面朝南，分为上、下两格。上格为楼阁、人物，楼阁分上下两层，庑殿顶，正脊两端向外伸出翘角装饰，上、下层两侧脊各栖一鸟。各层皆有三个人物，其中下层中间人物踞坐于凭几一侧，两侧人物躬身低首，双手执笏，向中间人物作踞拜状。下格为三个站立状人物。外围饰连弧纹、水波纹。雕刻技法为减低浅浮雕。

**9. 东耳室、西耳室两侧立柱**

共 4 幅，编为第 11 ～ 14 幅。

画面皆为璧帛相交图，外框饰水波纹。主要采用凿纹地阴线刻技法。

此外，甬道、中室、后室的地基石侧面以及门楣立柱侧面皆用菱形纹装饰。

## 四　结　语

金山寨画像石墓是近年来在宿州地区清理发掘的汉代墓葬中比较重要的一座。现就其中几个问题提出一些看法。

1. 此墓葬存在再葬行为。

甬道、西耳室、后室地基石上部的青砖宽大、厚重、规整，与地基石契合度高，而后室两立柱外侧起券处、甬道北外侧、墓门两侧构建砖墙的青砖窄薄且基本为残破品，二者青砖的风格迥然不同，应该是不同时期修建的。从器物看，也存在差异，可大致分为两组，第一组以陶案、陶灯、陶瓿、陶耳杯、陶勺等为主；第二组以陶釜、小陶盒、陶磨（M1：10）等为主。第一组器物整体器形偏大，制作精致讲究；第二组器物器形偏小，制作粗糙。两组器物应与两次下葬相对应。这种再葬的情况，在河南、山东、江苏等画像石墓中屡有出现，有学者也做过专门的研究，并对再葬画像石墓进行了定义、辨别及分析了此现象产生的社会背景原因[1]。

2. 关于墓葬的时代问题。

墓葬形制上，"中"字形的砖石墓葬结构与萧县破阁 M61[2]、萧县圣村 M1[3]、宿州褚兰建宁四年胡元壬墓[4] 等基本一致，这是本地区东汉墓葬中常见的墓型。出土器物以泥质灰陶为主，还有部分泥质红陶以及数量较少的釉陶片，器形上以模型明器、日常生活用具为主，无仿铜陶礼器，器物特点以及器物组合关系与邻近地区的许多东汉中晚期墓葬出土的器物相似，如徐州十里铺汉墓[5]。从出土的五铢钱来看，制作相对规整，"五"字中间两笔是弯曲的，朱字头方折，这与洛阳烧沟汉墓出土的第Ⅱ型五铢钱类似，年代大致为西汉晚期[6]。

从画像石的特点来看，大致分为两类：一类属反映现实生活的内容，如楼阁、人物、马等，是汉画中常见的题材；另一类属祥瑞、神兽等内容，是以夸张、幻想为题材。雕刻技法以减低浅浮雕为主，这也在周边地区的东汉中晚期墓葬中所常见。

综上所述，该墓的年代应该在东汉中晚期。

3. 墓主人身份问题。

根据以往的研究结论，判断墓主人身份仅仅凭借画像石内容，如根据车马数量规格、墓葬有无门阙、祠堂等是不够的，我们还要根据墓葬形制、随葬器物进行综合考虑。金山寨墓葬由甬道、中室、东西两耳室、后室组成，规格与徐州青山泉白集东汉画像石墓[7]、宿州褚兰胡元壬墓大致相当，据发掘者考证，白集汉墓墓主人身份为六百石以下的官吏；胡元壬墓出土的墓碑，记载了墓主姓名、籍贯，没有提及做官享爵之事。而从以往发现的墓碑、墓志看，凡死者生前做官职的，均在墓碑、墓志上标明，所以发掘者认为胡元壬生前未做过官吏，应是郡县中的富豪之辈。因此，可以根据以往的发掘资料推测，金山寨 M1 墓主人身份应为六百石左右的官吏或商贾巨富。

项目负责：任一龙
发　　掘：邱少贝　金华超　毛玉思　任一龙等
绘　　图：邱少贝　杨妍丽
拓　　片：闵凡保
器物修复：毛玉思　王士刚
执　　笔：刘　林　邱少贝　任一龙

注释

[1] 周保平：《徐州的几座再葬汉画像石墓研究——兼谈汉画像石墓中的再葬现象》，《文物》1996 年第 7 期。

[2] 安徽省文物考古研究所、安徽省萧县博物馆：《萧县汉墓》，科学出版社，2008 年。

[3] 周水利：《安徽萧县新出土的汉代画像石》，《文物》2010 年第 6 期。

[4] 王步毅：《安徽宿县褚兰汉画像石墓》，《考古学报》1993 年第 4 期。

[5] 江苏省文物管理委员会、南京博物院：《江苏徐州十里铺汉画象石墓》，《考古》1966 年第 2 期。

[6] 洛阳区考古发掘队：《洛阳烧沟汉墓》，科学出版社，1959 年。

[7] 尤振尧：《徐州青山泉白集东汉画象石墓》，《考古》1981 年第 2 期。

# 安徽萧县植物园汉代砖室墓
# 发掘简报

安徽省文物考古研究所

萧 县 文 物 管 理 所

植物园汉代墓群位于安徽省宿州市萧县圣泉乡与龙城镇交汇处的凤凰山北侧山脚下，东、南、西三面被凤凰山包围，连接萧县城区与萧县北站的龙腾大道将其分割为东、西两个区域。为配合植物园建设工程，2018年12月～2019年4月，安徽省文物考古研究所联合宿州市博物馆、萧县文物管理所对汉代墓群进行抢救性发掘，共清理汉墓105座，其中砖室墓12座（图一、二）。墓葬编号按照发掘先后顺排。现将砖

室墓发掘情况简报如下。

## 一　东区墓葬

### （一）M4

该墓位于东区发掘区中部西南侧，该墓已遭严重盗扰。砖室墓。墓向15°。开口于表土层下，距地表0.4米，墓室长3.4、宽0.96、残深0.7米。室壁已

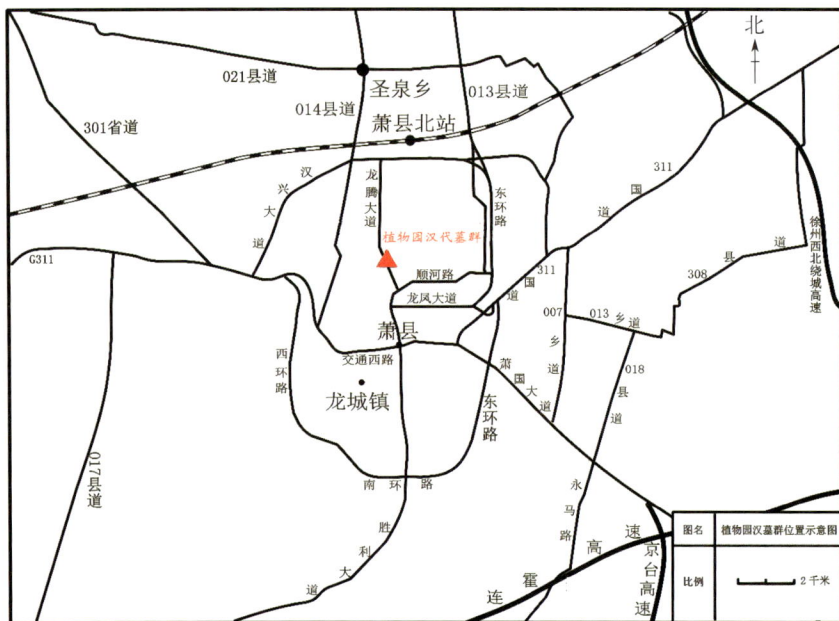

图一　植物园汉代墓群位置示意图

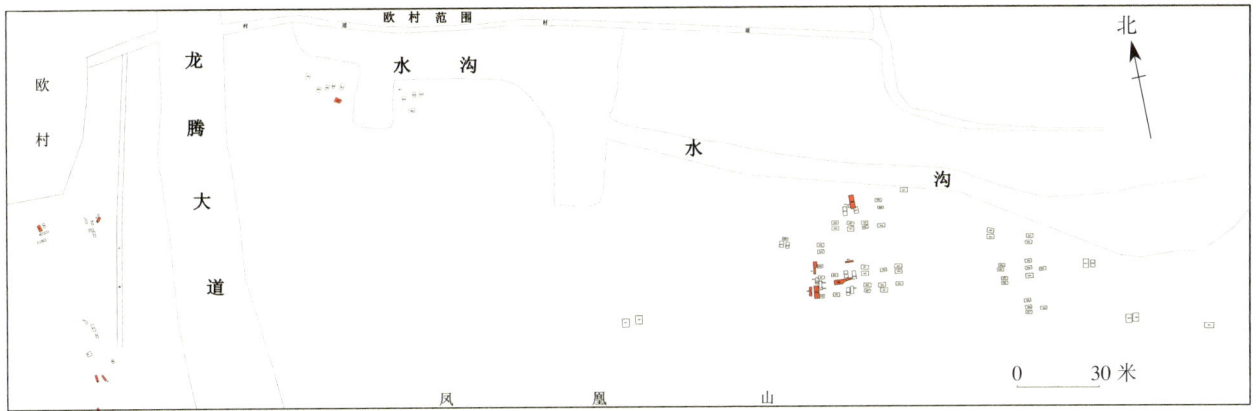

1.墓葬分布图

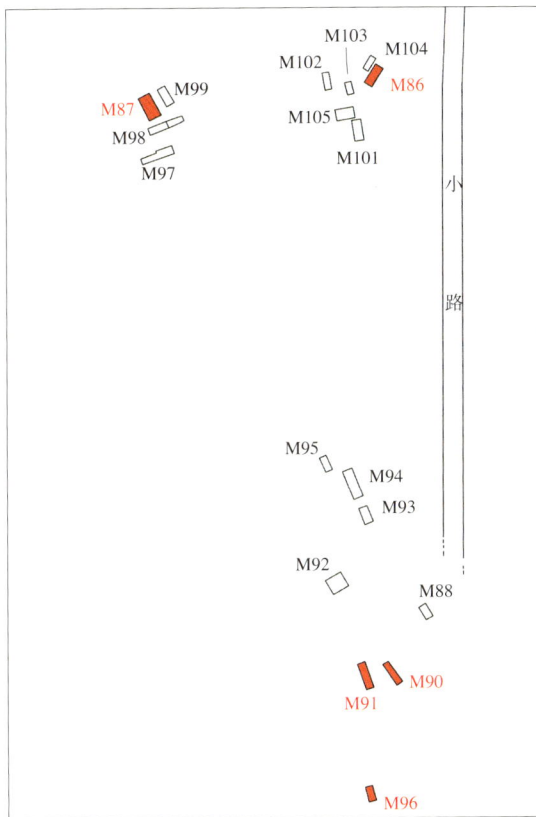

2.西区局部图

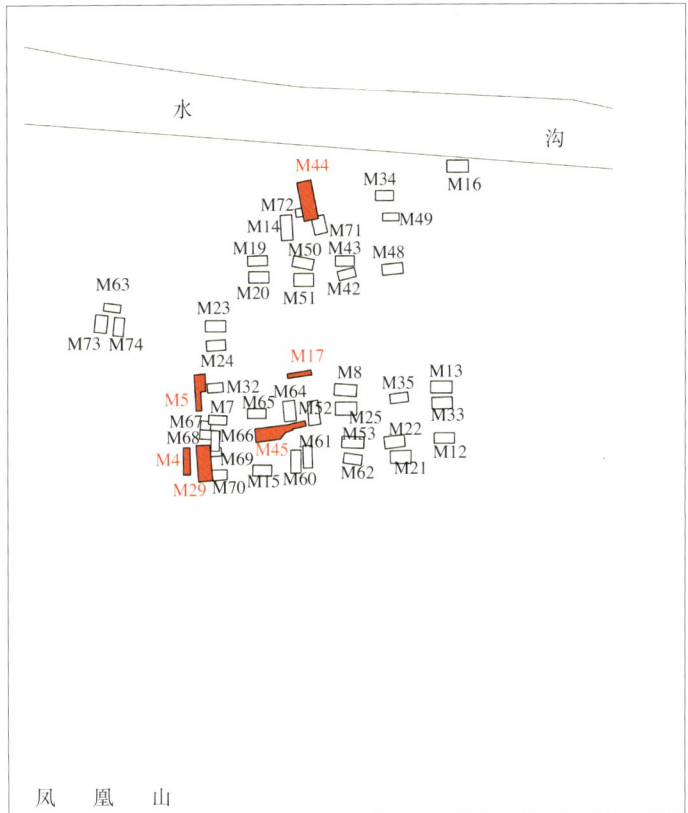

3.东区局部图

图二 植物园汉墓群砖室墓位置分布图
（红色为砖室墓）

遭严重损坏，从残存的室壁可以看出，采用单行青砖错缝砌筑，铺地砖采用青砖顺缝平铺而成。墓葬填土为灰褐色花土，土质较疏松，至墓底未发现人骨架、葬式、葬具不详（图三）。

（二）M5

1.墓葬形制

该墓位于东区发掘区中部西南侧，该墓已遭严重

盗扰。砖室墓。墓向200°。开口于表土层下，距地表0.4米，由墓道和墓室组成。墓道为斜坡式，平面呈长方形，长2.8、宽0.76米。墓室由墓门和砖室组成，墓室顶部已遭盗扰，墓门仅残存封门石板，砖室室壁由青砖采用"三顺一丁"方式砌筑，"人"字形铺地砖。墓室长3.6、宽1.6、深1.2米。墓葬填土为红褐色花土，土质疏松，至墓底发现零星人骨，葬

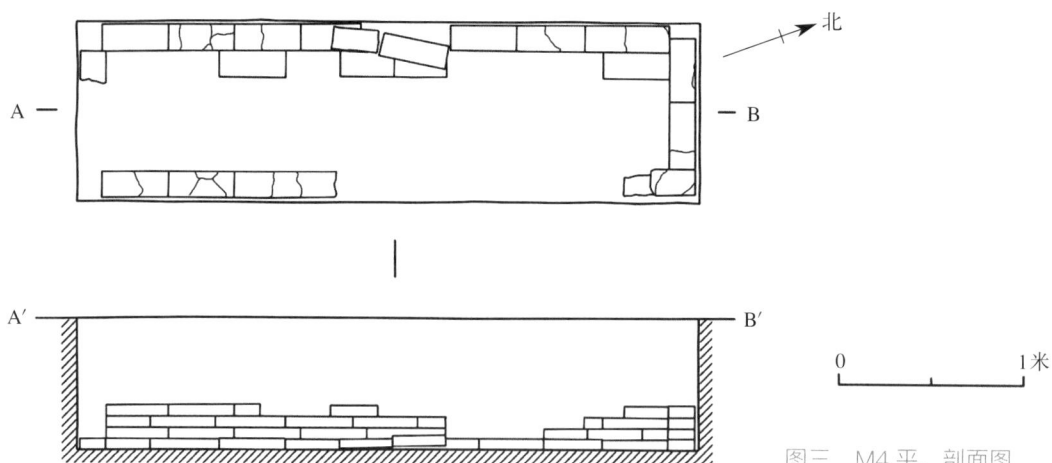

图三　M4 平、剖面图

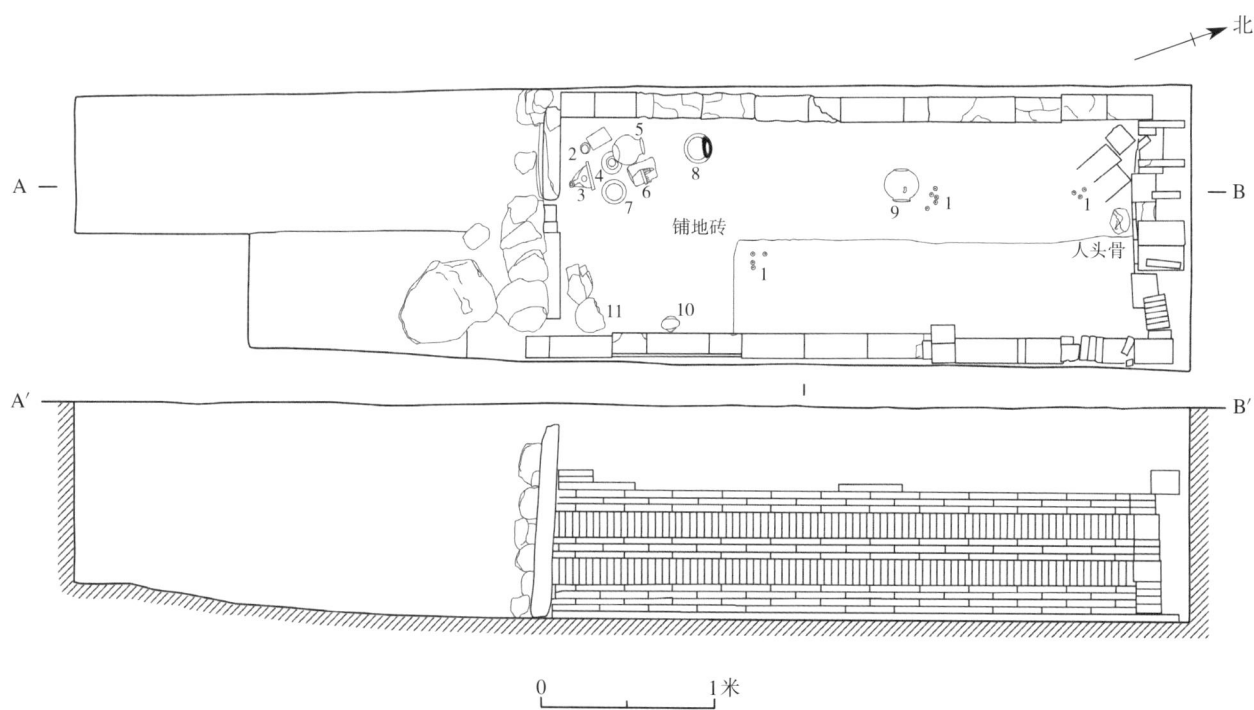

图四　M5 平、剖面图

1. 铜钱（若干）  2. 陶杯  3. 陶灶  4. 釉陶磨  5. 陶罐  6. 釉陶仓  7. 釉陶器  8. 釉陶溷  9. 陶罐  10. 陶耳杯  11. 陶奁

式、葬具不详。随葬品置于砖室南部，有陶罐 2 件，陶杯、陶灶、陶耳杯、陶奁各 1 件，釉陶磨、釉陶仓、釉陶釜各 1 件，铜钱若干等（图四）。

2. 出土遗物

陶罐　2 件。泥质红陶。溜肩，平底。肩饰两周弦纹。M5：5，侈口，圆唇，短颈，鼓腹。肩部置对称桥形耳。口径 12.6、高 15.5、底径 10.6 厘米。M5：9，直口，尖唇，平沿，直颈，圆鼓腹。口径

15、高 18.8、底径 10.5 厘米（图五：2、10）。

陶杯　1 件（M5：2）。泥质灰陶。敞口，圆唇，弧腹，喇叭形实足。口径 6.1、高 6.5、底径 6.2 厘米（图五：9）。

陶灶　1 件（M5：3）。泥质灰陶。平面近似半椭圆形，不规则挡火墙，拱形火门，灶面上釜与火眼连为一体，尾部逐渐收紧有一空心烟囱，灶体中空，无底。釜为敞口，圆唇，溜肩，弧腹，圜底。长 15.5、

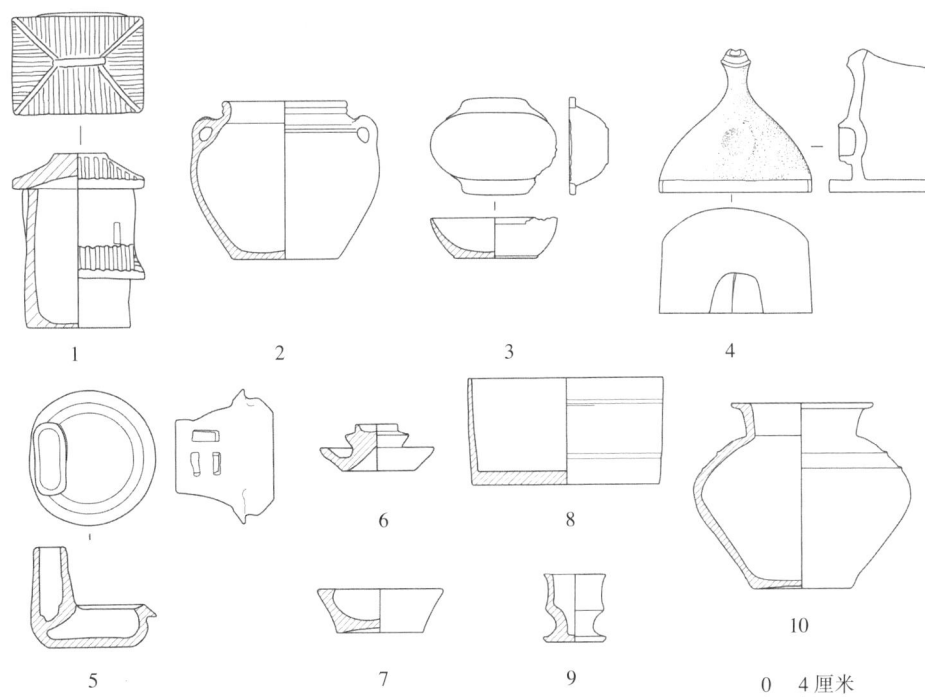

图五　M5 出土器物

1. 釉陶仓（M5∶6）　2、10. 陶罐（M5∶5、9）　3. 陶耳杯（M5∶10）　4. 陶灶（M5∶3）　5. 陶溷（M5∶8）
6. 釉陶磨（M5∶4）　7. 釉陶器（M5∶7）　8. 陶奁（M5∶11）　9. 陶杯（M5∶2）

宽 15、高 10 厘米（图五∶4）。

釉陶磨　1 件（M5∶4）。磨盘为圆形，敞口，平沿，浅弧腹，平底，底部有凹槽。盘中部隆起作圆台状连体磨扇。红胎，施青釉不及底。口径 4.2、底径 7.2、高 4.5、通径 11.2 厘米（图五∶6）。

釉陶仓　1 件（M5∶6）。仓为上下两层。悬山顶，上下层之间在前侧饰有一斜坡式屋檐，二层前侧开有两个矩形窗户，平底，四周存刮削痕，底部有一不规则形洞。红胎，前侧及屋顶施青釉，釉面光滑。盖长 13、宽 9.4、高 3.4 厘米。仓长 10.8、宽 10、高 13.4 厘米（图五∶1）。

釉陶器　1 件（M5∶7）。敛口，平沿，弧腹，平底。口沿、内壁施青釉。口径 12.4、高 4.2、底径 8.6 厘米（图五∶7）。

陶溷　1 件（M5∶8）。泥质红陶。平面呈圆形，四周建有围墙，在陶溷一侧建有椭圆形陶屋，陶屋的前侧山墙上开有两个方形窗户及一个方形门，左右两

侧略向外突出。通高 9.6、底径 8.2、通宽 12.8 厘米（图五∶5）。

陶耳杯　1 件（M5∶10）。残，泥质红陶。椭圆形，敞口，尖唇，弧腹，平底。两侧有半月形耳。口径 9.2～12.4、高 3.8、底径 3.5～7.7 厘米（图五∶3）。

陶奁　1 件（M5∶11）。泥质红陶。直口，尖唇，筒形腹，平底。腹饰有三周凸弦纹。口径 19.4、底径 18.5、高 10.3 厘米（图五∶8）。

（三）M17

该墓位于东区发掘区中部北侧。长方形砖室墓，开口于表土层下，距地表 0.45 米。墓向 104°。该墓由墓道和砖室组成。墓道为斜坡式，平面呈圆弧状，长 0.3、宽 0.9、深 0.9 米。土圹长 3.7、宽 1.04 米。墓室长 3.6、宽 0.9、深 0.9 米。墓室顶部已遭盗扰不存，墓门用青砖倾斜交错封门，墓壁用青砖"三顺一丁"砌筑，"人"字形铺地砖。墓葬填土为红褐色花土，土质疏松。至墓底发现零星人骨，头向东，葬

式、葬具不详。随葬品置于砖室西侧中部，有铜五铢钱3枚（图六）。

### （四）M29

该墓位于东区发掘区中部南侧，该墓葬已遭严重盗扰，仅残存墓室下部。砖室墓。墓向150°。开口于表土层下，距地表0.45米，由墓道和墓室组成。墓道已遭完全破坏，不存。墓室由墓门和砖室组成。墓门已遭严重损坏，仅残存地伏石，长1.7、宽0.33~0.4、厚0.1米。砖室长3.9、宽1.6、残深0.26米。室壁均由菱形太阳纹青砖采用"三顺一丁"方式砌筑，铺地砖则由青砖采用"二顺二丁"平铺而成。墓葬填土为灰褐色花土内含有较多碎砖块等，土质较疏松，至墓底发现零星散落人骨。葬具、葬式不详。

随葬品置于砖室南侧，有零星散落钱币（图七）。

### （五）M44

#### 1. 墓葬形制

该墓位于东区发掘区中部北侧，该墓葬已遭严重盗扰，同时打破M71和M72。砖室墓。墓向200°。开口于表土层下，距地表0.4米，由墓道和墓室组成。墓道受发掘现场限制，仅发掘出墓门处。墓室由墓门、砖室、耳室组成。墓门由门楣、门扉、门柱和地伏石组成。门楣长1.66、宽0.28、高0.34米。门扉两扇，大小不同，东侧门扉长0.52、宽0.12、高0.96米，西侧门扉长0.44、宽0.12、高0.96米。门柱两个，大小不同，东侧门柱长0.34、宽0.28、高0.96米，西侧门柱外堆砌一排青砖，柱长0.14米，宽0.26

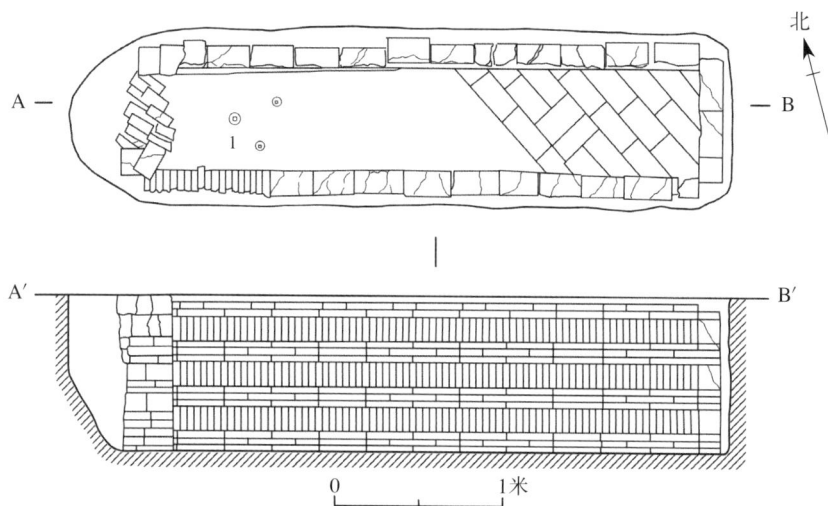

图六 M17平、剖面图
1. 铜钱（3枚）

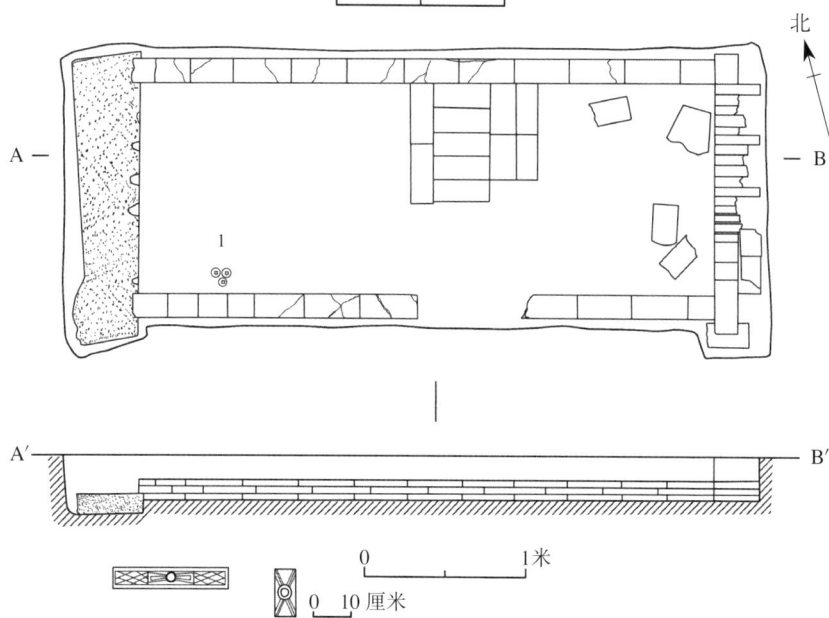

图七 M29平、剖面图
1. 铜钱（3枚）

米，高 0.96 米。地伏石位于门扉和门柱底，长 1.48、宽 0.3、高 0.12 米。砖室长 3.8、宽 1.4、深 1.4 米，券顶已遭破坏，从残存部分可以看出，券顶由青砖呈"丁"形起拱，室壁则由青砖采用"三顺一丁"砌筑，"人"字形铺地砖；耳室位于砖室东南侧，距墓门 0.8 米，形制与砖室相同，东西长 0.75、南北宽 0.64、深 1.4 米。墓底残存零星人骨，葬具、葬式不详。随葬品置于耳室和墓门内侧，有釉陶灶、釉陶仓、釉陶井、釉陶磨、釉陶盆、釉陶壶、陶甑、陶盘、陶盆各 1 件，同时在铺地砖上发现零星散落铜钱若干（图

八）。釉陶仓发掘时器盖与仓分别编号，在出土遗物中当作一件器物统一介绍。

2. 出土遗物

釉陶灶　1 件（M44：1、7）。灶平面呈半圆形，半圆形挡火墙，拱形灶门，灶上有一火眼，釜与火眼连为一体，釜上置一甑，尾部有一空心烟囱，中空，无底。釜敛口，溜肩，弧腹，圜底。甑敞口，圆唇，斜折腹，平底穿孔。甑腹有刮削痕，底部有一箅孔。红胎，施酱色釉，剥落严重。甑口径 10、底径 2.8、高 4.8 厘米。灶长 15.6、宽 13.8、高 8.8

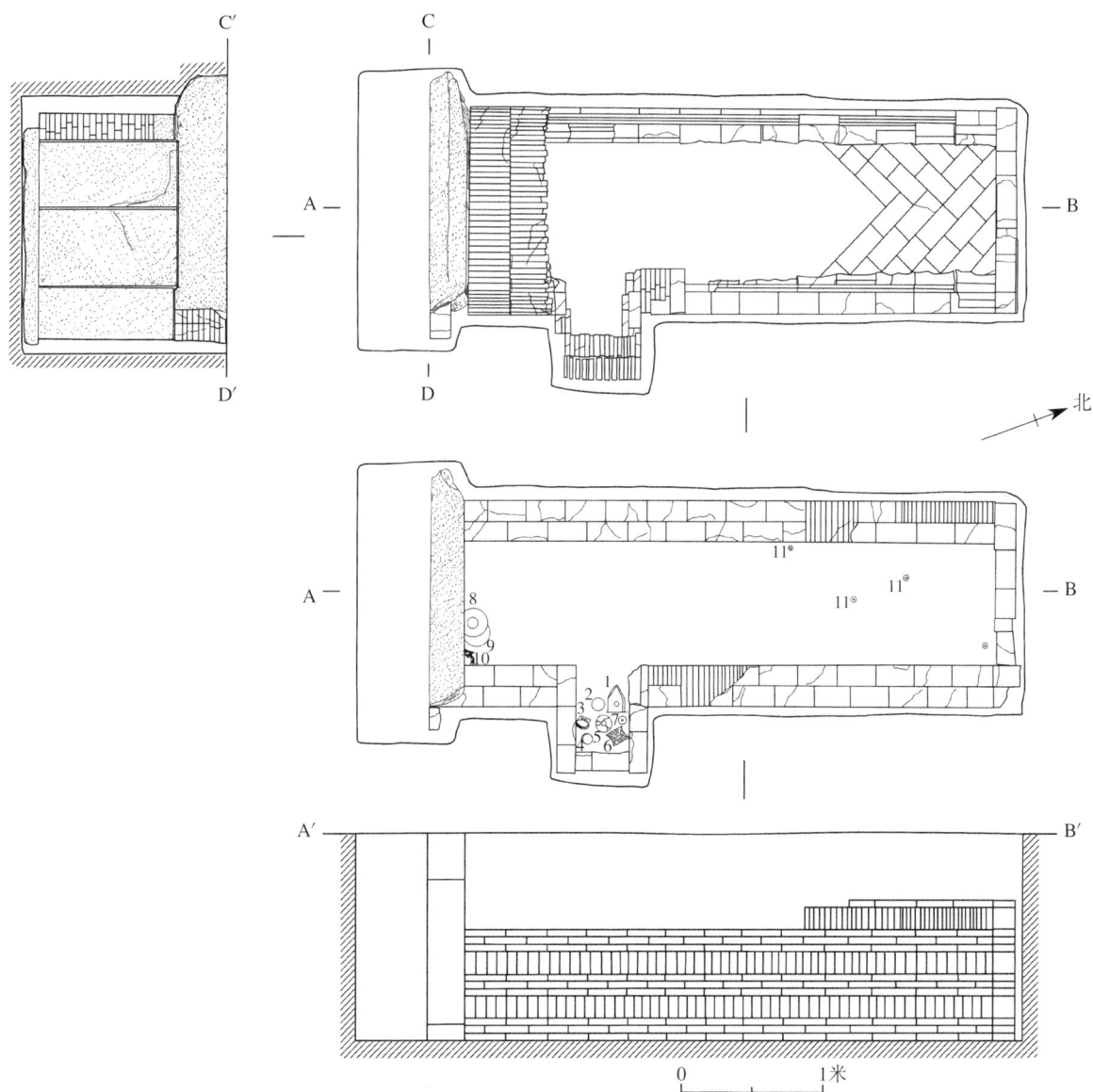

图八　M44 平、剖面图

1. 釉陶灶　2. 釉陶碗　3. 釉陶仓　4. 釉陶井　5. 釉陶磨　6. 釉陶仓盖　7. 釉陶甑　8. 陶盘　9. 陶盆　10. 釉陶壶　11. 铜钱

厘米（M44：1 为釉陶灶，M44：7 为釉陶甑）（图
九：5）。

釉陶盆 1件（M44：2）。敞口，方唇，平沿，
弧腹，平底内凹。红胎，施酱色釉，剥落严重。口径
10.2、高3.9、底径6厘米（图九：6）。

陶盆 1件（M44：9）。泥质灰陶。敛口，尖唇，
平沿，弧腹，平底。素面。口径23.6、底径10、高
9.6厘米（图九：4）。

釉陶仓 1件（M44：3、6）。庑殿式屋顶，椭圆
形仓，平底。仓有上下层，在两层之间前侧置一斜坡
式屋檐。红胎，施青釉，脱落严重。通高15.8、通宽
12.7、底径9厘米（M44：3 为仓体，M44：6 为仓盖）
（图九：1）。

釉陶井 1件（M44：4）。敛口，圆唇，折肩，
筒形腹，平底。内壁有轮痕。红胎，施青釉，剥落严
重。口径5.5、高7、底径5厘米（图九：2）。

釉陶磨 1件（M44：5）。磨盘圆形，敞口，浅
弧腹，平底。一侧置一流，磨盘中部隆起作圆台状连

体磨扇。红胎，施青釉，剥落严重。通径14.2、高4、
底径11.5厘米（图九：7）。

陶盘 1件（M44：8）。泥质灰陶。敞口，圆唇，
浅弧腹，平底。素面。口径29、高5.2、底径19.8厘
米（图九：8）。

釉陶壶 1件（M44：10）。盘口，圆唇，短颈，
溜肩，鼓腹，平底。肩部饰数道弦纹。红胎，施青
釉，剥落严重。口沿9、高18.5、底径8.5厘米（图
九：3）。

**（六）M45**

1. 墓葬形制

该墓位于东区发掘区中部南侧，该墓葬已遭严
重盗扰。砖室墓，墓向100°。开口于表土层下，距
地表76厘米，由墓道和墓室组成。墓道为斜坡式，
平面呈不规则长方形，长3.3、宽0.8～1.4米，坡度
20°。墓室由墓门、砖室组成；墓门已遭完全破坏，
形制不详。砖室平面呈长方形，长3.6、宽2.0、深
1.56米、其券顶已遭破坏，从残存部分可以看出，券

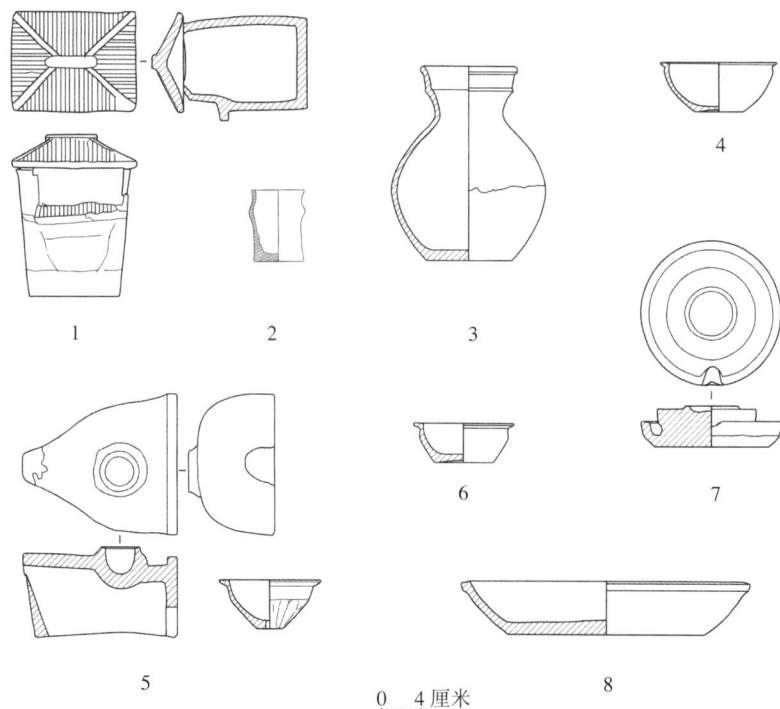

图九 M44 出土器物

1.釉陶仓（M44：3、6）2.釉陶井（M44：4）3.釉陶壶（M44：10）4.陶盆（M44：9）5.釉陶灶（M44：1、7）

6.釉陶盆（M44：2）7.釉陶磨（M44：5）8.陶盘（M44：8）

顶由青砖呈"丁"形起拱，室壁则由青砖采用"三顺一丁"砌筑，"人"字形铺地砖。墓底残存零星人骨，葬具、葬式不详。随葬品置于墓室南侧近门处，有陶罐2件，陶灶1套，陶仓、陶井、陶磨、陶溷各1件，同时在铺地砖上发现零星散落铜钱及铁器1件（图一〇）。

2. 出土遗物

陶灶　1套。M45：3为陶灶，M45：4为陶甑泥质红陶。平面近似半圆形，有一拱形灶门，灶上有一火眼，火眼上有一套釜、甑，釜与火眼连为一体，尾部有一空心烟囱。釜敞口，尖唇，浅弧腹，圜底。甑敞口，方唇，平沿，斜折腹，平底穿孔。甑腹部饰一周弦纹，底部有一箅孔。灶器表泛黑。灶长19、宽16.6、高10厘米。甑口径12、底径4.4、高5.4厘米（图一一：1）。

陶井　1件（M45：5）。泥质红陶。直口微敛，平沿，折肩，筒形腹中间内收，平底。腹部有刮削痕。器表泛黑。口径6.4、底径6.2、高8.4厘米（图一一：6）。

陶仓　1件（M45：6）。泥质红陶。庑殿式屋顶，器身剖面略呈方形，上方下圆，分为上下两层，中间前侧设一斜坡式屋檐，中空，平底。二层前侧开设两方形窗户，器身左右两侧见有指压痕。盖长13、宽9、高2.6厘米，器身长13、宽5.1、高14.5厘米（图一一：3）。

陶磨　1件（M45：7）。泥质红陶。圆形磨盘，敞口，尖唇，浅弧腹，平底。上部为圆台状连体磨扇，盘底部有不规整凹槽。通径11.2、高3.4厘米（图一一：5）。

陶罐　2件。泥质红陶。M45：8，盘口，短束颈，溜肩，圆腹，平底。口径9.4、高19.5、底径9.5厘米（图一一：2）。M45：9，无法修复。

陶溷　1件（M45：10）。泥质红陶。圆形，四周设围墙，一侧建有椭圆形陶屋，在陶屋前侧山墙开设一长方形门，左右两侧略向外凸。通径16.6、高7.5、底径8.4厘米（图一一：4）。

（七）M82

该墓位于东区发掘区西部北侧。长方形砖室墓，开口于表土层下，距地表0.4米。墓向260°。砖室墓室长2.94、宽0.94、深0.64米。墓室顶部已遭盗扰不存，墓门用青砖平铺错缝封门，墓壁用青砖平铺错缝砌筑，"人"字形铺地砖。墓葬填土为灰褐色花

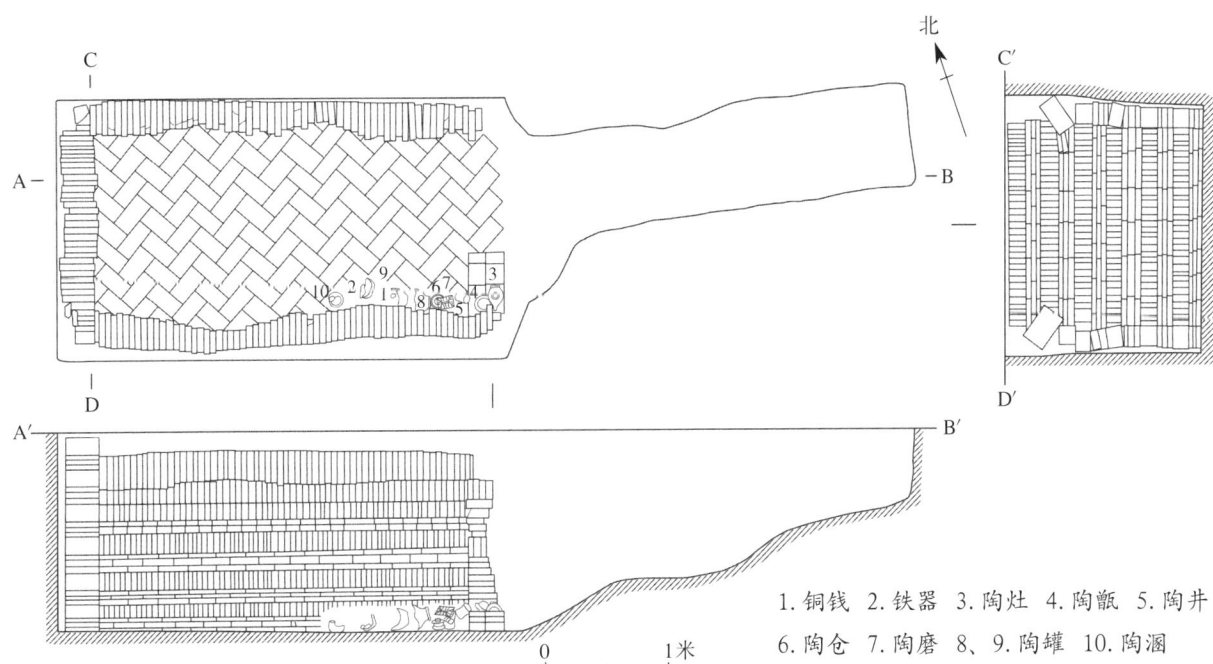

1.铜钱　2.铁器　3.陶灶　4.陶甑　5.陶井
6.陶仓　7.陶磨　8、9.陶罐　10.陶溷

图一〇　M45 平、剖面图

17

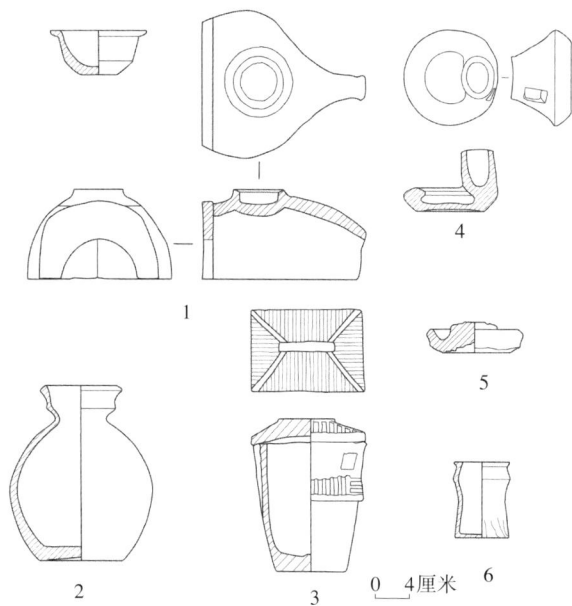

图一一　M45 出土器物

1. 陶灶（M45：3、4）　2. 陶罐（M45：8）
3. 陶仓（M45：6）　　4. 陶涵（M45：10）
5. 陶磨（M45：7）　　6. 陶井（M45：5）

土，土质疏松。至墓底发现零星人骨，头向西，葬式、葬具不详。随葬品置于墓底，有铜钱2枚，铁剑1把，"L"形铁器3件（图一二）。

## 二　西区墓葬

### （一）M86

#### 1. 墓葬形制

该墓位于西区发掘区北部北侧。长方形竖穴砖室墓，开口于表土层下，距地表0.4米。墓向30°。土圹长3.5、宽1.4、深2.8米。砖室墓室长2.84、宽1.34、深0.8米，东西壁受力向内挤压。无墓顶、墓门、铺地砖，墓壁用青砖平铺错缝砌筑，东壁双排砖，西、北壁单排砖。墓葬填土为灰褐色花土，土质疏松。墓底、砖室北侧有生土二层台，台长2.6、宽0.46、高0.8米。至墓底发现残留木棺板灰痕，为单棺，长1.90、宽0.6米。人骨一具，朽蚀、保存较差，头向北，葬式为仰身直肢葬。随葬品置于棺内北端和棺外砖室东侧，有盘口壶2件，陶圈、陶灶、陶磨、

陶井、陶鼎各1件，铜镜1面，铁削1把，指环1枚，料珠2枚，铜钱若干（图一三）。

#### 2. 出土遗物

盘口壶　2件。器形、材质相同。M86：5，泥质灰陶。盘口，短束颈，溜肩，圆腹，平底。腹部有数道轮痕。口径11、高22.6、底径12.5厘米（图一四：2）。

陶圈　1件（M86：7）。泥质灰陶。上方下圆，敞口，平沿，斜直腹，平底。圈一角置一简易镂孔方形厕，圈内壁饰三道弦纹，底部饰一方形镂孔。边长22、高8.2厘米（图一四：5）。

陶灶　1件（M86：8）。泥质灰陶。呈半圆形，有一拱形灶门，尾部有一空心烟囱，灶面上开有一灶眼，上置一套釜、甑。釜敛口，溜肩，扁鼓腹，平底。甑敞口，斜直腹，平底穿孔。甑底部饰对称的7个镂孔。灶壁的左右两侧存泥条盘筑痕。甑口径12、高6.2、底径4厘米，釜口径5.9、高4.8、底径5厘米。整器长19.2、宽16、高10.6厘米，灶眼径13.4厘米（图一四：1）。

陶磨　1件（M86：9）。连体磨。泥质灰陶。圆形磨盘，敞口，浅弧腹，平底，喇叭形圈足。口沿一侧置一流，盘中部隆起作圆台状连体磨扇，底部中空。口径3.6、底径11.4、高9.4、通径15.6厘米（图一四：3）。

陶鼎　1件（M86：10）。泥质灰陶。附盖，盖呈覆钵状。盖顶饰四个对称的不规则环系，两系缺。鼎为子母口内敛，弧腹，平底，三兽蹄足。腹部饰一周凸棱。通径19.8、通高15.8厘米（图一四：6）。

陶井　1件（M86：11）。泥质灰陶。附盖，盖呈覆钵状，平顶。井直口，方唇，宽平沿，直腹，平底。腹部饰对称圆形镂孔和轮旋痕迹。盖口径12.4、底径7厘米，井身口径12、底径10厘米，通高13.8厘米（图一四：4）。

### （二）M87

该墓位于西区北部西侧，遭严重盗扰。砖室墓。墓向200°。在砖室西壁中部发现一直径约0.64米的

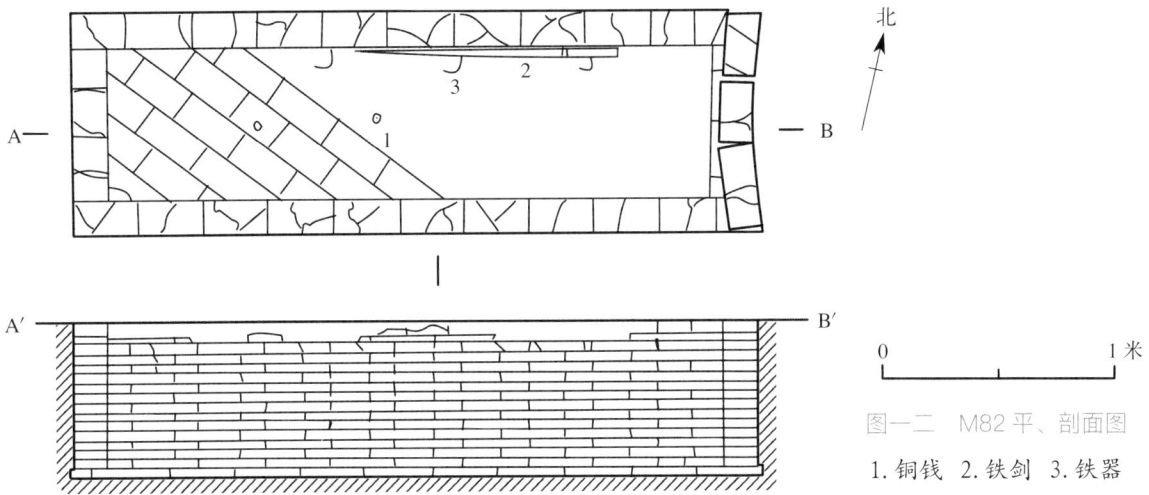

图一二 M82 平、剖面图

1. 铜钱 2. 铁剑 3. 铁器

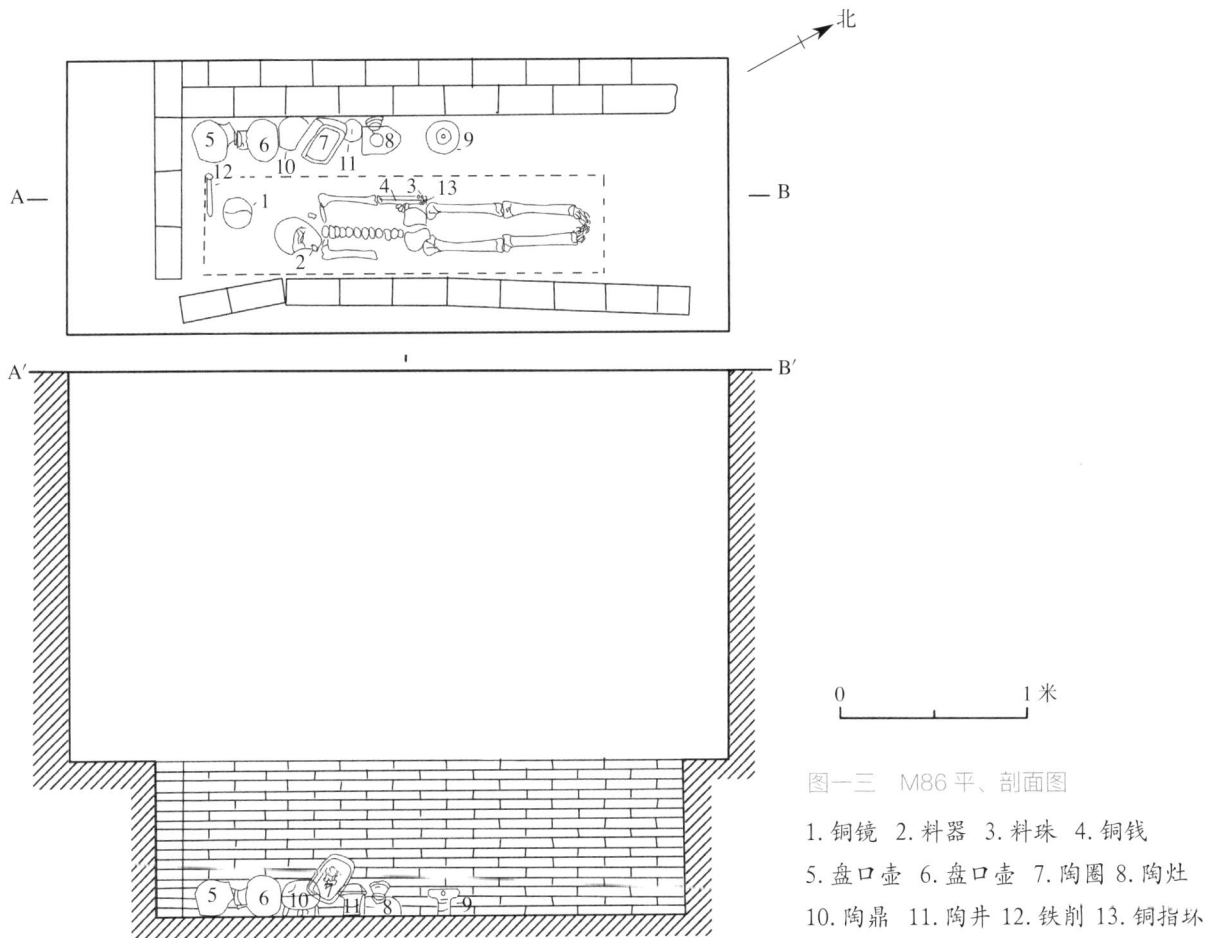

图一三 M86 平、剖面图

1. 铜镜 2. 料器 3. 料珠 4. 铜钱
5. 盘口壶 6. 盘口壶 7. 陶圈 8. 陶灶
10. 陶鼎 11. 陶井 12. 铁削 13. 铜指坏

圆形盗洞。墓葬北部受现场限制未发掘。券顶已遭破坏。砖室残长 3.6、宽 2.2、深 1.9 米。砖壁均由青砖采用"三顺一丁"方式砌筑，铺地砖由青砖错缝平铺而成。填土为红褐色花土，土质疏松。墓底未发现棺木和人骨，葬具、葬式不详。填土中发现钱币若干（图一五）。

（三）M90

该墓位于西区发掘区南部南侧。近长方形砖室墓，开口于表土层下，距地表 0.4 米。墓向 215°。土圹长 4.1、宽 1 米，砖室墓顶长 3.4、宽 0.7~0.9 米，砖室墓底长 3.5、宽 0.54~0.8、深 0.8 米。砖室顶部丁砖加塞碎瓦片起拱券顶，墓门用斜丁砖错缝封门，

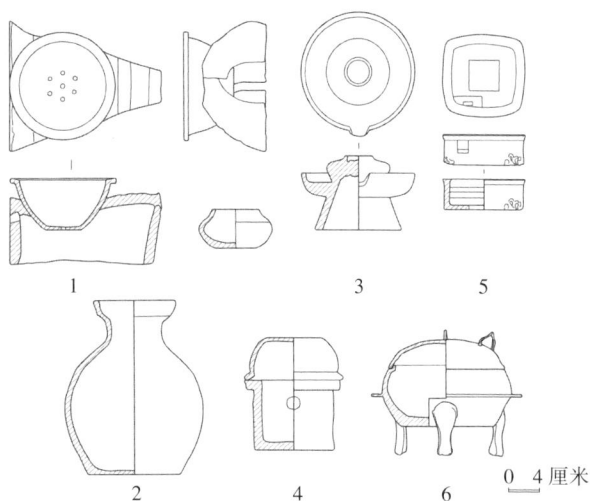

图一四 M86 出土器物

1. 陶灶（M86：8） 2. 盘口壶（M86：5）

3. 陶磨（M86：9） 4. 陶井（M86：11）

5. 陶圈（M86：7） 6. 陶鼎（M86：11）

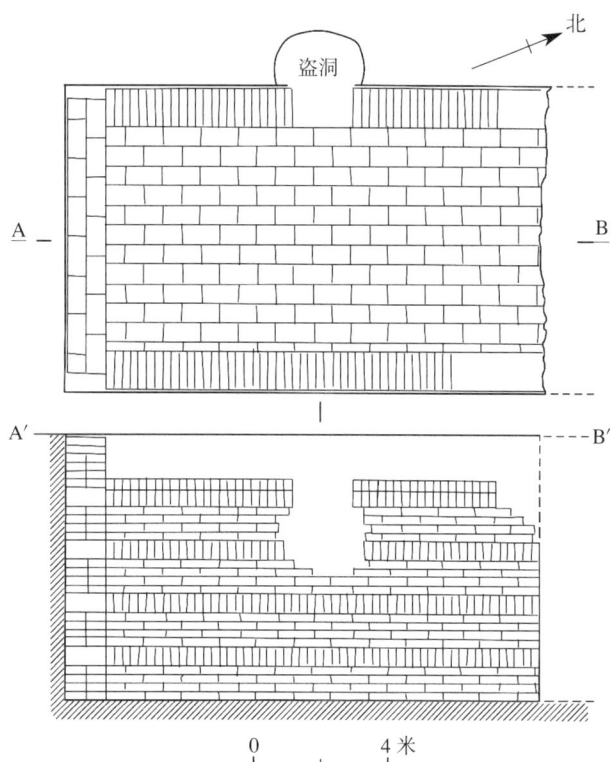

图一五 M87 平、剖面图

墓壁单排青砖平铺错缝顺砌，东西壁受压向内至墓顶靠近，平铺和"人"字形铺地砖。青砖单侧面有乳钉纹、网格纹。墓门南侧有石块叠垒。墓葬填土为红褐色花土，土质疏松。墓底发现残棺钉，为单棺。人骨

1 具，朽蚀，残存部分肢骨、头骨，头向南，仰身直肢葬。随葬品置于墓底，有铜镜 1 面，大小铜泡钉 3 枚，铜钱 1 串（图一六）。

（四）M91

1. 墓葬形制

该墓位于西区发掘区南部南侧。长方形砖室墓，开口于表土层下，距地表 0.4 米。墓向 200°。砖室墓室长 4.24、宽 1.04~1.2、深 0.54 米。墓室上部遭破坏、墓顶不存，墓门用丁砖错缝封门，墓壁单排青砖平铺错缝顺砌，铺地砖青砖错缝平铺。墓葬填土为红褐色花土，土质较疏松。未发现棺木。人骨 1 具，朽蚀严重，残存零星痕迹，葬式不详。随葬品置于墓底，有铜钱若干，釉陶壶 1 件（图一七）。

2. 出土遗物

釉陶壶 1 件（M91：1）。侈口，尖唇，双耳，溜肩，弧腹，平底。口部有一周凸棱，肩部附一对桥形双耳，耳面饰竖弦纹，耳下有凹槽，耳处饰两周弦纹。红胎，通体施青釉。口径 11.2、底径 10、高 17、腹径 19.6 厘米（图一八）。

（五）M96

该墓位于西区发掘区南部南侧。近梯形砖室墓，开口于扰乱层下，距地表 0.6 米。墓向 195°。土圹长 2.36、宽 0.8~1.08、深 0.3 米，砖室墓室长 2.3、宽 0.7~1.04、深 0.28 米。墓室上部遭盗扰破坏、券顶不存，墓室四壁单排青砖平铺错缝顺砌，无铺地砖。墓葬填土为红褐色花土，含砂礓，土质较疏松。未发现棺木。填土中发现零星人骨痕迹，葬式不详。随葬品置于墓底中部，有铜钱 1 枚（图一九）。

三 结 语

这批砖室墓没有出土纪年材料，墓葬年代主要依据形制及随葬品特征进行综合分析。由于这批墓葬以陶器为大宗，铜、铁、琉璃等器物极少，均严重锈残，绝大多数难以辨识，故随葬品特征分析以陶器器形及组合特征为依据。

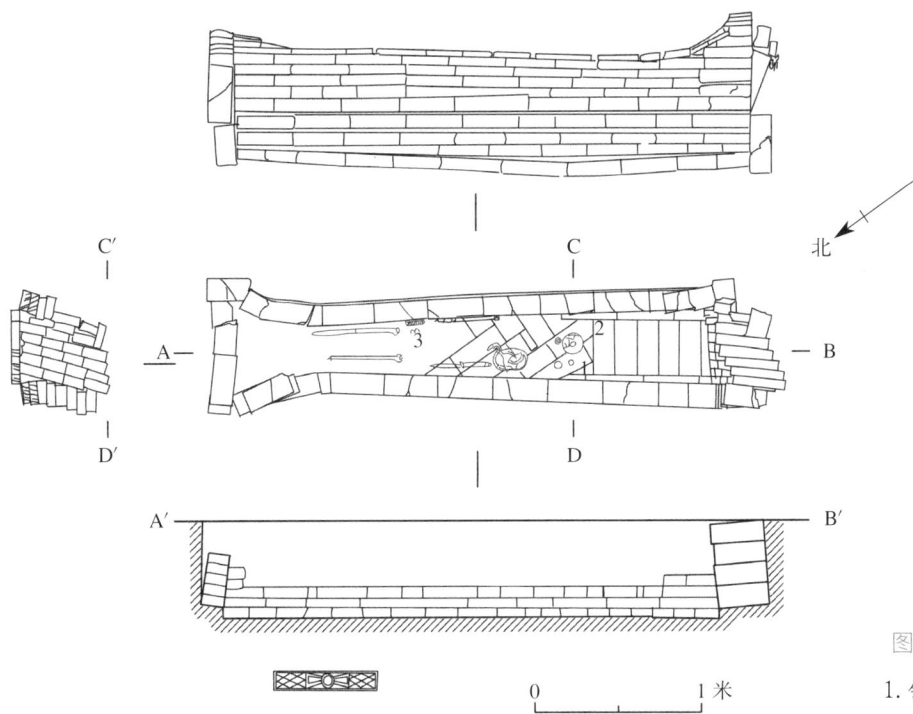

图一六　M90 平、剖面图

1.铜镜　2.铜泡钉　3.铜钱

0　　　　　1 米

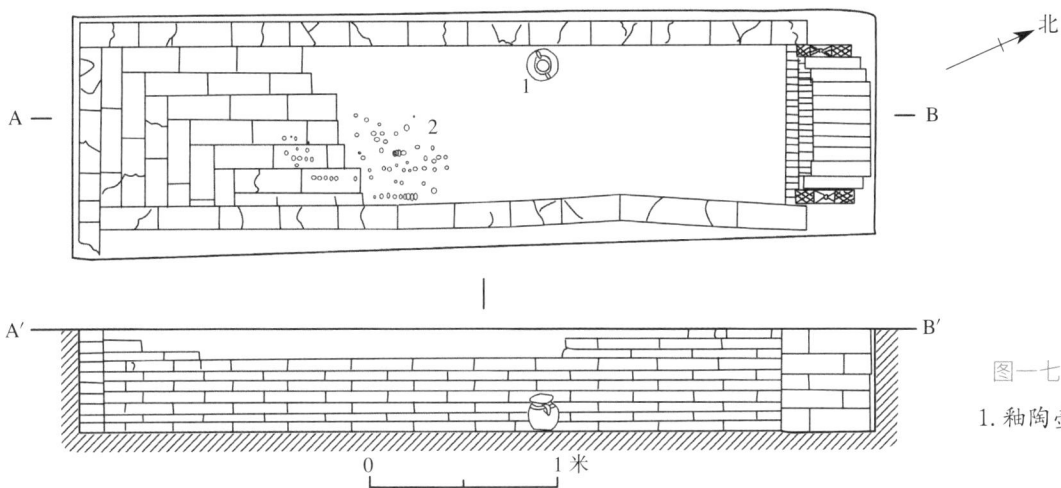

图一七　M91 平、剖面图

1.釉陶壶　2.铜钱（若干）

0　　　　　1 米

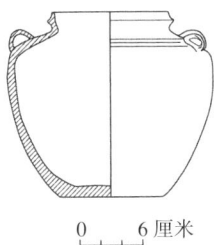

图一八　釉陶罐（M91：1）

0　　6 厘米

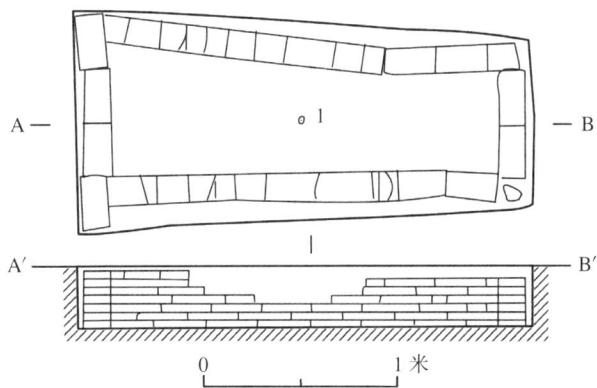

图一九　M96 平、剖面图

1.铜钱（1 枚）

0　　　　　1 米

北

21

M4、M45、M86、M87、M90、M91 均为长方或梯形砖室墓，从墓葬形制来看难以细化年代，可依据陶器器形及组合特征进行细分。如 M45 随葬陶器 11 件，其中灶、仓、溷分别与《萧县汉墓》C 型船形灶、C 型仓、C 型溷相似，釉陶盘口罐属典型的东汉中晚期器物[1]。M86 随葬陶器 7 件，其中有盘口壶 2，灶、圈、井、带座磨、鼎各 1，盘口壶、灶、圈分别与《萧县汉墓》A 型 II 式壶、B 型 I 式灶、A 型圈相似，带座磨上部与 B 型 II 式磨相似，均具有东汉中晚期器物特征[2]。M4、M90、M91 虽未发现随葬陶器，但墓葬用砖纹饰为具有东汉中晚期风格的乳丁纹及网格纹。综合上述因素，我们认为这批砖室墓年代当处于东汉中晚期。

从整个汉代墓群来看，这批砖室墓所占比例极小，其墓主人身份等级相对稍高，相当于士一级或一般富裕人员。此类砖室墓的发掘对研究该区汉墓形制结构、丧葬礼俗的变迁，以及南北文化的交流有着重要的价值。

发掘领队：任一龙

发　　掘：高　雷　邱少贝　金华超　杜　康
　　　　　王士刚　毛玉思

陶器修复：王士刚

绘　　图：任　鹏　孙肖肖

摄　　影：杜　康

执　　笔：任一龙　孙　伟

注释

[1][2] 安徽省文物考古研究所、安徽省萧县博物馆：《萧县汉墓》，文物出版社，2008 年。

# 宿州市符离镇几处古墓葬
# 发掘简报

安徽省文物考古研究所
宿州市博物馆

符离镇地处宿州市北，行政区划属宿州市埇桥区，自古就是中国南北方交流的通道，文物古迹众多。2017年3月～8月，为配合G206、S302、S404三条道路的施工建设，安徽省文物考古研究所联合宿州市博物馆，对三条道路涉及的沿线文物点进行抢救性考古发掘工作，本简报着重介绍对位于符离镇的黄山口墓地、王牌坊墓地、打鼓山墓地和张楼墓地四处古墓群发掘清理情况（图一）。

## 一　黄山口墓地

发掘地点位于符离镇黄山口，共清理墓葬11座，编号17SFHM1～M11。

17SFHM1，墓葬形制为长方形前后室砖石墓，前后室均用花纹砖堆砌，之间用两块青石铺砌。墓口残长6.1、宽1.1、墓底距墓口深0.76米。墓葬方向15°。墓葬填土为黄褐色花土，其中夹杂大量破碎砖

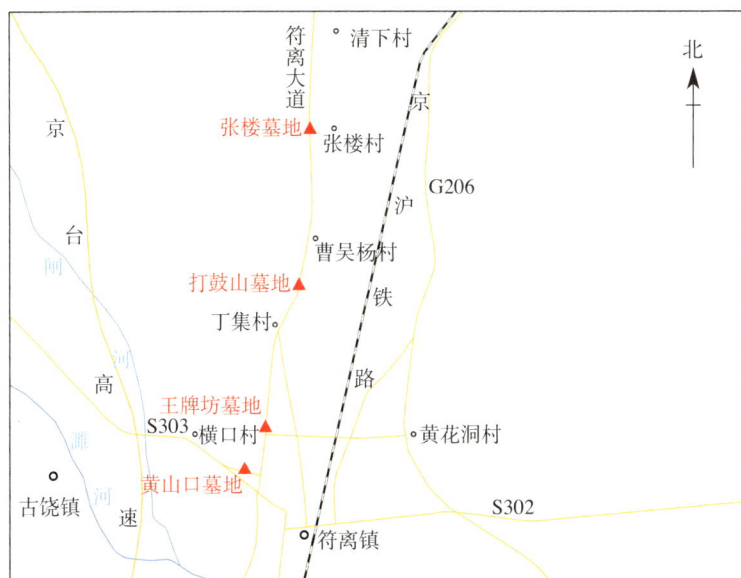

图一　发掘位置示意图

块。墓葬被破坏严重，无随葬品发现。墓砖纹饰有菱格纹和变体五铢钱纹。

17SFHM2，墓葬形制为长方形砖石墓，墓壁采用菱格纹和变体五铢钱花纹砖与青石板堆砌而成，墓底铺青石板。墓口残长2.5、宽2.04、墓底距墓口深1.44米。墓葬方向160°。墓葬填土为黄褐色花土。墓葬被破坏严重，无随葬品发现。

17SFHM3，墓葬形制为凸字形带墓道砖室墓，墓砖仅存西壁一小部分，无花纹。墓道略呈阶梯状，开口残长1.18、宽1.2米，墓室墓口长5.18、宽2.2、墓底距墓口深0.66米。墓葬方向146°。墓葬填土为黄褐色花土。墓道被破坏严重，无随葬品出土。

17SFHM4，墓葬形制为长方形石椁墓，墓壁及墓底均用长条形青石板铺砌，墓口长5.0、宽3.28、墓底距墓口深2.0米。墓葬方向173°。墓葬填土为黑褐色花土。墓葬南半部被破坏，填土出土铜钱1枚。

铜钱 1枚。17SFHM4：1，"开元通宝"，直径2.4厘米。

17SFHM5，墓葬形制为长方形土坑竖穴墓，墓口长2.26、宽1.56~1.8、墓底距墓口深0.62米。墓葬方向53°。墓葬填土为灰褐色花土。出土随葬品5件（套），按质地可分为铜和陶。铜质随葬品除2件

仅存少量铜片，器形不明，还有若干件铜钱和1枚铜元出土，陶质随葬品仅1件，为陶瓶。

铜钱 7枚。17SFHM5：1，有"乾隆通宝""道光通宝""光绪通宝"，还有1枚"明命通宝"。

陶瓶 1件。17SFHM5：5，泥质红陶，宽沿，圆唇，波浪腹，平底。口径4.4、底径5、高8.3厘米（图二：5）。

17SFHM6，墓葬形制为长方形砖室墓，墓壁为菱形纹和变体五铢钱纹的花纹砖与青石板堆砌而成，墓底铺长条形青石板。墓口长4.4、宽2.0、墓底距墓口深1.9米。墓葬方向175°。墓葬填土为红褐色花土。出土瓷器3件。

青釉罐 1件。17SFHM6：1，圆唇，侈口，弧腹，平底。胎质粗糙。施青釉，釉下施白色化妆土。口径11、底径12、高32.4厘米（图二：1）。

青黄釉四系罐 1件。17SFHM6：3，四系罐，圆唇，敛口，矮颈，颈部与上腹部之间饰双桥形耳，圆鼓腹，平底，假圈足。胎质粗糙。腹部以上施青黄釉。口径8.4、底径9.5、高15.4厘米（图二：2）。

黄釉碗 1件。17SFHM6：2，出土在西侧墓壁中，圆唇，下有唇线，弧腹，厚平底。胎质粗糙。施黄釉。口径16.3、底径7、高7厘米（图二：3）。

17SFHM7，墓葬形制为长方形石椁墓，墓顶、

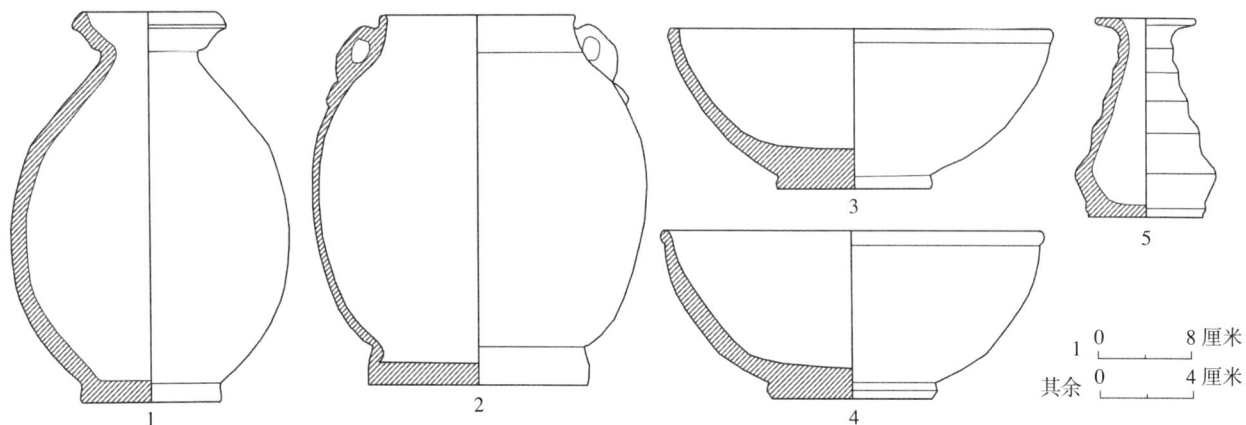

图二 黄山口M5、M6、M9出土器物

1.青釉罐（17SFHM6：1） 2.青黄釉四系罐（17SFHM6：3） 3.黄釉碗（17SFHM6：2） 4.黄釉碗（17SFHM9：3）
5.陶瓶（17SFHM5：5）

墓壁与墓底均用长条形青石板铺砌而成。墓口长3.68、宽1.2~1.4、墓底距墓口深1.68米。墓葬方向105°。墓葬填土为红褐色花土。墓葬被破坏严重，无随葬器物出土。

17SFHM8，墓葬形制为长方形石椁墓，墓壁与墓底均用石块堆砌而成。墓口长3.96、宽1.74、墓底距墓口深1.6米。墓葬方向160°。墓葬填土为红褐色花土。无随葬品出土。

17SFHM9，墓葬形制为长方形砖石墓，墓壁为菱形纹和变体五铢钱纹花纹砖与石块堆砌而成，墓底为石板铺砌而成。墓口长3.66、宽1.98、墓底距墓口深1.7米。墓葬方向120°。墓葬填土为黑褐色花土。

铜钱 5枚。17SFHM9：1，均为"开元通宝"，直径2.4厘米。

瓷碗 2件。17SFHM9：2，残损严重无法修复。17SFHM9：3，出土于墓葬东壁内，圆唇，下有唇线，侈口，弧腹，平底。胎质粗糙，施黄釉。口径16.2、底径6.5、高6.7厘米（图二：4）。

17SFHM10，墓葬形制为长方形土坑竖穴墓。墓口长2.76、宽1.54、墓底距墓口深0.9米。墓葬方向170°。墓葬填土为红褐色花土。无随葬品出土。

17SFHM11，墓葬形制为长方形竖穴土坑墓（图三）。墓口长2.5~2.6、宽1.22、墓底距墓口深1.5米。墓葬方向152°。墓葬填土为黄褐色花土。墓葬出土随葬器物4件，皆为陶器，器形有鼎、豆、壶、杯。

陶壶 1件。17SFHM11：1，泥质黄褐陶，方唇，侈口，束高颈，鼓腹，圈足，上腹部有一圈弦纹。口径9.2、底径12、高27厘米（图四：1）。

陶豆 1件。17SFHM11：2，泥质黄褐陶，圆唇，盘深宽，直高柄，底座面下凹且较宽，柄部有轮制痕迹。口径11.8、底径8.4、高14厘米（图四：2）。

陶鼎 1件。17SFHM11：3，泥质黄褐陶，平弧顶，素面，鼎身呈扁球状，子母口内敛，长方附耳接于颈部，耳外侈，圆鼓腹，平底，蹄足外撇，外部修削有棱。口径14.4、通高22.4厘米（图四：4）。

陶杯 1件。17SFHM11：4，泥质红陶，圆唇，

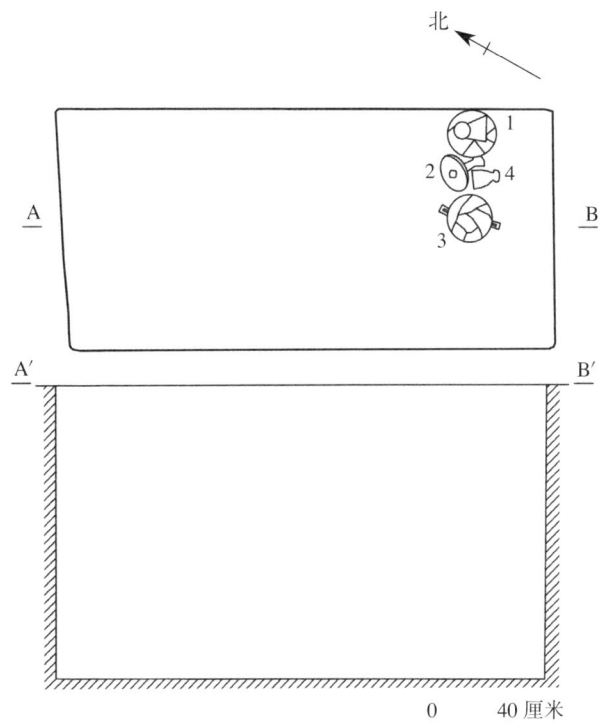

图三 黄山口平、剖面图

1.陶壶 2.陶豆 3.陶鼎 4.陶杯

侈口，平底，底部有一圈篦点纹。口径7.7、底径4.2、高8厘米（图四：3）。

## 二 王牌坊墓地

发掘地点地处符离镇王牌坊，共清理墓葬1座，编号17SFM1。墓葬形制为长方形土坑竖穴墓，墓口长2.56、宽1.1、墓底距墓口深0.9米。墓葬方向165°。墓葬填土为黑褐色花土。墓葬出土随葬器物共4件，均为陶器，按形可分为鼎、壶、杯、勺。

陶壶 1件。17SFM1：1，泥质黄褐陶，圆唇，侈口，束高颈，鼓腹，平底，假圈足，上腹部与颈部有三道弦纹。口径12.4、底径12、高27.4厘米（图四：5）。

陶鼎 1件。17SFM1：2，泥质灰陶，平弧顶，素面，器身呈扁球状，子母口内敛，长方附耳接于颈部，耳内敛，圆鼓腹，圜底，兽蹄足较矮、外撇。口径17.6、通高17厘米（图四：8）。

陶杯 1件。17SFM1：3，泥质黄褐陶，圆唇，

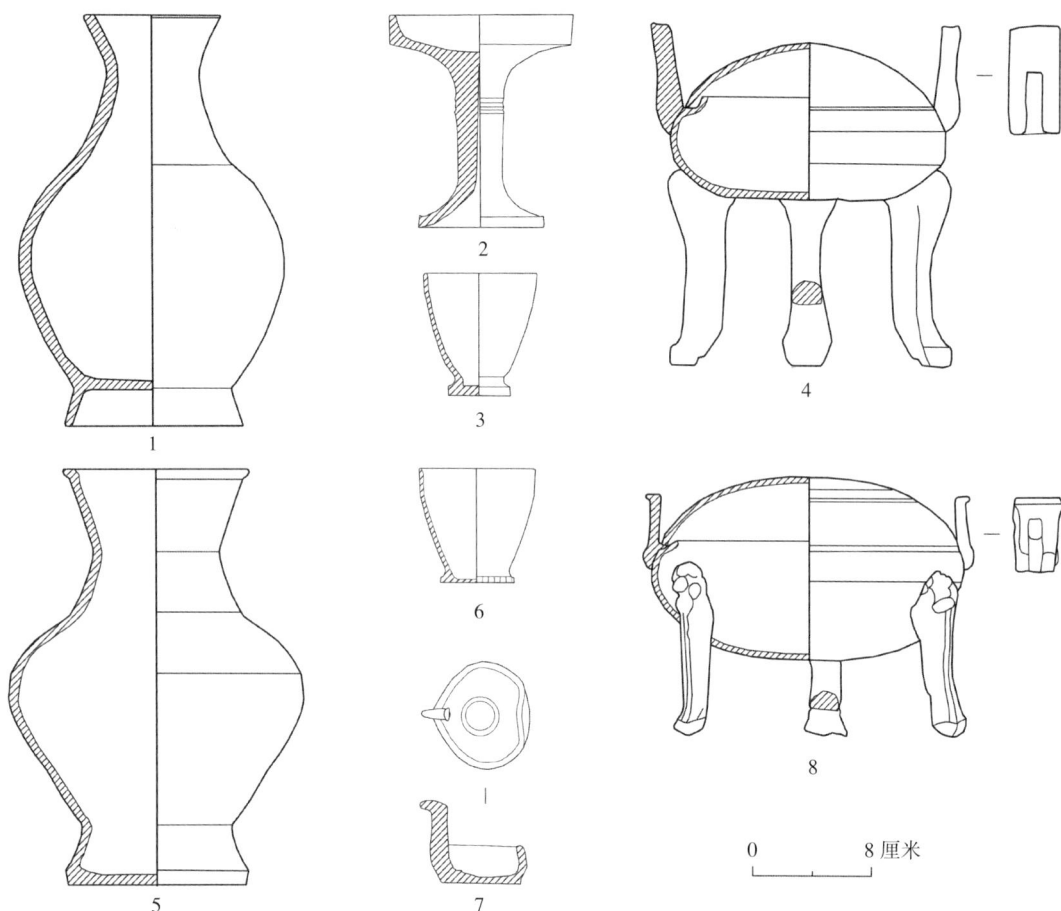

图四　黄山口 M11、王牌坊 M1 出土陶器

1、5.陶壶（17SFHM11：1、17SFM1：1）　2.陶豆（17SFHM11：2）　3、6.陶杯（17SFHM11：4、17SFM1：3）

4、8.陶鼎（17SFHM11：3、17SFM1：2）　7.陶勺（17SFM1：4）

侈口，平底，底部有一圈刻划纹。口径 7.8、底径 5、高 7.5 厘米（图四：6）。

陶勺　1件。17SFM1：4，泥质黄褐陶，圆唇，口内敛，实心柄接于口沿呈仰状，柄端饰兽首，弧腹，平底，尾部内收。口径 6、底径 5.4、高 5.4 厘米（图四：7）。

## 三　打鼓山墓地

发掘地点位于符离镇打鼓山中学东北、符离华电厂西北一处果园内，共清理墓葬 7 座，编号 17SFDM1～M7。

17SFDM1，墓葬形制为长方形石椁墓，墓顶、墓壁与墓底均为长条形石板堆砌而成。墓口长 2.94、宽 2.6、墓底距墓口深 1.0 米。墓葬方向 20°。墓葬填

土为黑褐色花土。出土铜钱若干、陶瓶 1 件。

铜钱　约 30 枚。17SFDM1：1，可辨的有太平通宝、祥符通宝、天圣元宝、皇宋通宝、嘉祐元宝、治平通宝、熙宁元宝、元丰通宝、政和通宝等。

陶瓶　1件。17SFDM1：2，泥质红褐陶，方唇，颈部有一圈盘状外凸，鼓腹呈波浪形，平底。口径 2.3、底径 4、高 13.4 厘米（图五：8）。

17SFDM2，墓葬形制为长方形土坑竖穴木椁墓。墓口长 2.6～2.74、宽 1.3～1.4、墓底距墓口深 0.8 米。墓葬方向 103°。墓葬填土为黄褐色花土。墓底残存板灰痕迹，根据形制推测葬具使用情况为单棺。棺长 1.78、宽 0.86、厚 0.06 米。出土陶器 1 件。

陶豆　1件。17SFDM2：1，泥质灰陶，方唇，

敛口，折腹，直高柄，平底向内凹，柄部有轮制痕迹。口径 15.6、底径 12、高 16.3 厘米（图五：1）。

17SFDM3，砖室墓，因破坏严重，仅存墓葬一角。墓砖为花纹砖，纹饰为变体五铢钱纹。

17SFDM4，墓葬形制为长方形砖室墓，有前后两室及侧面一小耳室，墓葬被破坏严重，仅存后室。墓口残长 4.6、宽 3.1、墓底距墓口深 0.68 米。墓葬方向 87°。墓葬填土为黄褐色花土。墓砖为花纹砖，纹饰有菱形纹和变体五铢钱纹。无随葬品出土。

17SFDM5，墓葬形制为长方形砖室墓，有前后两室及侧面一小耳室，墓葬被破坏严重。墓口残长 3.86、宽 2.46、墓底距墓口深 0.48 米。墓葬方向 8°。墓葬填土为黄褐色花土。墓砖为花纹砖，纹饰有菱形纹和变体五铢钱纹。无随葬品出土。

17SFDM6，墓葬形制为长方形砖室墓，墓葬被破坏严重。墓口残长 4.4、宽 1.94、墓底距墓口深 0.46 米。墓葬方向 98°。墓葬填土为黄褐色花土。墓砖为花纹砖，纹饰为菱形纹和变体五铢钱纹。

出土铜钱 2 枚，17SFDM6：1，一枚为五铢钱，另一枚为剪轮五铢。

17SFDM7，墓葬形制为长方形砖室墓，墓葬被破坏严重。墓口残长 3.8、宽 1.9、墓底距墓口深 0.6 米。墓葬方向 93°。墓葬填土为红褐色花土。墓砖为花纹砖，纹饰为菱形纹和变体五铢钱纹。

出土随葬器物 7 件，主要为陶器，器形有罐、盆、灶、磨、涠、井，另出土铜钱若干。

铜钱 若干。17SFDM7：1，为五铢钱，锈蚀严重。

陶罐 1 件。17SFDM7：2，泥质灰陶，方唇，矮颈，鼓腹，平底。口径 15.4、底径 15.6、高 20.8 厘米（图五：2）。

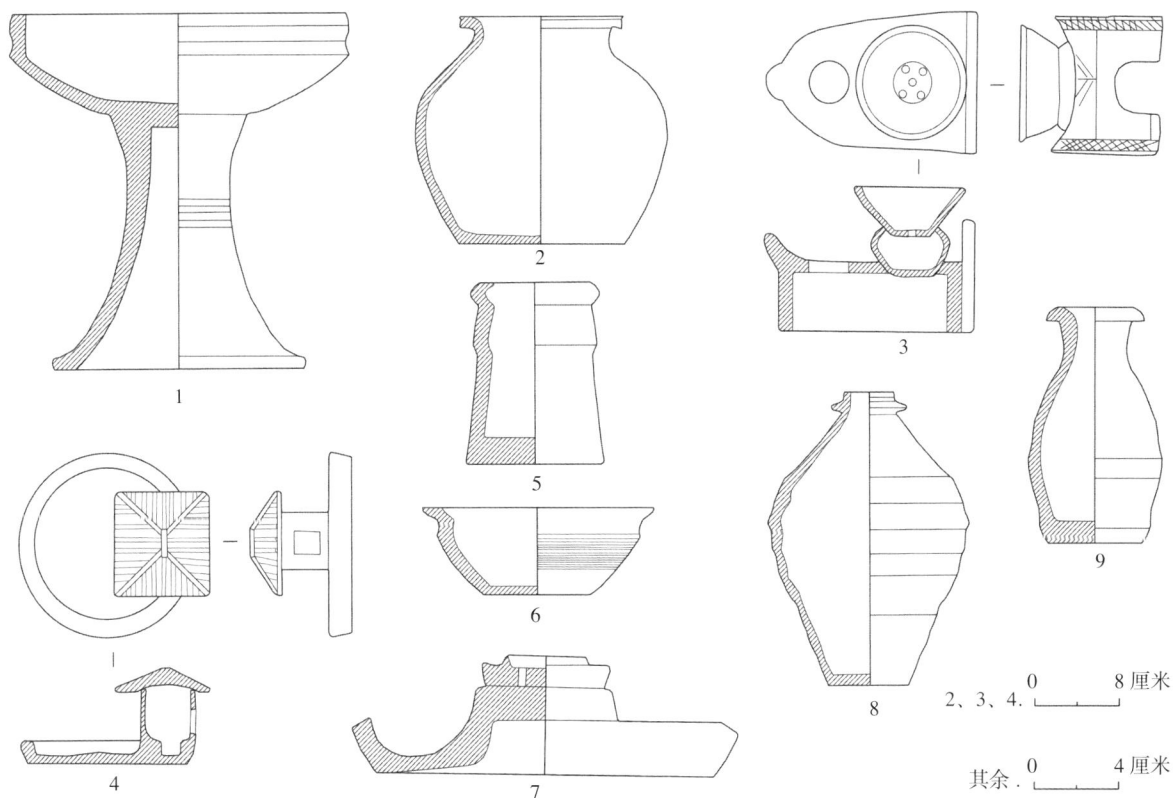

图五　打鼓山墓地、张楼墓地出土陶器

1.陶豆（17SFDM2：1）　2.陶罐（17SFDM7：2）　3.陶灶（17SFDM7：3）　4.陶涠（17SFDM7：7）　5.陶井（17SFDM7：5）　6.陶盆（17SFDM7：6）　7.陶磨（17SFDM7：4）　8.陶瓶（17SFDM1：2）　9.陶瓶（17SFZM1：1）

陶灶　1件。17SFDM7：3，泥质灰陶，灶平面呈直角梯形，前端设一拱形灶门，后端为烟囱。灶面上留置两处火眼，其中一处上置釜甑一套。灶长20、宽13厘米。釜为敛口，圆唇，鼓腹，平底。口径5.2、底径4、高4.6厘米。甑平沿，侈口，斜腹，平底，底部有五孔。口径10.6、底径3.6、高4.6厘米（图五：3）。

陶磨　1件。17SFDM7：4，泥质灰陶，磨盘呈圆形，弧壁，平底，圆形磨扇，中有磨眼与底相通，直径16厘米（图五：7）。

陶井　1件。17SFDM7：5，泥质灰陶，平沿，圆唇，折腹，平底。口径5、底径6.5、高8.3厘米（图五：5）。

陶盆　1件。17SFDM7：6，泥质灰陶，平沿，圆唇，折腹，平底，腹部有细密弦纹。口径11、底径5、高4厘米（图五：6）。

陶溷　1件。17SFDM7：7，泥质灰陶，圆形围栏，平底，厕顶为四阿顶，长方形门。直径17、通高9.6厘米（图五：4）。

## 四　张楼墓地

发掘地点位于符离镇张楼村，发掘墓葬1座。编号17SFZM1。墓葬形制长方形土坑竖穴墓，墓口长1.9、宽0.84～0.9、墓底距墓口深0.55米。墓葬方向162°。墓葬填土为红褐色花土。墓葬出土随葬陶瓶1件。

陶瓶　1件。17SFZM1：1，泥质红陶，腹部以上外施白釉，卷沿，圆唇，波浪腹，平底。口径4.7、底径4.4、高10.8厘米（图五：9）。

## 五　结语

由于本次发掘的大部分古墓葬均已遭到严重破坏，导致墓葬结构残缺，随葬品稀少，为准确推断墓葬年代及墓主人身份地位造成了较大困难。但是我们仍然可以从墓葬形制以及随葬品特点、组合特征，并结合本地区既往考古发现，对本次清理的墓葬年代进行初步判断。特别是一些墓葬出土有代表各个时期的铜钱，对判断墓葬年代提供了一定的依据。综合来看，此次发掘的墓葬形制多样，有砖室墓、竖穴土坑墓、砖石混合墓、石椁墓等，年代跨度较大。砖室墓年代为东汉，有单砖室墓，如打鼓山M6、M7；也流行一侧带有一小耳室，这在萧县、泗县等汉墓中常有发现，如打鼓山墓地M4、M5。砖石混合墓的年代汉代与唐代皆有，但两者稍有不同，汉代的砖石混合墓较规整，以砖为主，石板仅作为地基石使用，如黄山口M1；而唐代的砖石混合墓，以石块为主，砖仅作为补充且筑造简陋。

石椁墓的年代基本为唐宋时期，如黄山口墓地M4、打鼓山M1，其他同类型墓葬虽未有随葬品，但年代应相同，以往在宿州地区也发现了一批石椁墓，其年代以汉代为主，本次发现使我们认识到本地区石椁墓的年代自战国始，流行于汉代，并且一直延续至唐宋时期。土坑墓年代跨度最大，从战国到明清均存在，属战国时期的如黄山口墓地M11、打鼓山M2，属汉代的如王牌坊墓地M1，属明清时期的如黄山口墓地M5、张楼墓地M1。根据出土的随葬器物组合特征判断，墓主人均为平民。

执笔者：邱少贝、董哲

附表　墓葬登记表

| 序号 | 编号 | 方向 | 墓葬形制 | 尺寸（米） | 出土器物（件） | 年代 |
|---|---|---|---|---|---|---|
| 1 | 17SFHM1 | 15° | 长方形前后室砖石墓 | 残长 6.1、宽 1.1、深 0.76 | 无 | 东汉 |
| 2 | 17SFHM2 | 160° | 长方形砖石墓 | 残长 2.5、宽 2.04、深 1.44 | 无 | 唐宋 |
| 3 | 17SFHM3 | 146° | 凸字形带墓道砖室墓 | 墓道残长 1.18、宽 1.2，墓室长 5.18、宽 2.2、深 0.66 | 无 | 东汉 |
| 4 | 17SFHM4 | 173° | 长方形石椁墓 | 长 5、宽 3.28、深 2 | 铜钱 1 | 唐 |
| 5 | 17SFHM5 | 53° | 长方形竖穴土坑墓 | 长 2.26、宽 1.56～1.8、深 0.62 | 残铜片 2、铜钱 7、陶瓶 1 | 清 |
| 6 | 17SFHM6 | 175° | 长方形砖石墓 | 长 4.4、宽 2、深 1.9 | 釉陶瓶 1、瓷罐 1、瓷碗 1 | 唐 |
| 7 | 17SFHM7 | 105° | 长方形石椁墓 | 长 3.68、宽 1.2～1.4、深 1.68 | 无 | 唐宋 |
| 8 | 17SFHM8 | 160° | 长方形石椁墓 | 长 3.96、宽 1.74、深 1.6 | 无 | 唐宋 |
| 9 | 17SFHM9 | 120° | 长方形砖石墓 | 长 3.66、宽 1.98、深 1.7 | 铜钱 5、瓷碗 2 | 唐 |
| 10 | 17SFHM10 | 170° | 长方形竖穴土坑墓 | 长 2.76、宽 1.54、深 0.9 | 无 | 不明 |
| 11 | 17SFHM11 | 152° | 长方形竖穴土坑墓 | 长 2.5～2.6、宽 1.22、深 1.5 | 陶鼎 1、豆 1、壶 1、杯 1 | 战国 |
| 12 | 17SFM1 | 165° | 长方形竖穴土坑墓 | 长 2.56、宽 1.1、深 0.9 | 陶鼎 1、壶 1、杯 1、勺 1 | 西汉 |
| 13 | 17SFDM1 | 20° | 长方形石椁墓 | 长 2.94、宽 2.6、深 1.0 | 铜钱若干、陶瓶 1 | 宋 |
| 14 | 17SFDM2 | 103° | 长方形竖穴土坑墓 | 长 2.6～2.74、宽 1.3～1.4、深 0.8 | 陶豆 1 | 战国 |
| 15 | 17SFDM3 | 不明 | 砖室墓 | 残缺严重 | 无 | 汉 |
| 16 | 17SFDM4 | 87° | 长方形砖室墓 | 残长 4.6、宽 3.1、深 0.68 | 无 | 汉 |
| 17 | 17SFDM5 | 8° | 长方形砖室墓 | 残长 3.86、宽 2.46、深 0.48 | 无 | 汉 |
| 18 | 17SFDM6 | 98° | 长方形砖室墓 | 残长 4.4、宽 1.94、深 0.46 | 铜钱 2 | 汉 |
| 19 | 17SFDM7 | 93° | 长方形砖室墓 | 残长 3.8、宽 1.9、深 0.6 | 铜钱 1、陶罐 1、盆 1、灶 1、磨 1、溷 1、井 1 | 汉 |
| 20 | 17SFZM1 | 162° | 长方形竖穴土坑墓 | 长 1.9、宽 0.84～0.9、深 0.55 | 陶瓶 1 | 清 |

学术研究

# 泗县画像石探微

倪　葭（清华大学艺术博物馆）

## 引　言

"图画之妙，爰自秦汉，可得而记。"[1]画像石、画像砖是镌刻在砖石上的画卷，是了解汉代绘画艺术的重要途径，其内容丰富，体现着当时的社会生活、生产劳动、战争狩猎、宗教信仰、道德观念等，是艺术与智慧的凝结。

"所谓汉画像石，实际上是汉代地下墓室、墓地祠堂、墓阙和庙阙等建筑上雕刻画像的建筑构石。其所属建筑，绝大多数为丧葬礼制性建筑，因此在本质意义上汉画像石是一种祭祀性丧葬艺术。"[2]"图像如同文本和口述证词一样，也是历史证据的一种重要形式。"[3]每一方画像石既具有当时社会风尚与地区习俗的共性特征，又因属于为死者"量身定做"，包含着定制者的构想及创作者的能力等方面的个性差异。从"汉画像石的原貌和整体上来认识"[4]，可以更好地理解画像石的内容及其之间的相互关系。既可体味其本来面貌，又可体会定制者、创作者的选择与设计制作。抛却了画像石原有的建筑环境，会难于得到正确的理解。泗县的画像石与宿州市、萧县、淮北市博物馆所藏画像石相比，存在特殊困难，难以了解

发掘报告等信息，但是大量保存状况较好的画像石遗存还是可以带给我们无尽的思考。

本文仅为笔者的一家之言，浅薄的见解权作抛砖引玉，求教于各位方家。

## 艺术特征

滕固将画像石的雕刻技法分为拟浮雕和拟绘画两类[5]；翦伯赞将画像石都归于低浅浮雕[6]；信立祥将画像石分为线刻类和浮雕类[7]。泗县各处出土的画像石面貌也不尽相同。如洼张山汉墓的画像石采用了浮雕和线刻两种技法；大庄汉墓的画像石采用了线刻技法。

冯其庸提出"淮北画像石特点有二：一是绘画雕刻的艺术性强，无论构图和线条都栩栩如生，特别是有部分画像已采用立体透视法，实开近世美术之先河。二是画像石的内容丰富，特别富于神话性、历史性、社会性，且多异于其他各地汉画，故有特别的研究价值。"[8]泗县的画像石呈现出与淮北画像石相似的特点，但鲜有披露，因此知者、论者较少。纵观泗县此批画像石，有以下艺术特征：

1.画像石根据具体内容和表现形式，采用多种构图方式，既有独幅构图，又有长卷式的构图，还有多段式构图。

2.画像石内容丰富、主次分明，比如《瑞兽图》中每块画像石中间位置的瑞兽形象巨大，其周围陪衬的瑞兽形体明显偏小，形成强烈的大与小、主与次的对比。再比如社会生活类的画像石，在复杂的人物活动场景中，植物的大小成为区别前后空间的标志物，因此在刻画中，植物被忽略细节，成为符号化的形象，使人物主题得到突出。

3.设计服从主题，如《歌舞图》中人物手舞足蹈，而舞者间的植物（不知是代表灌木还是小树），其造型似乎是为了适应人物之间的空间进行的设计，而不是遵循植物的客观实际。

4.立体透视法的使用，这一点在后文有详例进行说明。

5.形象塑造生动鲜活、动感强烈。因画像石的艺术形式难以进行精微细部的刻画表达，所有形象塑造在写实的基础上，删繁就简，以求用有力、单纯的形象直击心灵。

此批画像石，按题材大致可分为几类：一类是反应墓主生活的，如亭台楼阁、车马出行、农耕渔猎、乐舞宴饮等；另一类属于祥瑞类，如二龙穿璧、珍禽瑞兽等；还有一类表现历史、人物故事。画像石以写意与浪漫交融的手法，以石为材，以刀为笔，图写天地，描绘出汉代生活的瑰丽画卷。

## 个案分析

下面就其中一些精彩的画像石谈谈个人的看法：

### 1.视角的变化

《曾母投杼等故事》（图一）这一长长的画卷横向徐徐展开，横卷中的奇石、树木与墙壁既担当了事件发生地的标志，又可作为分割画面的参考。张彦远在《历代名画记》中谈到山水画"群峰之势若钿饰犀节，或水不容泛，或人大于山，率皆附以树石，映带其他，列植之状，则若伸臂布指。详古人之意，专在显其所长而不守于俗变也。"[9]他论述山水画处于稚拙时期，人物与山水树木等景物的比例不协调，空间营造不合理。此画像石情况也是这样。但是在画像石左侧的几案与屏风的塑造中，在将三维实景向二维石刻画面进行转化中，透露出了创作者的"野心"。

图一　曾母投杼等故事 东汉 安徽泗县洼张山汉墓出土 泗县博物馆藏

图二　曾母投杼等故事（局部）

图三　六博宴饮图　汉　安徽萧县圣村 M1 出土　萧县博物馆藏

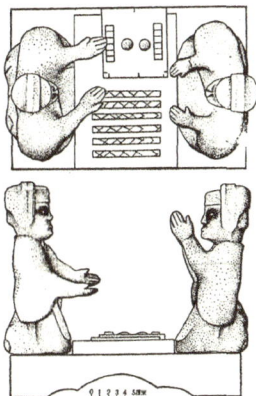

图四　绿釉六博俑　东汉
河北灵宝张湾 3 号墓出土

我们其实有必要先回顾下其他画像石。如《六博宴饮图》（图三），即为典型的"设张博具歌舞，祠西王母"[10]的对坐式六博图像，六博与西王母两者间的紧密联系显而易见。两组人对坐博戏，中心位置的两人面对面，中隔一平盘，内有六箸，上有博局棋盘，旁边摆放有盛放美酒的酒樽、托盘和耳杯。如果以绿釉六博俑（图四）作为《六博宴饮图》的参考，那《六博宴饮图》中棋盘可能是放置于平盘上。但是到了画面中，观众的视角被抬高，似乎在俯视着平盘和棋盘，本应放置于平盘上的棋盘似乎"悬"在了半空中，而无法安安稳稳地放下。两位下棋人边博戏边饮酒，因此两人中间还有酒樽、托盘和耳杯。其中的酒樽为侧面式，而托盘和耳部则是完全的俯视状。下棋的两人，虽然身体是侧坐式但是面部却是正面式的。显示出此画像石的创作者更多地依靠了传统的方式进行了画像石的制作，所以此图像呈现出了平视和俯视两种视角，侧面和正面两种形象。

《曾母投杼等故事》（图一）的图像为两列，内容有人物故事和耕作场景。上列左侧一株树的树枝分

外的长，自左向右延伸，树下有劳作的农人和放置于地的农具，蜿蜒的树枝上挂满了壶罐等，在树枝下有一个具有透视感的矮案（图二），尤为难得的是案上还实实在在地放置着一个长方形的物体。细品此画像石中的人物形象，既不是正面像，也不是侧面像，而是现在我们称之为半侧面的，类似于最完美的 45 度的形像。创作者显然力图想象出场景中的人物应该怎样活动，怎样交谈，他们实际生活中到底会是什么样子，如何安排画面能更完美。画面中的织机、家具、农具都采用了立体透视法，人物的一切行动都被放置在真实可信的空间中。画像石采用了减地浅浮雕和阴线刻划相结合的雕刻技法，减地浅浮雕把人物轮廓清楚地展示出来，阴线刻划人物五官、衣纹、树木的肌理与农具的细节等等。每个形象借助线与面进行塑造，层次丰富、立体感强。创作者不是机械性地照抄生活，所以在表现形式上，除了不得不用直线表现的建筑物和家具，其他的造型，甚至原本在自然中方折的树干都使用富有弹性的曲线进行塑造，这就更使得凹凸本不十分明显的浅浮雕中的形象似乎圆浑起来，

立体起来，富有了生命感和韵律感。

更为难得的是，以往画像石中"悬空"于盘上的东西（如《六博宴饮图》），在此画像石中得到了改观。桌上一个长方形的物体踏踏实实地"放"在了桌面上。古老的规则似乎被打破了，创作者没有参考旧有的规则，以过去大家都接受的方式把所有的物象省

力地呈现出来，而是开始信赖自己的眼睛，思考他看物体时的角度，并尽力表现自己看到的实际情景。图像的变化透露出创作者的意图所在（这也就是前文所谈到的创作者的"野心"）。可以想象，当他进行了这样的创作时，雇主会惊叹于他作品不同以往的大胆与震撼，并欣然接受了他的新方式[11]。

### 2. 沟通生死的"使者"与祥瑞的代表

《人物·鱼·龙·玄武·秣马》（图五）根据残留的画像石图像，似乎可由下而上分为四段，第一段描绘了室内外的生活场景；第二段为左向行进的鱼、龙等；第三段复为生活场景；第四段有鸟类。汉画像石中之鱼多为鲤鱼（图六），这是为何？如《天中记》载："鲤鱼，至阴之物也，其鳞故三十六。"[12]鱼可"死而复生"，如《山海经》"大荒西经"载："有鱼偏枯，名曰鱼妇，颛顼死即复苏。风道北来，天乃大水泉，蛇乃化为鱼，是为鱼妇。颛顼死即复苏。"[13]在《山海经》中鱼妇是颛顼死后复苏的化身。

《瑞兽图》（图七）画像石中心是两条缠绕在一起的巨龙，二龙尾部边上有只起身直立的小兽，巨龙身下有两条类鱼的瑞兽。细观原石，发现类鱼瑞兽身躯上方有双翅，靠近巨兽腹部的形体保存比较多的类鱼瑞兽身躯之下有两条柱状的腿。那么现在特征具备，可以为这两条类鱼瑞兽定名了，那就是"万鳣"（图八），一种有双翅、鸟爪的鳣鱼。

### 3. 发达的农业

大庄汉墓与洼张山汉墓的画像石从艺术水平上呈现出不一致性，这也说明了不同设计者、创作者水平的差异。《捕猎·牛耕》（图九）分为上下两段，下段为帛穿璧，上部为热烈的渔猎耕作场景。这组画像石生活气息浓郁，田猎的主角为农人。田猎不仅是帝王豪门的游乐，也是农人在耕作之外的重要生产劳动。画像石左侧上方水鸟在捕鱼，下方扛网的农人向画面中心行进，农人身边小鹿静立，似乎没有感受到危险，农人脚边有三条猎狗飞奔追逐着一只野兔，野兔四肢张开，奋力奔逃，惊恐地瞪大眼睛，在他前面两个人张网拦截野兔。野兔看来插翅难逃。画面下方

图五　人物·鱼·龙·玄武·秣马　东汉
安徽泗县洼张山汉墓出土　泗县博物馆藏

图六　人物·鱼·龙·玄武·秣马（局部）

图七　瑞兽图　东汉　安徽泗县洼张山汉墓出土　泗县博物馆藏

图八　"万鳣"画像砖　西晋　1991年甘肃省敦煌市佛爷庙湾墓群出土　敦煌市博物馆藏

的弧线形似乎代表着近景处的山丘。中心因图像残缺不全，推测为泛舟捕鱼，小舟下的河水中有鱼儿游弋。右侧上方有几只长颈的鸟儿在争食一蛇。田间耕作时一人在后扶犁，二牛抬杠，一人在前牵牛。牵牛人前一农人手持锄在除草。远处还有挑担农人和持锄农人。

画像石中的人物形象均为完全的侧面与正面，侧面的人物面部嵌有正面的橄榄形眼睛，成年男子的胡须仅以三根弧形的线条加以表示。这不由得使我想起了顾恺之画裴楷时，为表现裴叔则的俊朗与特征，在画像人物的脸颊上增加了"殊胜未安时"[14]的三毛。画像石中男性颔下的三毛，表示了人物的性别与年龄，有颔下毛的应为中年人，无之则为青年。画像石没有使用刻划衣纹的方式，人物服饰、鸟羽、兽皮均以短促有力、棱角明显的方点来表现，树皮和蛇躯上用短横线表现质感。物体全部采用侧

面平视的视角。

《汉书》"地理志"载"鲁地……南有泗水，至淮，得临淮之下相、睢陵、僮[15]、取虑，皆鲁分也……地狭民众，颇有桑麻之业，无林泽之饶。"[16]"淮河流域，这里较大的都市为彭城与寿春（今安徽寿县）。彭城成为项羽的都城，而寿春则在战国末年曾为楚国的都城。此外徐（今江苏泗洪南）、僮（今安徽泗县东北）、取虑（今江苏睢宁西南），并为商业荟萃之地。"[17]可见泗县自古即为农业、商业繁盛之地，而通过画像石，我们可以了解当时好农重农之风。

### 结　论

从画像石中，我们可以了解汉代的楼阁宫室，验证桓宽的"并兼列宅，隔绝闾巷，阁道错连足以游

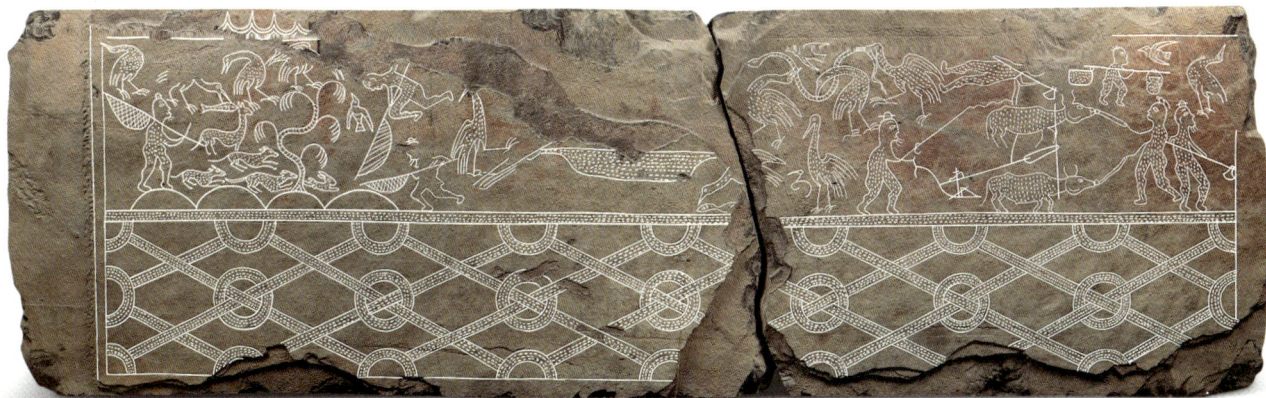

图九　《捕猎·牛耕》　安徽泗县大庄汉墓出土　泗县博物馆藏

观，凿池曲道足以骋骛"[18]之语。可以知晓汉代发达的农业，正如汉文帝诏书中所言"农，天下之大本也，民所恃以生也。"[19]还能见到现实中无法得见的珍禽瑞兽，双头的巨鸟、有翼的万鳢、纠缠的神龙，这些图像因着"古者太平，万民和喜，瑞应辨至，乃采风俗，定制作"[20]的观念，在画像石中"苏醒"。

画像石与六籍同样起到了"成教化，助人伦，穷神变，测幽微"[21]的作用。滕固在《南阳汉画像石刻之历史的及风格的考察》一文中曾将南阳画像石与希腊雕塑并置讨论"希腊的浮雕，大抵刻于石棺、墓表及神祠的石砌上面；讨论希腊浮雕，必连带及其所依附的建筑。同样，中国的石刻画像，刻于石棺、石阙以及享堂石室上面，我们希望有人做一番精密的调查和有计划的考察；使我们对于石刻画像及其建筑获得更确实的认识，并且使石刻画更显出其独自的价值。"[22]石头坚硬而冰冷，然而，当艺术之手对其进行雕刻时，顽石的命运被改变了，被赋予了新的"生机"，"气魄深沉雄大"的画像石为我们勾勒出"一部绣像的汉代史"。

感谢泗县博物馆、宿州市博物馆提供的支持，清华大学艺术博物馆典藏部龙云在本文撰写过程中给予的协助。

## 注释

[1] 张彦远：《历代名画记》，王伯敏、任道斌主编：《画学集成》（六朝—元），河北美术出版社，2002年，第97页。

[2] 信立祥：《汉代画像石综合研究》，文物出版社，2000年，第4页。

[3] 彼得·伯克著，杨豫译：《图像证史》，北京大学出版社，2008年，第43页。

[4] "对于汉画像石的研究，我们要从汉画像石的原貌和整体上来认识，采用科学的方法，既要追索其历史的本来意义，也要注意避免作过度的阐释，真正从学术意义上把汉画像石的研究向前推进。"详见蒋英炬、杨爱国：《汉画像石研究应立足原貌》，《中国社会科学报》2013年1月11日第A06版。

泗县的画像石资源丰富，但是因为发掘报告已难以获得，其在墓室中的位置关系难以了解，笔者仅根据目前可见的实物提出一点浅见，但又怕成为过度的阐释。

[5] "石刻画像正像欧洲的浮雕（Relief），有其自己的地位。佛教艺术以前，中国从未有过类乎希腊的浮雕。但中国的石刻画像也有好几种，如孝堂山和武梁祠的刻像，因为其底地磨平，阴勒的线条用得丰富而巧妙，所以尤近于绘画，像南阳石刻都是平浅浮雕而加以粗率劲直的线条勾勒，和绘画实有相当的距离。所以我对于中国的石刻画像，也想大别为两种，其一是拟浮雕的，南阳石刻属于这一类，其二是拟绘画的，孝堂山武梁祠的产品属于这一类。"详见滕固：《南阳汉画像石刻之历史的及风格的考察》。

[6] 翦伯赞在《秦汉史》一书中有专门的章节谈到汉画像石，如"汉代的石刻画像都是以锐利的低浅浮雕，用确实的描写手腕，阴勒或浮凸出它所要描写的题材。"还有"汉代的石刻，以石刻画像最为发展。所谓石刻画像，并不是一种面面造型的立体雕刻，而是表现于平面上的一种浮雕。而且这种浮雕，并不像希腊的浮

雕在表面上浮起相当高度的形象，令人感到立体的意味，而是像埃及式的浮雕一样，仅在平面上略作浮起，甚至仅有线条的刻划，以显示一种令人感到画意的形象。"详见翦伯赞《秦汉史》，上海人民出版社，2019年。

[7] 信立祥在《汉代画像石综合研究》中，将线刻类下分为阴线刻、四面线刻、凸面线刻三种；浮雕类下分为浅浮雕、高浮雕、透雕三类。

[8] 转引自曹光宇：《淮河流域民间艺术视觉形式语言研究——以淮北地区为中心》，《滁州学院学报》2016年8月，第18卷第4期，第75页。

[9] 张彦远：《历代名画记》，上海人民美术出版社，1964年，第16～17页。

[10] 干宝著，黄雪晴译注：《搜神记》，崇文书局，2018年，第94页。

[11] 卜友常《汉代墓葬艺术考述》一书第三章："南阳汉代画像石制作过程中的粉本与制作基地"，其中谈到"画像石的粉本应该是来自三种情况，一是由画家绘制粉本；二是画像石的粉本是当时南阳府邸壁画的内容；三是临摹当时府邸壁画和绢帛画。"各地区的画像石创作都是采取的独立创作或者沿袭旧有模式的这两大类方式。详见卜友常：《汉代墓葬艺术考述》，上海三联书店，2015年，第54页。

[12] 陈耀文：《天中记》卷五十六，上海古籍出版社，1991年，第668页。

[13]《山海经》"大荒西经"，巴蜀书社，1993年，第476页。

[14]《世说新语·巧艺》："顾长康画裴叔则，颊上益三毛。人问其故？顾曰：'裴楷俊朗有识具，正此是其识具。看画者寻之，定觉益三毛如有神明，殊胜未安时。'"

[15] 僮，古县名。秦置，治今安徽省泗县东北。属泗水郡。北朝齐周间废。

[16] 班固：《汉书·地理志下》，汉语大词典出版社，2004年，第751～752页。

[17] 翦伯赞：《秦汉史》，上海人民出版社，2019年，第271页。

[18] 桓宽：《盐铁论》"刺权第九"，上海人民出版社，1974年，第20页。

[19] 班固：《汉书》，中华书局，1962年，第118页。

[20] 司马迁：《史记》卷二十三，中华书局，1963年，第1160页。

[21] 张彦远：《历代名画记》，王伯敏、任道斌主编：《画学集成》（六朝—元），河北美术出版社，2002年，第95页。

[22] 滕固：《南阳汉画像石刻之历史的及风格的考察》，《中国美术小史》，知识产权出版社，2018年，第173～174页。

# 从狮子山楚王墓出土的一枚封泥谈"符离鸡"

孟　强（徐州博物馆）

狮子山楚王墓位于江苏省徐州市区东南部，1995年发掘，被评为当年的十大考古发现之一。该墓为大型横穴式崖洞墓，气势恢宏、结构复杂，墓主为西汉早期的某位楚王，以第二代楚王刘郢（客）的可能性最大。该墓早年被盗，主墓室内的文物被严重扰乱，但较为幸运的是，盗墓者并未发现内墓道两侧的三间墓室，因此这些墓室内遗物保存状况相对较好，位置基本没有扰动。三间墓室以东1室（E1）最大，南北长11.8、东西宽3.17、高1.76米，堆满各种炊具、食器，并有大量食物遗迹，从随葬的物品看，这间墓室为楚王的庖厨室。

鸡作为我国最早驯化的家禽，约有8000年的历史，是古人主要的肉食来源之一，也是汉代墓葬中较为常见的随葬品。徐州地区的土壤及水质酸碱度较大，墓中随葬的动植物多腐朽不存，仅骨骼有所残留。在狮子山楚王墓庖厨室内，发现大量鸡骨。按照常规，随葬物品都会放置在相应的容器内，或以织物等加以覆盖、包裹，不可能直接放置在墓室的地面上。金属及漆器制成的容器虽不容易保存，但这些器物即便出现锈蚀、腐朽等情况，也会有相关痕迹存在。而在狮子山楚王墓庖厨室内鸡骨堆积的区域未发现金属器、漆器残留痕迹，推测应是使用了编织的苇类或竹类盛器。

南方盛放食品的器物多用竹编制品，如湖北江陵地区战国时期的马山楚墓、凤凰山一六八号汉墓等都有笥、筐、笭等。湖北江陵马山一号楚墓边箱中出土的9件竹笥，主要盛放肉食品，底部垫有茅草，动物骨骼用纱包裹，放于茅草上。湖南长沙马王堆一号汉墓中放置竹笥48个，出土时大部分外形较为完整，分别用朱红色或者蓝色的苘麻绳索捆扎（图一）。竹笥作长方箱形，一般长48～50、宽28～30、高15～16厘米，由相套合的盖和底两部分组成，形

图一　马王堆一号墓出土的竹笥

状与我国南方城乡现代所用的竹箱相似。竹笥内盛放随葬的物品，主要为衣物和丝织品、食品、中草药和其他植物，以及模型明器等，放置食物的竹笥也用茅草垫底。

《周礼·秋官司寇》："受其入征者，辨其物之媺恶与其数量，楬而玺之。"郑玄注："楬而玺之者，楬书其数量以著其数也。玺者印也。既楬书揗其数量，又以印封之。今时之书有所表识，谓之楬橥。"这段文字记述了汉以前印章的使用方法，将需要封存的物品捆扎起来，在打结的位置安放封泥匣，以印章戳盖匣内的泥团，完成封存。如果要打开封存之物，就必须破坏捆扎的绳组。带有印文的泥团就是现在所说的"封泥"，马王堆一号墓出土的封泥填于杉木的匣中，主要为"軑侯家丞"，另有个别"右尉""□买之"字样。狮子山楚王墓庖厨间的鸡骨堆中也出有"符离丞印"封泥一枚（图二），封泥长3.3、宽2.3、厚1.1厘米，可见该墓中鸡是以笥装盛，然后封缄起来的。

图二　符离丞印

那么，狮子山楚王墓中随葬的这些禽肉是生食还是经过烹饪加工的呢？从汉代的物质文化遗存中可以找到相应线索。汉画像石被誉为"绣像的汉代史"，反映了当时社会生活的方方面面，其中庖厨图是较为常见的画面，在各地的画像石墓中多有发现。山东诸城前凉台画像石墓的庖厨图堪称精品，在不大的画面中雕刻了上百个物象，有烧灶、汲水、酿酒、杀猪、椎牛、宰羊等，还有数人忙碌着穿、烤肉串，画面的中部有一人站立在盆旁，一手攥握鸡的颈部，另一手似作退毛状（图三）。马王堆一号墓中盛放食物的竹笥共30个，占比最大，其中绝大多数盛放肉食品，

计24笥。出土时，肉食品已全部腐朽不存，仅见牛、羊、猪、鹿、兔、鹤、鸡、鸭、鱼等类的残骨，以及个别黑色酱状物。通常情况下，汉墓中随葬的较为细小或者有汤汁的食物，一般盛放在鼎、盘等器物中（图四），而体积相对较大且汤汁较少的食物多用笥

图三　山东诸城前凉台画像石墓庖厨图（摹本）

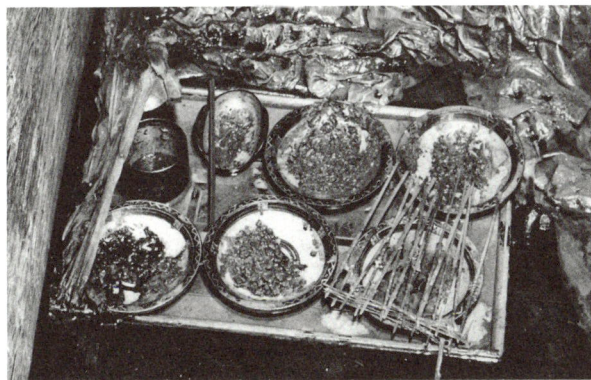

图四　马王堆一号墓北边箱西部食物出土情况

等编制类容器盛放。狮子山楚王墓庖厨室随葬的鸡虽已经腐朽得仅剩骨架，仍不难分辨有较多的个体，且鸡骨上未见明显的切割痕迹。应是整鸡烹饪的可能性较大。

"食不厌精，脍不厌细"，华夏大地物产丰富，自古就是美食之地。及至汉代肉食的烹饪方法已经十分丰富，有熬、濯、炙、煎、腊和脯等。马王堆三号墓出土的 52 个竹笥中，有 38 笥盛放食品。竹笥除了用封泥缄封，还用木牌记录竹笥内盛放物品的名称。木牌顶部为半圆形，下部长方形，木牌上书写笥中盛放食物的种类，是西汉时期贵族的高级"菜单"。该墓随葬的肉食品种多样，有鹿、猪、牛、羊、狗、兔、鸡、鸭、雁、鹤、天鹅、斑鸠、野鸡和鱼等。鸡是其中随葬较多的食材，使用的烹饪方法有"熬""炙""濯"等，如竹笥木牌上有"炙鸡笥""濯鸡笥""熬鸡笥"等文字。"熬爵（雀）笥"（102）中有鸡及鸟骨，"熬鸡笥"（东 65）中不仅发现鸡骨，还有加工食物的香料——茅香和花椒。

"熬"本义为干煎或干炒。《说文》："熬，干煎也。"《周礼·地官·舍人》："丧纪，共饭米、熬谷。"

"濯"即鬻。《说文》："鬻，内肉及菜汤中薄出之"。段注："今俗所谓煤也。玄应曰："江东谓瀹为煤，今字作瀹，亦作汋"。

"炙，炮肉也。从肉，在火上。"（《说文》）。"火灼曰炙"这种制作食物的方法类似于今天常见的烧烤。《史记·刺客传》记载春秋末期，专诸刺杀吴王僚时"置匕首鱼炙之腹中。"

通过对实物保存较好的墓葬进行观察和分析，可以推断狮子山楚王墓庖厨间中所出的这堆鸡骨，原是供楚王在阴间享用的美食，因为腐朽变成了现在的样子。这些食物应该是制成品，也就是经过烹饪的熟食，其烹饪加工方式似可以马王堆三号墓出土木牌所记载的方法为参考。

西汉早期的诸侯王国"夸州兼郡，连城数十，宫室百官同制京师"，当时的楚国下辖彭城、薛、东海三郡三十六县，是较为强大的王国。狮子山楚王墓中出土的封泥包括王国直属官僚机构和地方行政机构，总数达 80 余枚，这仅是墓葬被盗之后孑遗的数量。属于楚国直属机构的有楚中尉、楚内史、楚太仓等，所辖属县的有吕、萧、下邳、符离、兰陵、相、彭城等。庖厨室亦发现较多地方属官的封泥。《徐州狮子山西汉楚王陵发掘简报》中，发掘者指出了一个现象："'符离丞印'封泥出土于一堆鸡骨中，'兰陵丞印'封泥也在大陶瓮附近"，这种现象是巧合还是有其他内在的含义，要放到当时的历史背景中去加以分析。

中国幅员辽阔，早在数千年前因各自地域的气候、物产、文化、经济类型等差异，一些产品形成了具有地方优势的"品牌"。李斯在给秦王嬴政的《谏逐客书》中提到"昆山之玉""江南金锡""西蜀丹青""随和之宝"等，说的是各地珍贵物产。"引乌号之弓，綦卫之箭"（《列子·仲尼》）。"乌号之弓，溪子之弩，不能无弦而射。越舲蜀艇，不能无水而浮"（《淮南子·俶真》）。"强弩之极，矢不能穿鲁缟"（《史记·韩长孺列传》）等，是指各地手工业者生产的优质产品。甚至不同地区的人也因水土有所差别，燕赵之地不仅多死士也出能歌善舞的美女，汉武帝"起明光宫，发燕赵美女二千人充之，率取十五以上，二十以下，凡诸宫美人，可有七八十，与上同辇者十六人，员数恒使满，皆自然美丽，不使粉白黛黑"，这些美女天生丽质，不用化妆就楚楚动人。

关于食品方面的"品牌"，最有名的当属雉羹了。传说颛顼之玄孙钱铿擅长烹鸡之法，并因向尧献雉羹而受到赏识，被封于大彭（今徐州）为君，因称彭祖。《楚辞·天问》中有："彭祖斟雉帝何飨？受寿永多，夫何久长？"汉代王逸注："彭铿，彭祖也，好和滋味，善斟雉羹，能事帝尧，帝尧美而飨食之也。"国人对饮食的重视程度在世界古代文明中无出其右者。"凡和，春多酸，夏多苦，秋多辛，冬多咸，调以滑甘"，古时人们不仅注重四季饮食口味的选择，还十分注重饮食搭配，《礼记·内则》中有"蜗醢而菰食，雉羹；麦食，脯羹，鸡羹；析稌，犬羹，兔羹；和糁不蓼"，吃菰米饭要佐以蜗牛制作的酱料，还要上雉羹。果品是饮食消费的重要内容，《南都赋》中有"穰橙邓橘"的说法，"穰"和"邓"是指汉代南阳郡的穰县、邓县一带，这里出产的橙和橘闻名于天下。

有些地方"品牌"并不见于史书记载。盐和豉是汉代重要的调味品，《东观汉记》记载"宋弘为司空，常受俸得盐豉千斛，遣诸生迎取上河，令粜之。盐贱，诸生不粜，弘怒，便遣，及其贱，悉粜卖，不与民争利。""齐盐鲁豉"是优质调味品的代表，在山东、陕西等地的汉代墓葬中出土一种盛放调味料的陶容器，有人将其称作"盐豉共壶"，在容器的外侧有"齐盐鲁豉"几字的铭文。出土文献中，可以看到当时人们较为公认的一些具有良好口碑、质量优良的地域性产品，如敦煌出土的汉简中有"任城国亢父缣"，居延汉简有"河内廿两帛""广汉八稷布""河内菁笥"等。甲渠侯官遗址中出土的一枚简有"右部从吏孟仓建武五年黍月丙申假济南剑"。简文中提到的"济南剑"虽未见诸汉代史书记载，但在唐代诗人崔融《户部崔公尚书挽歌》中有"空余济南剑，天子署高名"的诗句，可见这一地方"品牌"直至唐代仍为人所知晓。

符离在西汉早期是楚国属县，故城在今安徽省宿州市北部。狮子山楚王墓的庖厨室随葬的鸡与符离关联起来，是巧合还是地方物产的一种"知名品牌"尚难定论，但我们更愿意相信这并不是一种巧合。近年来，考古工作呈现多样化发展趋势，研究的内容和角度也更加多元，力图通过现代科技手段复原、还原古代人们衣食住行等生产生活场景，饮食考古是其中一项重要的内容。狮子山楚王墓是西汉早期楚国鼎盛时期的一座墓葬，内墓道的庖厨室出土了一批涉及饮食考古的新材料，其中尤以"符离鸡"最值得关注。

# 宿州芦城孜遗址

## ——淮北平原一万年文化史五千年文明史的见证

张小雷（安徽省文物考古研究所）

邱少贝（宿州市博物馆）

沿着京台高速公路从宿州向南 15 千米便到了浍河大桥，在大桥的东侧浍河北岸，有一片台地稍高于周围地区，这就是一处古代遗址，当地人称芦城孜（图一）。

中国淮河中游地区新石器时代中晚期遗址，位于安徽省宿州市埇桥区桃园镇芦城孜自然村西南，南邻浍河，北、东临一小河，总体地形地貌为平原地区。总面积约 8 万平方米。

20 世纪 80 年代，宿州市文物管理所调查发现了该遗址，并发表了简报。1987 年国家文物局设立了苏鲁豫皖古文化研究课题，安徽省文物考古研究所成立了淮河以北地区古文化研究课题组，对该区域内的史前文化遗存展开了广泛的考古调查，其中就有芦城孜遗址，并认为芦城孜遗址面积大、堆积丰富、保存好，决定进行发掘。

1990 年 9～10 月由张敬国领队，贾庆元、叶润清等参加了发掘，发掘面积 100 平方米。虽然发现的遗迹不多，但出土的陶片较多，而且还有较多的动物

图一　芦城孜遗址全景

骨骼。了解了遗址的文化堆积情况，以龙山文化为主，另有商周、唐宋时期的遗存。发掘简报于1994年发表在《文物研究》第九期。

2009年6～9月，为配合钱营孜煤炭专运线的建设工程，安徽省文物考古研究所对芦城孜遗址进行了第二次发掘，发掘面积4020平方米。

通过这次大规模发掘，更加了解了遗址的文化面貌，出土了大批的文物。

发掘结果显示：遗址文化层深1～3.2米，文化序列完整，包含有新石器时代中期、大汶口文化晚期、龙山文化时期、岳石文化时期、周代、汉代、隋唐时期文化遗存。以龙山文化遗存较为丰富。

新石器时代中期文化遗存分布较少，出土了少量陶器和烧骨。以夹砂、夹蚌红褐陶为主，火候低，陶质疏松，器形以陶釜为主，有少量罐、盆、钵，附沿口沿特征明显。碳十四测年结果为公元前6220～前6060年，与宿州小山口一期、淮北石山孜早期文化面貌较为相似。

大汶口文化晚期遗存也不多，出土遗物有石器、骨器和陶器。陶器烧制技术有了很大提高。以夹砂夹蚌红褐陶为主，纹饰以蓝纹为主，有少量绳纹，典型陶器有鼎、鬶、甑、盆、器盖等，骨器有骨锥、骨针等。碳十四测年结果为公元前2580～前2460年，文化面貌与大汶口文化尉迟寺类型相同。再次表明皖北地区在距今4500年前后文化面貌高度统一，区域性社会或许已经形成。

芦城孜龙山文化遗存保存比较好。各类遗迹遗物丰富。

遗迹主要有房基、垫土台基、墓葬和灰坑。房基都是地面建筑，多为排房形式，个别有单间和双连间，房间以长方形为主，一般的建筑基址四周挖有基槽，槽内布有柱洞，槽底多经夯打加固。石灰作为建筑材料被广泛使用，晚期开始用土坯作为建筑材料。墓葬共发现22座（图二），其中有9座儿童墓，为长方形土坑竖穴，无葬具，未发现任何随葬品，以单人一次仰身直肢葬为主，19座头向东，3座头向北，有些墓葬在房基或墙基下，有些墓葬于房基之旁。应为奠基葬。

芦城孜龙山文化遗物主要有：陶器、石器、角器、骨器、蚌器。

石器有石斧、石锛、石锤、石矛、石刀、石镞。角器有角锄、角镐、角锥。骨器有骨镞、骨针、骨簪（笄）。蚌器有：蚌刀、蚌镰、蚌铲。

陶器烧制技术大幅提高，快轮制陶技术广泛使用，器形精美。陶色以灰褐陶为主，其次是黑陶和灰陶。有少量的红褐陶和白陶。纹饰有篮纹、绳纹、方格纹，此外还辅以弦纹，附加堆纹，镂孔等，还将耳鼻、泥饼、索条融实用和装饰于一体。典型陶器有：

1.M4

2.M10

图二　龙山文化墓葬

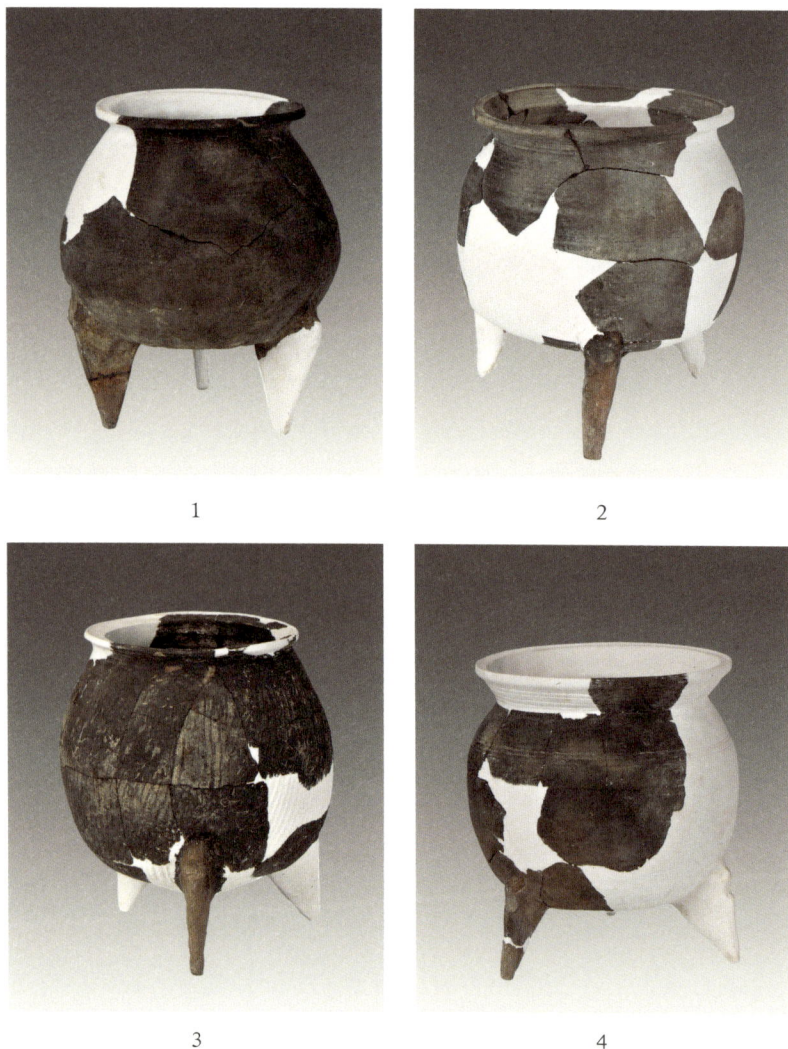

图三　龙山文化罐形鼎

1.Cb 型Ⅲ式　H149：3

2.D 型　H120：4

3.A 型Ⅴ式　H105：2

4.其他类　H118：15

侧装三角形罐形鼎（图三）、折沿罐、小型罐、大口罐、小口高颈罐、高圈足盘、覆盘形器盖、覆钵形器盖、折腹盆，高分裆袋足鬶、大口尊等。并出土了一批光洁明亮、几近蛋壳陶的陶杯残片。

龙山文化分为三期六段，涵盖龙山文化的早中晚期。绝对年代距今约 4100～3800 年。文化面貌既具有王油坊类型特征，又具有海岱龙山文化的特征。

芦城孜龙山文化一类遗存在皖北分布广泛，经过发掘的遗址有宿县小山口、灵璧玉石山、蒙城尉迟寺、亳州富庄、萧县花甲寺等。

此次芦城孜遗址的发掘，全面解读了该遗址龙山文化的文化面貌和特征，从它的产生、发展、繁荣到衰落以及与大汶口文化尉迟寺类型承袭关系。

芦城孜遗址岳石文化时期遗存，只发现一个灰坑 H23，出土遗物均为陶器，无可复原的完整器。陶质有夹砂、夹蚌和泥质三大类。陶器色泽多样化，以褐色为主，黑灰和灰色次之。陶色往往表里不一，深浅不均，一器多色。纹饰以素面为主，个别器物有划纹。在制作工艺方面，这批陶器大多为泥条盘筑手制成型，然后经慢轮修整，内壁泥条痕迹明显，陶胎厚薄不均，因而器形不规整。小型器物以及口底等为捏塑成型。可辨器形有罐、盆、碗、器盖等。

芦城孜遗址的再度繁荣是在龙山时期文化 1000 年之后的两周时期。周代文化遗存延续时间较长，可

1

2

图四　周代墓葬

1.M24

2.M24 外椁

将其视为一个连续发展的整体，年代约当西周中期至春秋晚期（图四）。

芦城孜遗址周代时期动物骨骼鉴定表明，体形较大的淡水软体动物基本没有发现，可能昭示着遗址周围水域发生了一定变化，野生哺乳动物种类与龙山时期无甚差别，据此推测这一时期遗址周围环境与地貌变化不大。这一时期生业经济，从哺乳动物数量来看，以家猪为多占 65%，鹿类等动物仅占 35%，这表明家畜饲养规模进一步扩大。鉴定出较多稻、麦等植物遗存，反映出农作物种植面积增长，有较多镰、锄、铲等农具的出土也证明农业活动达到盛期。出土较多陶网坠说明渔业在当时生业经济中还占有一定比重。

周代典型器物有鬲（图五）、盆、豆、罐、簋、盂、小盆等。

芦城孜周代文化其主要文化因素来自丰镐之地，随着周代鲁国文化的形成，其对这一区域的影响也逐步加深，但芦城孜周代文化独特性的文化因素自始至终存在着，从另一个侧面分析其独特的文化因素与其地处淮河中游—淮夷之地不无关系，也就是说芦城孜周代文化的独特文化因素是周代淮夷文化特征的表现。

芦城孜遗址汉代堆积受后期破坏比较严重，发现的遗迹主要是灰坑和一口水井。水井保存比较完整，井壁用立砖砌成井圈。陶器出土有釜、盆、罐、瓮、甑、杯、钵、三足钵等，一般体形较大，器壁较厚。建筑材料砖瓦出土较多，此外还有较多的铁农具工具。

芦城孜遗址隋唐文化遗存比较丰富，发现 26 个灰坑、2 口水井、2 座墓葬，出土陶器有盆、罐、盘

1.E 型Ⅰ式 M20：2

2. Ⅱ式 M26：3

图五　周代陶鬲

口壶、钵、碗，建筑材料有花纹板瓦。瓷器有碗、盘、豆、盏、杯、罐。有些瓷豆、盘内书有铭文。铁器有：鼎、盆、单面斧、双面斧、锹、砍刀、镰、蹓刀、火钳、剑等。发现两方辟雍砚，其中一方为瓷质，做工精细。

这一时期瓷器不但类型繁多，而且数量猛增，已成为人们日常生活中的主要用具，这反映出当时人们生活质量有较大提高，从一个侧面表明社会生活步入繁盛时期。两方辟雍砚的发现反映出文化繁荣基础的生成。铁器在前代基础之上有了新的发展，新工具和新用具的出现，如锹、斧、镰、马蹬、剑、刀、火钳等已基本成熟定型，以至于这部分铁器与近代很多同类型铁器都十分相近，这表明生产力又有了进一步的提高。

通过芦城孜遗址的发掘和研究工作，使我们对淮河中游北部区域从新石器时代中期至隋唐时期文化特征、传承变化以及与周邻地区文化关系有了更进一步的了解。其包含有新石器中期文化遗存、大汶口文化晚期遗存、龙山文化时期遗存、岳石文化遗存、周代文化、汉代文化、隋唐时期文化遗存，揭示了该遗址从新石器早期文化至隋唐时期文化的横断面，有益于对文化谱系及其与周邻地区文化关系进行深入研究。特别是大量龙山文化时期遗物的出土，对研究本地龙山文化的社会面貌提供了丰富的资料。

## 参考文献

[1] 叶润清：《安徽省宿州市芦城孜遗址发掘简报》，《文物研究》第九期，黄山书社，1994 年。

[2] 安徽省文物考古研究所、宿州市文物管理局，宿州市博物馆：《宿州芦城孜》，北京：文物出版社，2016 年。

# 萧窑的考古探索

蔡波涛（安徽省文物考古研究所）

萧窑，又称"肖窑""白土窑"，是皖北地区的重要瓷窑之一。萧窑窑址主要位于萧县东南部约 15 公里的白土镇区域。伴随着考古工作的不断开展，我们对萧窑的认识也在深度与广度两个层面有了较大的提高。本文拟以考古材料为基础，对近年来萧窑考古的发现与相关研究情况进行简要介绍，以期能够为相关研究提供些许素材。

目前所知，有关萧窑遗物的最早发现，是 1954 年江苏省文管会在萧县白土镇征集到的一件瓷瓶，这件瓷瓶上刻有"白土镇窑户赵顺谨施到慈氏菩萨花瓶一对供养本镇南寺时皇统元年三月二十二日造"的铭文[1]。此后，陆续有学者为寻找和研究萧窑做了一系列的考古调查等工作。

## 一 早期考古调查与试掘

1960 年，安徽省博物馆的胡悦谦和葛介屏两位先生对萧窑开展了首次考古调查[2]。他们通过对白土寨东、北两处窑址的试掘和地表遗物的采集，认为白土窑始烧于唐末、兴盛于北宋、衰落于南宋初年。在调查报告中还记述了白土窑的产品，如器类主要为碗、盏、盆、罐和瓶等，窑具发现有三叉支托和窑棒等；釉色主要有白、黄和黑釉三种，其中又以白釉居多。他们通过在白土寨东窑的废墟中发现有煤炭渣遗存，初步认为白土窑在宋代已使用煤炭做燃料。值得注意的是，他们在当时已经提出白土窑与寿州窑之间应存在着比较密切的关系的观点。

1961 年，南京博物院的宋伯胤先生在安徽省文化局的协助下，也对萧窑进行了一次专项考古调查[3]。他选择在白土寨的石榴园子、高场和后孤堆三个地点开设探沟进行了试掘工作，根据出土器物的器形有碗、罐、壶、盏和瓷塑等，窑具为三叉支钉和窑棒等，釉色亦为黄、白和黑釉三种的情况，认为白土窑创烧于唐代、衰落于金代。同时也提出了以煤炭为燃料的问题，但认为白土窑与寿州窑的历史关系问题尚不能做出判断。

1986 年 11 月，由于当地群众挖掘地窖，在白土镇内偏东处又发现了新的窑址，安徽省博物馆王业友先生随后赶赴现场进行了实地勘查，并有了新的发现[4]。通过将采集到的遗物与此前的材料进行对比，他认为此次调查所获瓷器标本在形制、胎釉和烧造方法等方面均有所区别，丰富和完善了对肖窑历史及相关问题的认识。他还提出，肖窑历经唐、宋、金至元代，虽为民间窑口，但在各个时期都注重学习和借鉴名窑产品和技术，并形成了自身风格。

1987年，故宫博物院李辉柄先生在赴安徽调查古窑址过程中，也对萧窑开展了专项调查工作[5]。据调查报告记述，他认为肖窑创烧于唐而终于元代，唐代以烧制黄釉瓷器为主，兼烧青瓷与白瓷，其唐代器物在釉色、形制等方面与寿州窑有一定关系，但白土窑在时代上较寿州窑稍晚，肖窑可能是继寿州窑之后发展起来的。同时他还指出，由于特殊的地理位置，白土窑除了受寿州窑的影响外，应与北方瓷窑关系更为紧密。

## 二 近年来的考古调查与发掘

2014年12月，安徽省文物考古研究所联合萧县博物馆又对白土镇内的四处窑址进行了专项考古调查[6]。通过在白土镇窑、欧盘村窑、夏村窑址和前圩子窑址所采集的遗物分析，将萧窑的始烧年代上提至隋代，终烧年代下延至元代，同时调查者还认为萧窑遗址的分布存在着随时间先后而有所变迁的情况。

### （一）欧盘窑址发掘

2015年5~10月间，为配合301省道萧县段拓宽项目的建设，安徽省文物考古研究所联合武汉大学、萧县博物馆对项目涉及的欧盘窑址进行了抢救性考古发掘[7]。欧盘窑址位于萧县白土镇欧盘村南部，南距白土寨窑址约4公里。在约1100平方米的发掘面积内，共计清理出隋唐时期各类遗迹90处，其中窑炉6座、制料池4座、房址15座、灰坑50个、墓葬1座、灰沟7条、柱洞类遗迹2处、灶类遗迹1处、路基1条，另有特殊遗迹3处（图一）。

窑炉均为馒头形窑，其结构一般由窑床、火膛和操作坑组成，根据窑炉形制、结构与方向等推断其应属于两个不同窑区（图二）。作坊区一般距离窑炉较近，均为平地起建、以石块及废弃瓷片或瓷器砌筑的方向房址（图三），部分房址内保留有较好的硬质活动面，也有房址内发现有疑似料池遗迹。料池类遗迹可分为两种，一种结构为先挖土坑，坑壁及坑底均由石块贴砌或平铺而成，另一种则为竖穴土坑，坑壁经瓷土类物质修整加厚（图四）。发现东西向、条带状

图一 欧盘窑址发掘区全景

图二 欧盘窑址窑炉遗迹

图三 欧盘窑址作坊区房址

图四 欧盘窑址料池遗迹

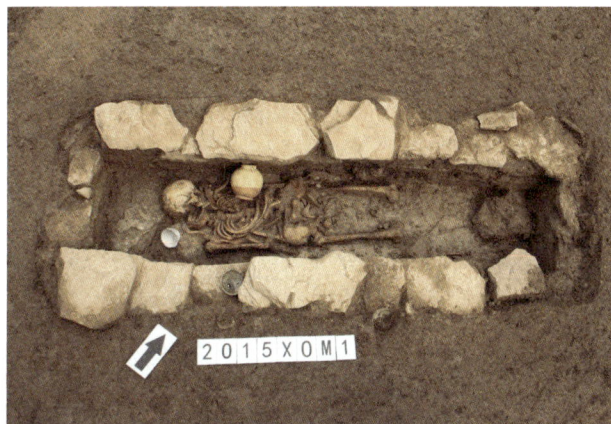

图五 欧盘窑址墓葬

路基一条，从层位关系及其与周边遗迹相关性来看，应为与窑炉及作坊区同时期遗迹，是窑址烧造区与作坊区相连的重要通道。所发现的墓葬位于窑址区内，为长方形竖穴石室墓，墓顶以石板覆盖，墓壁及墓底均以石块垒砌或平铺，葬式为仰身直肢，随葬四系圆腹罐和瓷杯，随葬品年代均为唐代早期（图五）。

本次发掘出土遗物丰富，数量庞大。其中，窑具有窑柱、窑棒、支托、垫板、支钉、垫圈和匣钵等；制料工具主要有石兑、碾轮和擂钵等；生活用具主要有陶盆、陶罐和陶缸等。其产品以青釉瓷为主，分青灰与青黄两种，另有少量白瓷；器类以碗和高足盘居多（图六：1），四系盘口壶（图六：3）、罐、敛口钵（图六：2）、盆、碟、盏和杯（图六：4）等也占

有相当比重，另有部分小盂、多足砚和虎子等；器物纹饰主要有弦纹、刻花与印花几种，另有部分贴塑与褐彩装饰（图六：5）。

**（二）萧窑遗址群区域系统调查**

欧盘窑址的考古发掘，改写了萧窑创烧年代的历史，也激发了我们继续探索和研究萧窑的热情。我们深感对于萧窑的时空框架、窑址点分布、窑址布局和各窑址的具体文化内涵尚不清晰，认为有必要开展一次专题性的区域系统考古调查工作，以期能够达到对萧窑摸清家底。2015 年 11～12 月，安徽省文物考古研究所联合武汉大学历史学院、萧县博物馆等单位对萧窑窑址主要分布的倒流河流域进行了一次区域系统考古调查[8]。

图六　欧盘窑址出土瓷器

1.高足盘　2.白瓷钵　3.四系盘口壶　4.白瓷杯
5.白瓷褐彩杯

在充分收集前期调查成果的基础上，我们以"三普"资料为指引，重点对已知窑址的位置、堆积状况、现存情况等做了详细的记录和地表遗物采集工作。关于白土寨窑址的调查，以往调查基础上新增王九斤地点、圣贤小区西南、镇东南农田等7个地点，发现有较为明确的烧造区和废弃堆积区，初步体现了白土寨窑址的功能分区。其中，王九斤地点的试掘工作，揭露了从唐代到宋、金时期的文化层堆积。关于沿倒流河流域的调查，我们在夏村、卯山、前圩子等10个村庄有重要发现。根据对调查材料的初步梳理，本次调查共计发现各类遗迹点42处（图七）。

调查采集遗物较为丰富，合计约一千余件（片），其中窑具近二百件。主要器类有碗、盏、高足盘、罐、盆、盘口壶、执壶、缸、钵、杯、瓶、香

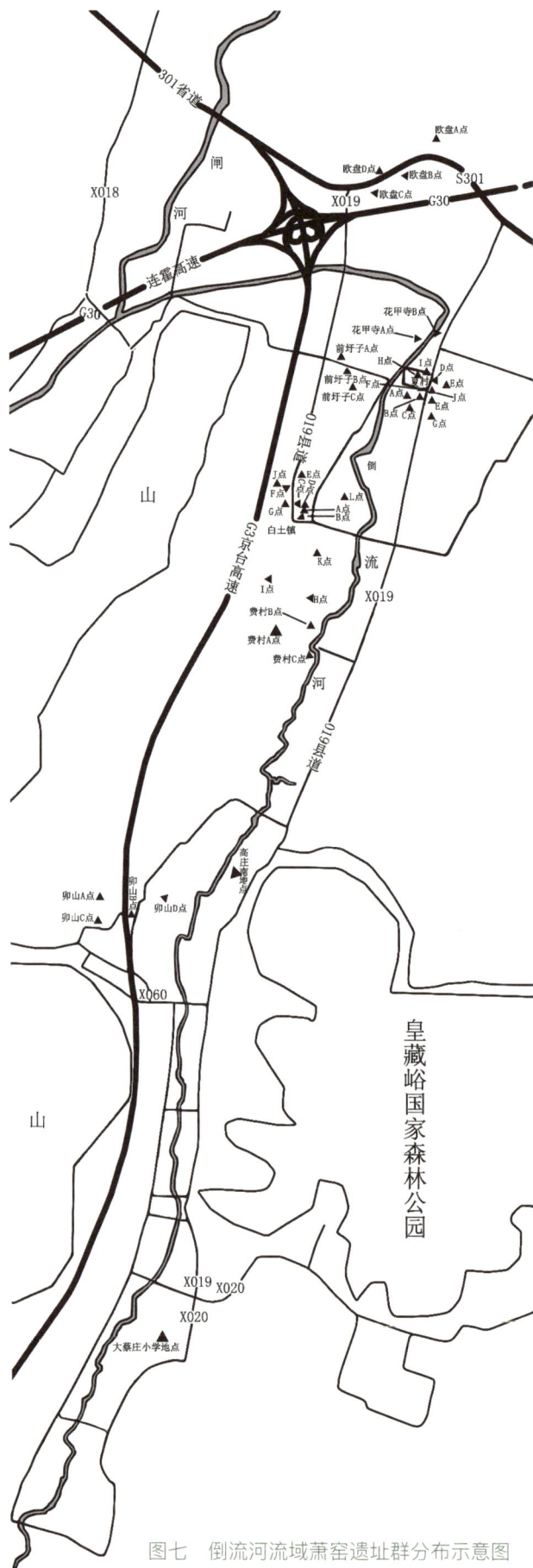

图七　倒流河流域萧窑遗址群分布示意图

炉、玩具、水盂等十余类，釉色涵盖有青、黄、白、黑、酱等几类，装饰主要有划花、印花、剔花、白釉绿彩、白地黑花、红绿彩装饰等几种，其中，白釉绿彩、红绿彩装饰在萧窑首次发现。窑具包括支柱、支钉、托珠、垫板和匣钵等，其中部分匣钵、垫板和形态各异的捏制工具属首次发现。

### （三）白土寨窑址发掘

通过前期调查可知，在白土村境内几乎全部为窑址分布区，为明确揭示萧窑的中心窑厂区——白土寨窑址的遗存内涵和文化脉络，经国家文物局批准，安徽省文物考古研究所联合武汉大学历史学院考古系、萧县博物馆于2017年3～7月间，对白土寨窑址老文化馆门前地点进行了主动性考古发掘工作[9]。

通过发掘，共计清理出唐宋时期各类遗迹70处。其中包括窑址3座、料池4座、储灰池7座、房址10座、灰坑29个、柱洞类遗迹12个、灶类遗迹3处和路基2条（图八）。所发现窑炉遗迹均为马蹄形馒头窑。其结构一般由窑床、火膛和烟道组成，受制于揭露面积和部分重要遗迹保留展示，未发现操作坑，窑炉保存较差。东区发现一组联窑，窑门相连，两座窑建于一座废弃的料池作坊之上，皆为半地穴式马蹄形窑，方向为东西向。窑门处于东部，有火膛、窑床、烟道，部分窑壁尚存；火膛呈半月形，与窑床之间用耐火砖夹窑柱修建起来的墙体分隔开，火膛与窑床间存在较大高差；窑床较平，为较厚一层不太硬的红烧土面，烧成温度不高（图九）。西区发现的窑炉，烧窑温度较高，火膛底部与窑床皆有一层较硬的烧结面。火膛呈半月形，局部建于山体基岩之上；窑床为一由北向南倾斜的硬面，窑床面可见粘烧瓷碗的痕迹；烟道共有4道，受到严重破坏（图一〇）。料池类遗迹全为长方形，由垫板铺地，池边立砖，池底残存瓷泥。储灰池遗迹平面多为长方形，结构为直壁平底，池内包含大量草木灰，上层夹杂红烧土颗粒。作坊区可分为东、西两区，房址的墙体由一层垫

图八　白土寨窑址发掘区全景

51

图九　白土寨窑址东区窑炉遗迹

图一〇　白土寨窑址西区窑炉遗迹

图一一　白土寨窑址作坊遗迹

图一二　白土寨窑址出土部分遗物

板夹一层窑柱砌成，西墙处竖立一块柱础石，推测用于搭建简易棚，且多与料池类遗迹存在组合关系（图一一）。

出土遗物丰富，保存完整的小件遗物近 800 件。与窑址烧造相关的遗物主要有制料工具类，包括碾轮、擂钵；窑具类，包括窑柱、垫板、支托、垫饼、碗形间隔具、手捏船形间隔具、少量三足支钉和匣钵；生活用具类，如陶盆、陶罐、骨器等。瓷器釉色以白釉为主，均施有白色化妆土，胎质较细密坚致，器类以碗为主，还有盏、执壶、瓷盆、双系罐、瓜棱罐、瓷瓶、瓷杯、瓷盂、平底钵、瓷枕（均有纹饰，技法以剔花和划花为主）、缸、提梁罐、砚台、瓷玩具、佛像、骰子、棋子、建筑构件等。另晚期扰乱地层多出土酱釉深圈足涩圈碗、酱黑釉瓷罐、白地黑花瓷盆（部分带"风花雪月"字）等，当属金代风格；早期唐代地层多出土青釉和黄釉的玉璧底碗、盏等，照釉面观察，施釉的方法为蘸釉；釉层薄厚不均，往往还形成蜡泪痕。器物多素面装饰，除了部分刻花、划花外，少数呈釉下彩装饰，纹饰题材主要有牡丹、草叶、卷云纹等（图一二）。

（四）夏村窑址发掘

为配合基本建设，经国家文物局批准，安徽省文物考古研究所联合萧县博物馆于 2021 年 7～10 月间对夏村窑址进行了抢救性考古发掘。通过对三个发掘区的清理，共计发现窑炉两座和一处窑址废弃堆积。

以 2 号窑炉为例，平面呈"8"字形，由窑床、烟道、火塘、窑门和操作坑组成，结构为马蹄型馒头窑。窑室保存较好，长 4.1、中间宽 2.6、后端宽 2.0、窑口宽 0.5 米。窑壁呈青灰色，厚度约 8～10 厘米，烧烤坚硬，内里光滑。从窑底部向上内敛，为窑顶呈穹形打下基础。窑室内堆积红色烧土和窑砖，应是火焰辐射的影响区，影响区红烧土厚度 12～18 厘米；窑砖呈青灰色，长 30～34 厘米，宽 14 厘米，厚约 12 厘米。窑床呈青灰色，质地坚硬，

图一三　夏村窑址窑炉遗迹

较平整，厚度约 10～18 厘米。火膛位于窑室前部，为下陷式，平面呈倒三角形状，低于窑床约 20 厘米。火膛底部烧烤坚硬，从火口处始向里略呈上坡状。操作坑接窑门，大致呈弧边方形，现存东西 3.5、南北 3.7、深约 1.5 米；底部东西 2.2、南北 2.6 米。坑壁斜弧内收，坑壁左边有倒塌重建痕迹。操作坑南部有一梯道，梯道长 2.0、宽 0.9 米；梯道有三个台阶，分别宽 0.5、0.2、0.3 米，台阶高 0.15～0.2 米。烟道共三个，等距离分布在窑床尾部。平面近梯形，残高约 0.2 米。烟窗的建造方式是，在窑室壁的左右两端角及中间，自窑床向上开凿近长方形的凹槽，槽上单砖平砌形成过道。根据窑炉结构及烧成温度和出土遗物综合判断，其性质并非瓷窑炉，而应是砖瓦窑（图一三）。

## 三　萧窑考古探索的新认识

### （一）萧窑"窑系"时空框架的搭建

通过近年来的考古调查和发掘，我们可以初步建立起萧窑窑系的时空框架。根据出土器物形制与风格的类型学研究，我们可以比较明确地将萧窑烧造年代厘定为：上限从唐代上溯至隋代，下限由宋金扩展至元代。而从各窑址点的分布情况来看，其主体均位于

皇藏峪复背斜两条北东—南西走向隆起褶皱所形成山丘中部的山间盆地内的倒流河两岸。就动态发展的角度来看，我们认为，至迟在唐代晚期之前，萧窑的窑址点的确存在着自北向南不断变化、迁移的趋势，从北宋时期开始，白土寨窑址所在的白土村地区已经发展成为中心窑厂。

### （二）细化分析研究的稳步推进

我们对欧盘窑址发现的墓葬进行了体质人类学和碳同位素的研究，取得了重要成果[10]。研究表明，该墓年代为唐代早期，墓主人年龄约为 40～45 岁左右，性别为男性。从骨骼磨损程度来看，其生前从事过较为繁重的体力劳动，推测其身份可能为窑工。而根据碳同位素的分析可知，墓主人生前有过频繁迁徙的行为，而其颠沛流离的生活又与其身份和较低的社会地位相关。此外，我们还对欧盘窑址出土的植物遗存进行了分析研究[11]，得出了隋唐时期萧窑所在的区域多种农作物组合种植的繁荣情况，为我们进一步理解农业生产为瓷器等手工业生产提供重要基础的历史事实提供了的重要视角。有关瓷器的多项科技检测我们委托中山大学及中国科学院大学的团队完成，相关研究成果待刊发。

### （三）萧窑考古的重要学术意义

欧盘遗址的考古发掘，揭开了新时期萧窑科学考

古工作的序幕。它首次将萧窑的始烧年代提前至隋代，一改以往学界所认为的始烧于唐代中晚期的论点；此外揭示的丰富的遗迹如窑炉、作坊房址、料池、道路等以及一批重要的细胎青瓷器、饰褐彩器等对于探讨技术工艺、烧造方法和产品门类等问题提供了重要基础材料。对萧窑开展的系统考古调查，基本摸清了窑址的分布、各窑址的文化内涵、建立起了萧窑窑系的时空框架。白土寨窑址的发掘揭示出唐代晚期至北宋时期的丰富遗迹，尤其是北宋时期较为完整的窑炉、作坊、道路等遗迹组形成的工作面，对于深化认识其烧造工艺等技术问题有重要意义。特殊的区位环境，造就了萧窑特殊的文化内涵，萧窑的持续考古工作将为探讨北瓷南传、南北瓷业交流等问题提供新的视角和线索。

综观近年来萧窑的考古工作，一方面收获颇丰，另一方面也存在诸多问题需要继续探索。比如就发掘工作揭示的情况来看，在欧盘窑址和白土寨窑址之间还存在年代缺环[12]，白土寨窑址只发现有金元时期的遗物，未能清理出金元时期的原生文化层和遗迹；而对于各窑址内部的功能区布局、微聚落的观察等认识也严重不足。近年来伴随着淮南寿州窑遗址[13]、淮北烈山窑遗址[14]、萧县滕庄遗址[15]以及大运河宿州段各相关遗址的发掘，为我们开展相关问题的研究提供了重要材料。毋庸置疑的是，开展有明确课题引导的考古工作，是继续研究和认识萧窑的必经之路。

## 注释

[1] 王志敏：《近年来江苏省出土文物》，《文物》1959年第4期。

[2] 胡悦谦：《安徽萧县白土窑》，《考古》1963年第12期。

[3] 宋伯胤：《萧窑调查记略》，《考古》1962年第3期。

[4] 王业友：《调查肖窑取得的新收获》，《东南文化》1990年第4期。

[5] 李辉柄：《安徽省窑址调查纪略》，《故宫博物院院刊》1988年第3期。

[6] 安徽省文物考古研究所、萧县博物馆：《安徽萧县萧窑遗址群2014年田野考古调查简报》，《考古与文物》2018年第6期。

[7] 蔡波涛、张钟云：《萧窑研究又添新资料——安徽萧县发掘欧盘窑址》，《中国文物报》2016年7月29日版。

[8] 蔡波涛：《近年来萧窑考古的新收获》，《文物天地》2020年第3期。

[9] 蔡波涛、谭雨蓉、周水利：《萧窑：发现大批制瓷遗存，生产布局和面貌更加清晰》，《中国文物报》2019年8月9日版。

[10] Bing Yi, Jinglei Zhang, Botao Cai, Zhongyun Zhang & Yaowu Hu: Osteobiography of a seventh-century potter at the Oupan kiln,China by osteological and multi-isotope approach; SCIENTIFIC REPORTS, 28 August 2019.

[11] 白康余、杨文昊、孙永刚、蔡波涛、张钟云：《安徽萧县欧盘窑遗址浮选结果及分析》，《赤峰学院学报》（哲学社会科学版）2017年第11期。

[12] 夏村窑址调查发现有较为丰富的唐代中期遗存，可惜的是2021年的发掘未能发掘到这一时期的窑炉遗迹和典型堆积。

[13] 陈超：《跨越一甲子，安徽淮南寿州窑遗址考古新收获》，《中国文物报》2021年3月25日版。

[14] 安徽省文物考古研究所等：《安徽淮北烈山窑遗址发掘简报》，《中原文物》2020年第2期。

[15] 安徽省文物考古研究所等：《安徽萧县滕庄唐宋遗址发掘简报》，《文物研究》第23集，科学出版社，2018年。

# 淮北烈山窑址出土陶瓷俑研究

陈　超（安徽省文物考古研究所）

淮北烈山窑址于 2017 年和 2018 年两个年度进行考古发掘，获得了唐代末期至元代时期重要的遗迹和遗物。其中清理出六座不同时期的窑炉是重要的考古发现，并且出土大约四千件遗物，按照胎釉分为白釉、青釉、酱釉、黑釉、三彩、素胎、陶胎。产品主要是素烧建筑构件、碗、盘、盏、罐、瓷瓶、瓷俑、黄釉印花砖等。其中瓷俑比较有特色，有人物俑、人物和动物组合俑、陶瓷动物三类。其中陶瓷动物又有羊、牛、马、狗、鸭、龟等。产品质量并不是太高，少量瓷塑轮廓形态比较清晰，多数制作比较粗犷，有的甚至无法辨识出种类。下面从俑的种类、制作工艺和历史文化几方面做初步研究。

## 一　陶瓷俑分类

### （一）人俑

烈山窑址中出土的人俑主要以瓷质为主，少量的素胎。主要有仕女俑、男俑、僧俑和神像俑。其中仕女俑的数量最多，其次是僧俑，男俑次之。论烧制精美程度，要数僧俑。

1. 素胎仕女俑，3 件，拣选 2 件描述：

18 I HLG9：2　素胎仕女俑　模制。站姿，背部平直。头部残，右手持一鸟，疑是鹦鹉，衣较长，周身施白色化妆土，局部有脱落。浅红色胎，较致密。长 3.3、宽 1.5、残高 5.7 厘米（图一：1）。

18 I HLT0203 ②：212　素胎仕女俑　模制。形制与上一件相似，微残，左手放于胸前，右手持一物，身穿短褛，背部有指纹印，一插孔。浅黄色胎，较致密。长 3.75、宽 2.1、残高 5.9 厘米（图一：2）。

2. 瓷质仕女俑，13 件，以下拣选几件能够辨识的器物描述。

1　　　　　　　2

图一　素胎仕女俑
1.18 I HLG9：2　2.18 I HLT0203②：212

18 I HLH21：138 青釉人物俑 模制，坐姿。头部残缺，身穿长衫，双手搭于双膝，盘腿，衣衫纹路略明显。除背部和底部外施满青釉，釉面有小开片，背部有土沁，有釉粘，底部有窑粘。黄色胎，较致密。长 4、宽 3.5、残高 5.7 厘米，釉厚 0.1 毫米（图二：1）。

18 I Y2⑥：8 青釉人物俑 模制，坐姿。椭圆形脸，右手持一物，左手搭左膝上，左腿往右偏，衣衫纹路明显，背部平直，有釉粘，底部直，满施青釉。灰色胎，较致密。长 1.75、宽 2.1、残高 4.05 厘米，釉厚 0.1 毫米（图二：2）。

18 I T0205⑥：2 青釉人物俑 模制，站立状。椭圆形脸，眉和眼睛不明显，鼻子微挺，身穿朝服，右手在左手上，右手持手版，背立直，施绿釉至下腹部，有窑粘，有划痕。浅黄色胎，较致密。长 2.8、宽 1.3、高 6.4 厘米，釉厚 0.1 毫米（图二：3）。

18 I T0201③：15 白釉黑彩人物俑 模制，无头颅。人物坐像，一手弯曲执于胸前，一手放于腹部。通体施白釉，胸前与手臂点缀有黑彩斑点。浅黄色胎，较致密。长 3.1、宽 2、高 3.7 厘米，釉厚 0.1 毫米（图二：4）。

18 I Y2④：14 青釉人物俑 模制，坐姿。椭圆形脸。中分发髻，面部不清晰，双手持一物放两股上，衣衫纹路不明显，背部平直，底部直，施青釉至底座处，有窑粘，背部釉面有小开片。黄色胎，较致密。长 2.3、宽 1.5、残高 4.45 厘米，釉厚 0.1 毫米（图二：5）。

3. 僧俑，7 件。拣选相对完整的叙述。

17 I TG1②：212 黄釉人物俑 模制，坐姿，头为椭圆形，头戴头纱，椭圆眼，鼻微凸，小嘴，双手放腿上，左衽，衣衫纹路明显，背部平直，底部直，外施黄釉至腿部，施釉不均匀，釉面无光泽。黄色

图二 瓷仕女俑

1.18 I HLH21：138 2.18 I Y2⑥：8 3.18 I T0205⑥：2 4.18 I HLT0201③：15 5.18 I Y2④：14

图三 僧俑

1.17 I TG1②：212 2.18 I HLH18：5 3.18 I HLT0201③：14 4.18 I HLT0203②：198

胎，较致密。长 4.7、宽 3.4、残高 5.3 厘米，釉厚 0.2 毫米（图三：1）。

18 I H18：5　酱釉人物俑　模制，坐姿。身着僧衣，袒胸露乳，双腿盘坐，双手各置于腿上，右臂与首部位残缺，周身施酱釉，底部有脱釉现象。灰色胎，较致密。长 4.5、宽 2.9、高 4.7 厘米，釉厚 0.1 毫米（图三：2）。

18 I T0201 ③：14　酱釉人物俑　微残，模制，坐姿，人物左腿处微残。人物盘腿而坐，双手放于腿前，呈打坐姿势。正面施酱釉，背面烧制成浅褐色。浅灰色胎，较致密。长 4.4、宽 2.6、高 4.5 厘米，釉厚 0.1 毫米（图三：3）。

18 I T0203 ②：198　酱釉观音人物俑　模制，坐姿，背部歪斜，底部平直。头戴风帽，椭圆形脸，五官不清晰，身穿斜襟长衣，双手放于腿上，左衽，衣衫纹路明显。除底部外施满酱釉，有流釉、积釉现象，底部有釉粘、窑粘。灰色胎，较致密。长 4.6、宽 3.1、通高 4.6 厘米，釉厚 0.2 毫米（图三：4）。

4. 力士俑，1 件。

18 Ⅱ H1 ⑤：1　红陶力士像　模制，飞奔状，幅度大。头顶冠，椭圆形脸，脸向右偏，露一耳，眼睛有神，嘴角上扬，胳膊上缠有绸带，右手向左上方举剑，左手放臀后，腰间系腰带，右腿弯曲，脚往前跨，左腿弯曲。砖红色胎，较致密。长 3.9、宽 2.1、通高 4.9 厘米（图四）。

5. 男俑，1 件。

17 Ⅱ H7：16　三彩人物塑　模制，坐姿。有基座，背部平直，头无，双手交叉放在膝盖上，衣较长，衣衫纹路明显，通体施三彩釉至腿部，施釉不均匀。灰色胎，较致密。长 5.5、宽 6.3、残高 9.6 厘米，釉厚 0.2 毫米（图五）。

6. 神像俑，1 件

17 Ⅱ Y1 ①：26　素胎瓷神像俑　模制，站姿。头上有两角，脸圆，眉毛较粗，眼睛大，鼻梁较高，嘴巴张开扁大，头在木桩上。有少量土沁。砖红色胎，

图四　红陶力士（18HLⅡH1⑤：1）

图五　三彩人物塑像（17ⅡH7：16）

图六　素胎瓷神像（17ⅡY1①：26）

较致密。残长 3、残宽 3.5、残高 5 厘米（图六）。

（二）人物和动物组合俑

烈山窑出土人物和动物组合俑，共 2 件。

17 I TG2 ②：50　白釉骑马人物俑　模制，驾马姿势，立马俑。脸无，头向后仰，身体趴在马上，双手抱着马脖，双腿跨于马鞍上，马鞍垂马腹下，马脸较长，马神壮硕，马尾短粗，马下半身残，周身施白釉。浅黄色胎，较致密。残长 8.8、宽 3.4、高 8.5 厘米，釉厚 0.2 毫米（图七：1）。

18 I T0203 ③：16　白釉褐彩骑马人物俑　模制，站姿，立马俑。脖子及人像残无，双腿跨于马鞍上，脚部穿褐彩斑点靴子，马鞍垂马腹下，马胸前系有攀

胸，马神壮硕，马尾短粗，四姿站立于方形基座上，通体施白釉。浅黄色胎，较致密。残长7.7、宽3.3、高6.7厘米，釉厚0.1毫米（图七：2）。

（三）陶瓷动物

烈山窑出土陶瓷动物有羊、牛、马、狗、鸭、龟。其中狗和鸭的形象最多。并且辨识度也比较高。

1. 瓷马，2件。

18ⅠT0104④：152 酱釉瓷马 模制，站姿，立马俑。头部及脖子残无，马鞍垂马腹下，马尾长粗，四肢站立于方形基座上，通体施酱釉至腿部，外有土沁。灰色胎，较致密。残长4.65、宽2.2、通高6.25厘米，釉厚0.1毫米（图八：1）。

17ⅡY1①：47 素胎瓷马 红陶，模制，卧姿。头上有头冠，右边有角，头偏左，椭圆形脸，嘴巴微张，眼睛大，身体往左偏，腿部弯曲，背部直。浅砖红色胎，较致密。残长3.5、残宽7、高1.5厘米（图八：2）。

2. 瓷羊，4件。

18ⅠH5：1 白釉瓷羊 模制。两耳耸立，四肢残，口微张，肚子部分未施白釉，除肚子部分其余部分施白釉。浅灰色胎，较致密。长8.7、宽2.8、高5.5厘米，釉厚0.1毫米（图九：1）。

18ⅠT0401③：6 浅青釉瓷羊 模制，站姿。头微向左倾，双耳残，有眼睛，有唇，狗尾向左翘起搭在臀部，四肢下部呈锥状直立，通体施浅青釉，下腹部施青釉不均匀。黄色胎，较致密。长7.4、宽2.55、高3.85厘米，釉厚0.1毫米（图九：2）。

18ⅠT0404①：7 青花瓷羊 模制，站立状。头部椭圆形，有眼、黑色，额部突出，嘴巴长，羊角基粗大，向前弯曲，有鬃，尾巴短，四肢站立，通体青花瓷。白色胎，较致密。长5.7、宽2.85、高4厘米，釉厚0.1毫米（图九：3）。

18ⅠT0201⑤：7 青釉瓷羊 背部后方残缺。模制。通体呈卧状，腹部为空心，施青釉，局部有脱落。浅灰色胎，较致密。长11、宽6.2、高5.6厘米，釉厚0.1毫米（图九：4）。

图七 白釉骑马人物俑
1.17ⅠTG2②：50 2.18ⅠHL10203③：16

图八 瓷马
1.18ⅠHLT0104④：152 2.17ⅡY1①：47

图九 瓷羊
1.18ⅠHLH5：1 2.18ⅠHLT0401③：6 3.18ⅠT0404①：7 4.18ⅠHLT0201⑤：7

3. 瓷牛，3件。

18 I H21：124　青釉牛　模制。站立状。头微向左微倾，双角残缺，双耳外撇，可见左眼睛，阔嘴，额部显较宽平，两角间额顶通高宽，牛尾向左翘起搭在臀部，四肢下部呈锥状直立有残缺，通体施青釉有脱落现象。灰色胎，较粗糙。长5.1、宽1.9、高3.2厘米，釉厚0.1毫米（图一〇：1）。

18 I H33：8　瓷牛　模制，站姿。两只犄角与左前腿皆残缺。双目圆睁，两角怒张，颈部卡着一物，四肢岔开，前后腿伸展，尾巴紧贴左后腿。通体施白色化妆土至足部，右后腿跟处施有绿釉。浅黄色胎，较粗糙。长8.8、宽4.2、高5.9厘米（图一〇：2）。

18 I T0405②：10　瓷牛　模制，站姿，疑似矮牛。头部下垂至腹部，耳朵竖立，眼睛凸，鼻唇不明显，口吻宽，颈部短。施白色化妆土。黄色胎，较致密。残长6.6、宽2.5、残高3.9厘米（图一〇：3）。

4. 瓷狗，共20件，数量较多，拣选相对完整、模样清晰的描述。

18 I T0204④：1　白瓷狗　模制，站姿。头微向右倾，双耳下耷，无双眼，无唇，狗尾向右翘起搭在臀部，四肢下部呈锥状直立，通体施白釉至大腿部。黄色胎，较致密。长5.85、宽2.75、高4.2厘米，釉厚0.1毫米（图一一：1）。

18 I T0205⑤：13　白釉黑彩瓷狗　模制，站立。耳朵下垂，长吻，没有鼻及眼睛，颈部较粗，尾巴上翘在腹部，脚掌有窑粘，鼻子和尾巴有黑彩斑点，白釉施至腿部及下腹部，釉下施白色化妆土，有少量土沁。浅黄色胎，较致密。长4.4、宽2.6、高3.6厘米，釉厚0.1毫米（图一一：2）。

18 I T0104④：74　白釉褐彩狗　模制，站姿。腿部残，除四只脚外施有白釉，背部有褐彩斑点，嘴部有脱釉，有土沁。浅黄色胎，较致密。长6.1、宽3、通高4.1厘米，釉厚0.1毫米（图一一：3）。

18 I T0401②：1　酱釉瓷狗　模制。站姿。头微向左倾，双耳下垂，两眼有神，长嘴，尾残，四肢下部呈锥状直立，通体施酱釉至腹部，腿部外侧也有施酱釉。灰色胎，较致密。长5.8、宽3.1、高3.65厘米，釉厚0.1毫米（图一一：4）。

18 I T0203②：60　黄釉狗　模制，站姿。大嘴，双耳下耷，尾巴上卷，四肢下部呈锥状直立。四肢上部以上施黄釉，釉有流釉、积釉现象。下部少量土沁。黄色胎，较致密。长4.5、宽2.7、通高4厘米，釉厚0.1毫米（图一一：5）。

18 I Y2③：7　白釉瓷狗　模制，站姿。头微向左倾，双耳下耷，无眼，无嘴，狗尾向上翘起搭在背上，四肢下部呈锥状直立，通体施白釉至腹部。黄色胎，较致密。长5.6、宽2.7、高4.5厘米，釉厚0.1毫米（图一一：6）。

5. 瓷鸭，共计13件，拣选相对完好的进行描述。

18 I T0201③：8　白釉黑彩鸭　模制，鸭嘴残，尾部残，身体缺失约三分之一左右。通体施白釉，釉面有小开片，鸭嘴、钮部、颈部、身体上分别点缀一点褐彩。黄色胎，较致密。长4.2、宽2.5、高2.5厘米，釉厚0.1毫米（图一二：1）。

18 I T0204②：6　白釉褐彩鸭　模制。鸭形，背

| 1 | 2 | 3 |

图一〇　瓷牛

1. 18 I H21：124　2. 18 I HLH33：8　3. 18 I T0405②：10

部上的钮残，嘴巴扁平，尾巴向上翘起。除底部外均施白釉，釉上有褐彩斑点。有开片。底部施白色化妆土，釉面有小开片，有脱落现象。黄色胎，较致密。长5、宽3.2、高3.8厘米，釉厚0.1毫米（图一二：2）。

18 I T0303②：17　白釉褐彩鸭　模制，钮残。颈项前伸，身体扁平，尾巴上翘。身体施白釉至腹部，头部与尾部施一点褐彩斑点，身体两侧分别

有三撇褐彩斑点，釉下施白色化妆土。浅白色胎，较致密。长5.5、宽2.8、高3，釉厚0.1毫米（图一二：3）。

17 I TG2②：51　青釉瓷鸭　模制，鸭形。嘴巴扁平，无眼睛，背部有钮，尾巴向上翘起。上面施青釉。底部有细小裂缝。浅黄色胎，较致密。长4.8、宽3.4、高3.2厘米，釉厚0.1毫米（图一二：4）。

18 I Y2②：10　青釉瓷鸭　模制，鸭形。嘴巴

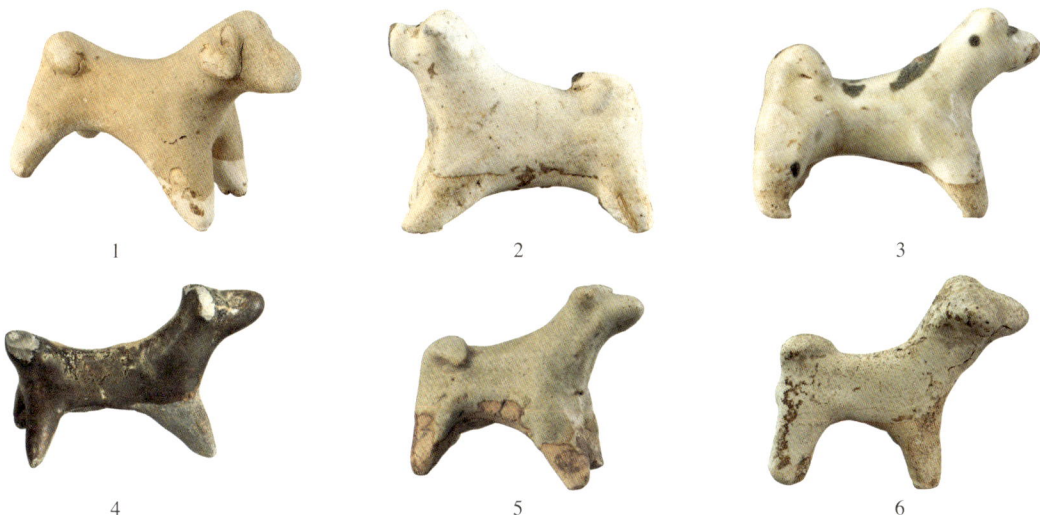

图一一　瓷狗

1.18 I HLT0204④：1　2.18 I T0205⑤：13　3.18 I HLT0104④：74　4.18 I T0401②：1　5.18 I HLT0203②：60
6.18 I Y2③：7

图一二　瓷鸭

1.18 I HLT0201③：8　2.18 I T0204②：6　3.18 I T0303②：17　4.17 I TG2②：51　5.18 I Y2②：10
6.18 I HLT0201③：16

扁平，无眼睛，背部有钮，尾巴向上翘起。通体施青釉，底部施白色化妆土。底部因拉胚不均匀导致的泥浆，有少量土沁。灰色胎，较致密。长5.2、宽2.9、高2.5厘米，釉厚0.1毫米（图一二：5）。

18ⅠHLT0201③：16　白釉黑彩鸭　模制，鸭嘴扁平，颈项略微前伸，颈部到背部连接有一钮，尾巴上翘，腹部内收。通体施白釉，局部有脱落。鸭嘴、背上的钮、鸭尾施黑彩斑点。钮与鸭尾处有裂隙。砖红色胎，较致密。长3.4、宽2.8、高3厘米，釉厚0.1毫米（图一二：6）。

6. 瓷龟，8件，拣选相对完好的描述。

18ⅠH31：2　酱釉瓷龟　模制，趴姿。头部仰起，向右微撇，四肢平趴，背部有提手，腹部内凹，有捏制痕迹，左眼及脖颈部位釉脱落，底部前足有窑粘，除底部施满酱釉。灰色胎，较致密。长5、宽3.1、高2.9厘米，釉厚0.01毫米（图一三：1）。

18ⅠT0205⑤：10　青釉瓷龟　模制。头残，背部有钮，钮下菱形纹，龟壳外侧龟背纹，四肢往外伸，尾巴残。施青釉至下腹部，底部有釉粘。黄色胎，较致密。长3.2、宽2、残高3.7厘米，釉厚0.1毫米（图一三：2）。

18ⅠT0404②：6　青釉瓷龟　模制。头残，背部有钮，龟壳上有龟背纹，四鳍往外伸，尾巴往左倾。上部施青釉，底部有手捏印。黄色胎，较致密。长3.7、宽3.7、残高4.6厘米（图一三：3）。

18ⅠY2③：5　瓷龟　模制。后壳残，背部有提手，四鳍往外伸，尾巴向下微倾，整体有土沁，通体

施白色化妆土，有脱落现象。灰色胎，较致密。长2.9、宽1.8、残高4.6厘米（图一三：4）。

7. 瓷蟾蜍，1件。

18ⅡTG4H2：52　蟾蜍　模制，卧姿。头残，上身有彩斑，腿圈着。黄色胎，较致密。残长5.4、残宽1.3、残高4.4厘米（图一四：1）。

8. 其他形象不明俑，1件。

18ⅠT0203③：18　青釉瓷塑形象不明，模制，头残，颈部较长，较粗，头部与颈部疑是捏有鬃毛，四腿残，尾巴下耷。通体施青釉，釉下施白色化妆土，化妆土有小开片，有积釉现象，有少量土沁。灰色胎，较致密。长7.4、宽3.1、高4.8厘米，釉厚0.1毫米（图一四：2）。

## 二　瓷俑的制作艺术及烧制技术

瓷器的制作主要是泥条盘筑、泥片贴筑、轮制、模印、捏制等几种。瓷俑的制作主要是捏制和模印两种。捏制是根据人或动物的形体来塑造形态，达到形象逼真的效果。模印是将瓷器胚胎用模具内压或外压而成型，一般比较规整统一，提高坯体的成型效率。

烈山窑址中出土的僧俑形态比较相似，多是模印而成。时代多为金代晚期至元代。形象多以坐姿为主，跏趺坐，头戴披风帽，外着僧衣，双手平放交于衣内，神态安详。有的僧人是袒胸露乳，跏趺坐，身材伟岸，可是头部缺失，无法一睹面容。其中有一个菩萨俑，站立，长衣飘带，手持一长物，

| 1 | 2 | 3 | 4 |

图一三　瓷龟

1.18ⅠHLH31：2　2.18ⅠT0205⑤：10　3.18ⅠT0404②：6　4.18ⅠY2③：5

图一四 瓷蟾蜍及其他

1.18HLIITG4H2：52　2.18 I HLT0203③：18

面部表情不清晰。仕女俑或站或坐，头部多缺失，姿态各异，着长裙短褂。力士俑也是模制而成，形态干净利落，无雕琢痕迹，为北宋时期，这种像属于"擦擦"。"擦擦"一词原初仅用来表示佛塔，后来才衍生出佛像。大者盈尺，小者不足半寸。以浮雕为多，圆雕为少，塔擦除外。藏地原习惯专称浮雕者为"擦擦"，汉地及以往书面用语称"模印泥佛""脱模泥佛"，东北、内蒙古俗称"板儿佛""佛瓦"，北京一带习称"泥饽饽"。此外还有"善业泥像""泥塔模""泥塔婆"等等，称谓极杂乱，总之诸称谓均为"擦擦"的各种说法[1]。如今，凡是用凹型模具磕制的泥质小佛像、塔，不论浮雕或圆雕，只要属于藏传佛教系列，均以"擦擦"称谓一概而论，似已约定俗成。

瓷马与瓷龟也是模制而成，在龟背的方格纹和龟甲周边都比较统一，模印好龟的外形后，在龟背上贴塑有穿孔，便于拴系。另外在遗址中还发现了青蛙的形象和模具，制作比较仿生。

捏制的瓷塑也比较多，且形象并不规则统一，变化较大。如瓷狗均为站姿，但其面部特征多样，有昂首的、有目视前方的、有左顾右盼的等，尾巴的摆放朝向也是各异。瓷羊形态存在不同，有的是捏塑，身体瘦长，仰头高昂。有的比较肥胖，但又憨态可掬，中空，且腹部有两穿，应是附着在其他物件之上的。还有一件青花瓷羊，时代较晚，应是模印而成，身材短小，羊角卷缩，小眼凝视前方，极具表现力。瓷鸭制作相对简单，用瓷泥捏出扁宽的鸭身特征后，着意刻画鸭首神态，头部变化比较大，昂头的幅度不同，

尾巴捏扁的宽窄也不同，并且在背部贴塑有环，可能是便于拴系之用。还有瓷马和瓷牛，也都是根据形态粗略捏制，并不追求艺术完美。追求神似的古朴拙略之特征。

这些陶俑的个体均比较小，在烧制时都是依托窑炉空隙放置，有的置于稍大的器物内，有的则放置在空闲的垫砖窑具之上。基本都是作为附属产品烧制出来的。从遗址发掘俑的数量来考察，烧造量不是很大。主要是为了满足当地及其周边民众的生活需求。

## 三　瓷俑产生的社会背景

瓷俑自瓷器产生的汉代就一直存在并且延续至今，并且全国几乎每个窑址都会生产瓷俑。比如大型的三彩俑，属于为了陪葬专门烧制的三彩人物俑、马俑和骆驼俑等。还有一些生产小型的瓷偶俑，有人物、马、羊、鸡、猴，还有铃铛、哨埙等。丰富多样，为满足社会需求不断被生产。烈山窑瓷俑的时代至北宋晚期一直到元代均有生产。北宋的俑主要是男俑和僧俑，尤其是僧俑的出现，这与北宋时期佛教的发展和普及是分不开的。在淮北地区存在诸多佛教寺院，如在柳孜运河遗址中就发现多块佛教石碑，其中比较重要的砖塔碑，记录了柳孜建造大圣砖塔，有寺庙和砖塔[2]。还有一块碑刻是记录了当地处士刘怀璧兄弟四人捐资重修塔庙的行为[3]。淮北地区民众的佛教信仰也开始走向世俗化，尤其是对泗州大圣僧僧伽的崇拜，泗州城地处汴水入淮之口，为南北交通要冲僧伽的道场普光王寺就在泗州[4]。在金代和元代，淮北开始出现石窟造像。瓷僧俑可放在厅堂中作为崇拜和保护的庇护神像，也反映了淮北佛教世俗化和普遍信仰。

还有一些男俑和仕女俑的出现，这些俑多在遗址或河道中有发现，比如运河遗址中多有出土[5]。这些俑可能与节气和习俗有很大关系。在宋元时期，经常会出现一种叫"磨喝乐"的物品。这种"磨喝乐"在

《东京梦华录》中载北宋汴梁的七夕节就提到过："七月七夕，潘楼街东宋门外瓦子、州西梁门外瓦子、北门外、南朱雀门外街及马行街内，皆卖磨喝乐，乃小塑土偶耳。悉以雕木彩装栏座，或用红纱碧笼，或饰以金珠牙翠，有一对值数千者。"[6]并且金盈之在《醉翁谈录》中也对"磨喝乐"有过描述："京师是日多博泥孩儿，端正细腻，京语谓之摩睺罗。大小甚不一，价亦不廉。或加饰以男女衣服，有及于华侈者，南人目为巧儿。"这些节日和习俗很可能是人物俑流行的原因。还存在一种就是供儿童玩耍的傀儡。在南宋末吴自牧的《梦粱录》中描写临安民间常见的"小儿戏耍家事儿"，"线天戏耍孩儿，鸡头担儿、罐儿、碟儿、鼓儿、板儿、锣儿……及影戏线索、傀儡儿。"[7]

出土的诸如狗、鸭、龟、牛、羊等陶瓷动物，应该是供儿童玩耍的重要物件。东汉王符的《潜夫论》"或做泥车、瓦狗、马骑、倡俳诸戏弄小儿之具以巧诈"[8]。宋元时期经常出现一些婴戏图，有的是跳丸、有的是玩蹴鞠、有的是做游戏。这些婴戏图侧重于日常生活的描绘，这些作品多体现一种平淡、祥和、亲切的感觉，没有矫饰和夸张，富有浓郁的生活气息。体现了对孩子纯真的描绘，这些陶瓷动物就是为了满足儿童喜欢玩耍的天性。

## 四 结 语

烈山窑是皖北地区唐末至元代时期的重要瓷窑址，属于地方民窑。南宋周辉的《清波杂志》记载金代以仿定瓷为主要特色的宿州窑，其文载"辉出疆时见房中所用定器，色莹净可爱，近年所用乃宿、泗近处所出，非真也"。宋金时期烈山窑址所在地归宿州管辖，且地理位置也是在宿州的西北方向，应该是宿州窑[9]。窑址中出土一定量的瓷俑主要是人物俑，包括仕女俑、僧俑等；陶瓷动物包括狗、鸭、龟、牛、羊、龟等。主要反映了当时宗教信仰和民俗文化。产品主要利用了窑炉内的多余空间烧制，在满足产品多样性的同时，增加了瓷器产量，提高了经济效益。时代集中在宋代晚期和金末至元代。这些瓷塑产品基本在每个同时期的窑址中均有发现，大部分是流通在当地市场，为当地民众所喜爱，少数会跟着大宗产品销往外地。

本文得到郑州中华之源与嵩山文明研究会青年课题"一带一路视域下隋唐通济渠考古学研究（Q2022-8）"资助。

注释

[1] 李翎：《擦擦与善业泥考辨》，《中国国家博物馆馆刊》，2011年第06期。

[2] 陈超：《安徽柳孜运河遗址出土宋代砖塔碑考释》，《江汉考古》，2019年第1期。

[3] 陈超：《安徽柳孜运河遗址出土唐处士刘怀璧浮图铭碑考释》，《文物》2020年第10期。

[4] 徐萍芳：《僧伽造像的发现和僧伽崇拜》，《文物》1996年第5期；徐如聪：《试论僧伽造像及僧伽崇拜》，《东南文化》2014年第5期。

[5] 安徽省文物考古研究所：《柳孜运河遗址第二次考古发掘报告》，科学出版社，2017年。

[6] [宋]孟元老撰、邓之诚注：《东京梦华录注·七夕》卷八，中华书局，1982年，208页。

[7] [宋]吴自牧《梦粱录》，上海：商务印书馆，1939年，第118页。

[8] [汉]王符撰，汪继培笺《潜伏论》第一册，上海：商务印书馆，1937年，第73页。

[9] 陈超：《烈山窑——发现北宋北方窑系最大体量窑炉》，《中国文物报》，2019年8月9日第5版。

# 汴河废弃年代考

赵彦志　牛　楠（汴河博物馆）

关于隋唐大运河汴河废弃时间的判定一直存在异论，在汴河沿线城市志书中有不同记载，历代学者也有不同认识。现学界主流观点认为汴河废弃时间为北宋末年，或在南宋初期的宋金对峙时期，但也有少数研究者认为汴河直至元代末期才废弃。笔者认为若要厘清汴河废弃年代，首先要精准理解"废弃"的两个概念，即汴河整体漕运功能的废弃和汴河河道淤塞废弃，两者所指具体内容不同，在时间上也并不一致。

关于汴河漕运功能的废弃时间。这个时间段应该是在南宋初期宋金对峙期间，即南宋建炎四年（1130 年）到宋金签订《绍兴和议》的绍兴十一年（1141 年）这一时期。建炎元年（1127 年），赵构在南京（今河南商丘）称帝，建立南宋。南宋建立之初，出于维护政权稳定的实际需要，仍在加强汴河管理，此时汴河漕运虽然不畅，但依然发挥着漕运功能，维持南宋王朝的正常运转。《宋史》记载："靖康而后，汴河上流为盗所决者数处，决口有至百步者，塞久不合，干涸月余，纲运不通，南京及京师皆乏粮。责都水使者措置，凡二十余日而水复旧，纲运沓来，两京粮始足。"[1]建炎二年（1128

年）底，由于金军继续南犯，南宋迁都临安（今浙江杭州）。南宋东京留守司杜充，为了阻止金兵南下，在滑县的李固人为决开黄河，黄淮之间顿成泽国。至靖康三年（1129 年），由于南宋迁都和黄河决口等原因，汴河漕运变得愈加艰难，但东京（今河南开封）和汴河沿线仍在南宋控制之中，南宋仍未放弃汴河，汴河漕运仍在苦苦支撑。《宋会要辑稿》记载："三年（即建炎三年）四月十日，诏，访闻东京军民久阙粮食，……缘汴水未通，有妨行运。仰杜充限指挥到日，立便差委谙晓河防官及划刷人兵和雇人夫，限十日须管修治口岸，使汴水通流，无致碍滞。……如限内修治了当，令杜充具名闻奏，当议优与推恩。"[2]

从以上记载可以看出汴河在建炎三年（1129 年）时，漕运已经时断时续，但仍艰难运行。在建炎三年后，《宋史》《宋会要辑稿》等史书中关于汴河漕运的记载无存，《金史》河渠部分也无汴河的记载。此后至南宋与金签订《绍兴和议》的绍兴十一年（1141 年），南宋与金长期在淮河以北地区，特别是汴河沿线一带对峙，战争不断，造成汴河疏于管护，也无力管护，这期间汴河漕运应该基本废弃。宋金绍兴和议之后，两国以淮水中流作为分界线，汴河归入金国范围，汴河全程不再通航，"转漕东南"的漕运功能更是彻底废弃。基于此，我们可以认为在南宋初期，汴河整体漕运功能废弃，对于废弃相对确切的时间，大致可以定在建炎三年（1129年）年底这个时间点。

南宋建炎后，汴河虽然全程不再通航，整体漕运功能丧失，但汴河河道多为沙质淤塞易于疏浚，并有长期维护的经验和技术，易于修复再通航，因此部分河道特别是下游经疏浚后仍然具备一定通航和漕运能力。在金元占据汴河沿线时期，因军事等需要，曾多次对汴河进行局部维修，特别是对宿州灵璧以下汴河河道进行多次维修。金代还在灵璧县城东部开凿长直沟连接潍水和汴河，以利于运输。元定都北京，新开京杭大运河后，灵璧以下汴河仅存河段成为京杭大运河的一条支线，伴随着京杭大运河漕运终止，该段汴河转为排涝、防洪的水利设施，成为隋唐大运河一段珍贵的历史活化石。

关于汴河河道淤塞废弃时间。宋金南北对峙后，汴河整体漕运功能丧失，汴河河道亦开始逐渐干涸淤塞。南宋初，乾道五年（1169年），楼钥随舅父汪大猷出使金朝，记途中所闻而成的《北行日录》中，记载使团出淮河至盱眙便换船乘车，沿汴河西行走驿道直到北宋旧都开封城。其经过宿州城时写道："又六十里宿宿州。自离泗州循汴而行，至此河益埋塞，几与岸平，车马皆由其中，亦有作屋其上。"返回途中楼钥再次经过宿州，又记述："二十四日乙亥，晴。车行四十五里，饭宿州临涣县蕲泽镇，早顿。又四十五里，宿宿州。汴河底多种麦。"[3]楼钥又在诗作《灵璧道中》写道："古汴微流绝，余民尚孑遗"。次年，范成大作为使臣出使金国，沿途目睹汴河漕运荒废，作《汴河》怀古，诗云："指故枯河五十年，龙舟早晚定疏川。还京却要东南运，酸枣棠梨莫蓊然"。诗后自注曰："汴河自泗州以北皆干涸，草木生之"。从楼钥、范成大诗书的记载可以看到在北宋灭亡后短短几十年时间后，汴河

自泗州以上的河段，河道淤塞严重，甚至河底已成麦田。

汴河河道完全淤塞湮废应该在元代末年，具体而言，大致在元泰定（1324~1328年）年间。《开封府志》卷五《汴河》中记载："元至元二十七年（1290年），黄河决，始淤塞。旧府治南有汴梁故迹，即其地也。"《归德府志》卷十四《河防》记载："汴河在府城门南五里，或曰即浪荡渠，元至元中淤。""元泰定初，黄河行故汴渠，仍于徐州合泗水，至清口入淮。而泗州之汴口遂废，汴水湮塞，埇桥亦废。"从历史的记载可以看出汴河的命运与黄河有着深刻的关联。隋唐大运河汴河取水于黄河，接黄河之水通漕500余年，最终伴随着黄河泛滥改道，屡屡夺潍入淮、夺涡入淮、夺颍入淮，隋唐大运河汴河最终淹没于黄河泥沙之下。到元泰定年间（1324~1328年），黄河夺古汴水，经砀山、徐州入泗入淮，形成600余年的黄河故道。古汴水变成了黄河主河道，北线取代了南线，南线大运河汴河不再承接黄河之水，最终淤塞湮没于历史的长河之中。

唐宋时期，黄河水患频仍，泥沙量较前剧增，加之黄淮平原气候、水文、土壤等自然条件，致使汴河漕运功能始终受流量不均、泥沙、冻封阻运等问题的困扰[4]。但由于汴河"利尽南海，半天下之财赋，并山泽之百货，悉由此路而进"，"天下转漕，仰给在此一渠水。"[5]出于维护封建大一统的政治需要，"汴水通流，无致碍滞"便成为唐宋时期历代统治者不得不面对的一个现实困境。至宋金《绍兴和议》的绍兴十一年（1141年），依秦岭淮河而分天下，汴河接淮河而转漕天下的政治需要不复存在，其漕运功能也随之废弃。南宋以降，中国封建时期经济中心继续南移、东迁，至元代京杭大运河开通，对汴河的疏浚治理不再是统治者的案牍之中亟须解决的国家大事，"随着国家政治中心的转移，漕运结束，对运河的疏浚维护亦停止"[6]，汴河河道也最终完全淤塞湮没。总之，汴河废弃应该是一个渐进时间过程，从南

宋初期汴河整体漕运功能的废弃到元代末年汴河主体河道的最终废弃，历经了约200年的时间，这也符合清光绪《宿州志》卷三《舆地志》"南渡后渐湮"的记载。

注释

[1] [元] 脱脱等：《宋史》卷九十四，北京：中华书局，1977年版，第2335页。

[2] [清]徐松《宋会要辑稿·方域一六》，上海古籍出版社，2014年版。

[3] [南宋] 楼钥：《北行日录》上，《丛书集成初编·北道刊误志（及其他三种）》，中华书局，1991年版。

[4] 参见邹逸麟：《椿庐史地论稿》，《唐宋汴河淤塞的原因及其过程》，天津古籍出版社，2005年，第100页。

[5] [元] 脱脱：《宋史》，北京：中华书局，1977年，第2323页。

[6] 欧兴安：《隋唐大运河——宿州的永恒记忆》，《志苑》2015年第2期。

文物赏析

# 蕲县界碑的创制年代及价值探讨

张贵卿 云 铮（宿州市文物管理所）

### 文物概况

1994 年因城市建设，蕲县界碑出土于宿州市淮海路东侧，大河南街北侧，此碑发现的位置正位于隋唐大运河通济渠埇桥遗址南端，隋唐运河御道北侧，现藏于宿州市博物馆。出土时即为残碑，碑形为长方体，残长 86、厚 25、宽 41 厘米，为深灰色花岗岩，上有榫头，榫头长 26、宽 13、高 3 厘米，碑体四面均有文字，皆阴刻楷书，残文如下：正面，"彭城郡蕲□"，背面上部竖刻"蕲县"，下部竖刻文字两行"县境东西一百……/ 南北……"，左侧残文分上下两部分上部"西去东京九百六十里 / 西去睢阳郡三百卅里"，下部竖刻"西去陈…… / 西北去□……"，右侧残文竖刻"东南去广陵郡七百…… / 南去寿春郡二百……"。

蕲县界碑拓片

蕲县界碑

蕲县界碑

## 年代探讨

碑体正面有"彭城郡蕲□"字样，可知该碑的创制年代与郡县制有极大的关系，郡县制是中国历史上曾经长期实行的一种政治制度，起源于战国，因该政治制度逐步成熟，秦统一之后在全国范围内推行。战国至唐代一千余年均有施行，在如此巨大的年代跨度中，那么该碑到底是什么年代创制的呢？这还要回到碑文上去找信息。

按碑文正反两面有"彭城郡蕲□"和"蕲县"的字样内容可知，该碑创制时，其地方行政建制施行的是郡县制。查阅史志，据《蕲县镇志》记载：蕲县始建于秦始皇二十六年（公元前221年），属泗水郡，为秦统一后三十六郡之一。这一时期蕲县属于泗水郡，与碑文不符。

再者，又据《旧唐书·地理志》和《汉书·地理志》载"蕲，汉县"，汉代蕲县属沛郡。这显然与界碑上记载的"彭城郡蕲县"也不符合。又查《后汉

书·郡国志》，东汉时蕲县又属沛国，无"彭城郡"建制，可见该碑的创制时间应晚于两汉。

魏晋南北朝时期，由于战乱频仍，而"蕲县"所处的位置刚好处于南北方政权反复争夺的地方，建制变化频繁。据明嘉靖《宿州志》记载，南朝梁时"为睢州"，"北齐置睢南郡"，皆无"彭城郡"。

推至隋代，发现在隋代开皇九年（589年），对全国行政区划进行了一次大规模的调整，并且重新厘清了部分地方的地名，废蕲城郡，蕲县隶属彭城郡。才出现了"彭城郡蕲县"。这一时期蕲县正属彭城郡管辖，这是否能说明该碑创制于隋开皇时期呢？对照碑文的其他内容，审视碑文中"西去东京九百六十里"，就对"东京"一词产生了疑问。据《隋书·炀帝本纪》隋大业元年（605年），隋炀帝因"南服遐远，东夏殷大"，而隋的政治中心位于大兴（今陕西西安），"关河悬远，兵赴不急"为由，兴建了洛阳，从此后以大兴为西京，洛阳为东都，所以隋代称洛阳为东都而非"东京"，蕲县界

碑上记载了多处"寿春郡""广陵郡""睢阳郡"等地名，名称十分规范，制作严谨，不可能出现把"东都"叫作"东京"的错误。况且查阅史料还发现，蕲县界碑上记载的部分地名又与隋代的地名不符，按《隋书》记载，隋文帝开皇初年，因袭了汉末以来的州、郡、县三级地方政权，隋文帝鉴于当时全国地名混乱，并且部分州、郡、县人口较少、名不副实的情况，先对全国的行政区划进行了调整，合并了部分地方政权。开皇三年（583年）更是撤去了郡一级政权，改为州、县两级政权。到隋炀帝时改州为郡，进一步降低了地方政府的级别，加强了中央集权。但在隋代的这次郡县改制中，无广陵郡建置，按照《隋书·地理志》记载，开皇初设有扬州，隋炀帝时改扬州为江都郡。可见蕲县界碑亦非隋代创制。

排除了秦至隋等朝代，那么蕲县界碑究竟为哪个朝代所立呢？一路追来应该到唐朝探求一下。纵观唐代历史，笔者只在《旧唐书·玄宗本纪》载"天宝元年（742年）……天下诸州改为郡"，此次郡县制的推行时间至乾元元年（758年），虽然只有十六年，但《旧唐书》《新唐书》等史籍上均有详细的记载。蕲县界碑上所记地名"彭城郡""寿春郡""睢阳郡""广陵郡"都能与史料记载相吻合。其中更应特别指出的是，就连"东京"这一地名在史料中都可找到依据，《旧唐书·玄宗本纪》载"天宝元年（742年）……东都为东京，北都为北京"，由此可见蕲县界碑上所载全部地名与唐玄宗天宝元年（742年）的这一次郡县制推行过程中的地名完全吻合，该碑创制于唐玄宗天宝元年（742年）至唐肃宗乾元元年（758年）这十六年期间无疑。进一步探索这方界碑的创立时间应该更接近于唐代哪个时期呢？众所周知，从天宝十四年（755年）至宝应二年（763年）的唐朝经历了八年的"安史之乱"，而唐肃宗乾元元年（758年）还处在战乱之中，当时的唐政府根本无暇顾及此类工作，因此蕲县界碑的制作年代根据推理当在天宝元年（742年）至天宝十四年（755年）之间。

## 珍贵价值

蕲县界碑虽为残碑，碑上仅存51字，但其所蕴含的信息，具有珍贵的文物价值。从"补史证史"的角度来看，在唐玄宗天宝元年（742年）这一次全国范围内的"改州为郡"的政治活动虽然在《旧唐书》《新唐书》等史籍上均有明确的记载，但一直缺少实物例证，而蕲县界碑的出土，从文物的角度证实了这一历史事件的真实性。

从历史研究的角度来看，蕲县界碑上不仅记载了蕲县县境东西南北的范围，同时也明确标注了从蕲县到当时周边重要城市如"东京""睢阳郡""广陵郡""寿春郡"等地的确切距离和方位，加上该碑精良的制作，厚重的体量，严谨的规格，端正的品相，致密的石材，规整的楷书，非县级政府能够完成，应为更高一级的政府甚或是唐中央政府统一制作沿运河御道而立的地方界碑，为研究唐代的交通和驿道制度提供了重要的信息。

从文物的稀缺性来看，唐天宝元年"郡县制"的施行时间较短，前文已经交代蕲县界碑的制作年代当在天宝元年（742年）至天宝十四年（755年）之间，更加体现了该碑的珍稀程度。另一方面，综合上述因素，该碑的创制时间在天宝元年（742年）至天宝十四年（755年）之间无疑，为唐代天宝年间所制且具有较为确切的年代依据，完全可以作为此类文物的标准器，为此后该类文物的研究提供参考。

这里还应指出的是，蕲县界碑创制于中国历史上最后一次郡县制时期，它不仅成为郡县制这一在中国历史上重要政治制度最后的实物见证，更为当代学者研究古代地方政治制度的发展变迁提供了珍贵的资料。

# 古汴梦华　一枕千年

## ——隋唐大运河宿州段出土唐宋瓷枕赏析

涂　乔（宿州市文物管理所）

通济渠，《史书》称之为"唐宋汴河"，唐初改为"广济渠"，宋朝时期文人称之为"隋河"，据《隋书·炀帝纪》载："大业元年，发河南诸郡男女百余万人开通济渠"，通济渠是隋唐大运河中的一段，从荥阳开始，经汴州（开封）、宋州（商丘）、永城、宿州（埇桥）、泗洪（虹县）、至盱眙。南宋高宗九年（1139 年）与金划淮为界，政治中心南移，通济渠的地位逐步减弱，加上黄河泛滥的泥沙，常年无法得到清淤治理，到了金代中后期全部湮废。2006年至今，宿州市博物馆和文物管理所配合安徽省考古

所，先后对隋唐大运河遗址宿州段进行了多次抢救性考古发掘，在湮废的河道里出土了沉船、铁器、陶瓷器、石构件等一大批珍贵文物。其中陶瓷器窑口繁多，器形丰富，从中撷取部分品相完好，制作精美的陶瓷枕具作简析分享。

北宋　青白釉龙形座枕　高 11.8、枕面宽 11.7、底面宽 9 厘米（图一）。通施青白釉，胎质紧密，枕面呈弧形，两侧上翘，一侧倭角。枕面开光，中间用莨划纹装饰，枕面下承堆塑两条卧龙，屈体盘踞，龙头有角，浓眉、怒目、鼻孔朝天，颚下有须，龙尾用

图一　北宋　青白釉龙形座枕

图二 唐 黑釉枕

图三 唐 黄釉绞胎团花纹枕

珍珠地技法装饰，身体一侧为鳞片装饰，塑形奇异，威猛凶悍，北宋著名书画鉴赏家郭若虚在《图画见闻谱》中详述了宋龙的特征九似："角似鹿、头似驼、眼似虎、项似蛇、服似蜃、麟似鲤、爪似鹰、掌似虎、耳似牛也。"书中描述几乎和此件龙枕无异，龙的形状在北宋时已经演变定型，这种形象一直延续到明清。宋时期主张文治，等级制度不是很严格，龙形逐步世俗化，因其为属相之一又是祥瑞之物，民间亦是可以用龙的图案和造型来装饰器物的。此件龙形座枕与江西景德镇陶瓷馆的馆藏瓷枕极为相似，其胎骨特征应为景德镇窑烧制。

唐 黑釉枕 高 7、长 14.7、宽 10.2 厘米（图二）。枕身施黑釉，底部露胎，胎质灰白，施釉均匀，素面无纹，釉色黑中闪黄，温润亮泽。黑釉瓷成熟于东晋，主要呈色剂为氧化铁，唐代河南、山西、

河北、山东均有黑釉烧制，多为兼烧。有些黑瓷由于生烧往往还会产生一种俗称"茶叶末"的釉色效果。唐代瓷枕多以釉色取胜。器形比较小巧，多素面，大致有四种：一是给病人把脉的脉枕；二是书写时垫手腕的腕枕；三是外出露宿的袖枕；四是睡觉时枕的颈枕。一般来说尺寸越小的瓷枕年代越久远，宋代以后瓷枕才逐渐变大。此件小枕多做行医把脉时使用。

唐 黄釉绞胎团花纹枕 高 6.4、长 12.4、宽 6.9 厘米，枕面为圆角等腰梯形，枕体侧面有气孔，施黄釉，釉面开细小纹片，胎骨为两种泥料绞合而成，胎质粗松，枕面绞胎为五瓣梅花（图三）。梅花又名五福花，为花中之魁。分别代表长寿、顺利、和平、快乐和幸运。自古以来就把梅花看作吉祥象征。绞胎装饰是唐代巩县窑创烧的一个品种，分为面绞、胎绞两种，前者是将绞胎瓷泥切片贴于胎骨之上黏合成型，

73

图四　唐 酱釉象形座枕

图五　唐 三彩兔形座枕

后者是两种色调的瓷泥糅合在一起直接制作成型。枕侧面绞胎图案如同木料上的结疤，流泥纹理清晰，变幻自然，装饰性强，因其制作工艺复杂，成品率低，在当时应是王公贵族的专属。北京故宫博物院和上海博物馆都有此类藏品。

　　唐　酱釉象形座枕　高 7.5、枕面长 12.5、宽 7 厘米，枕面为长方形，中间微凹，素面（图四）。通体施酱色釉，枕身印塑一驯象为座，象腿沉稳，垂耳卷鼻，象头和身体用璎珞绳装饰，象鞍处挂满平安铃。整件作品造型华丽，有强烈的异域风格，应属异域朝贡的驯象。唐时期因佛教盛行，唐人崇象意识浓厚，大象被视为仁慈宽厚、忠诚正直、信仰虔诚的象征，深受民间喜爱。在宫廷又被用作娱乐、仪式之选，由于身躯庞大，仪态庄严，彰显帝王至高无上的权力。

　　唐　三彩兔形座枕　枕高 6.9、枕面长 14.1、宽

8.6 厘米，通体施三彩釉，釉面开蝇翅纹片（图五）。三彩是盛行于唐代的一种低温釉陶器，以黄、白、绿、三色为主，施蓝彩器更为弥珍。枕面呈长方形，两头微翘，面上印花工艺，为一对飞翔的芦雁衔枝图案，自唐代起，芦雁已经进入瑞鸟的行列，瑞鸟多衔瑞草折枝花，以兆吉祥。芦雁也作为符瑞被纳入唐代舆服制度，即"三品以上服绫，以鹘衔瑞草，雁衔绶带及双孔雀"。唐人常常借雁抒情，诗句中的芦雁多有思念伤感，迁谪漂泊之意。枕面的下方承座为一只蜷卧兔子，兔身为模具印制而成，四肢蜷卧，神情乖巧，体态丰腴，兔子在十二地支中对应"卯"，是一种吉祥温和的动物，唐时期吐蕃郭里木棺板画中绘有金乌和玉兔传说；晋代傅玄《拟天问》中曰："月中何有，白兔捣药"。所以兔子在古代又被视为长寿的象征。唐代继承了秦汉以来的葬俗文化，视死如生，厚葬之风盛行，帝王、贵族把三彩制成的产品用做明

器陪葬，具有鲜明的盛唐气象。此件藏品和河北省博物馆的三彩兔形枕在造型上比较接近。

## 瓷枕发展历史

关于枕是什么时候出现的，没有明确的结论，在我国，枕具的出现可以追溯到公元前1500年的殷商时代，据东晋王嘉《拾遗录》卷七载："汉诛梁翼，得一玉虎头枕，云单池国所献，有篆书字。云是辛帝之枕，尝与妲己同枕之。""帝辛"就是商纣王。春秋时期《诗经·陈风·泽陂》写有"辗转伏枕"。宋朝高承在《食物纪源·卷七》中载："侧商纣之时，已其制矣"。这些都是关于枕具较早的文字记载。瓷枕最早出现于隋代，开皇十五年（595年）河南安阳张盛墓出土的瓷枕，是目前已知发现最早的瓷枕。早期的瓷枕作为陪葬的明器，后发展为实用器，作为寝具，并在书写和诊脉时使用。据考古发现，河北、河南、安徽、浙江、湖南等地的唐宋时期的瓷器窑址中都有瓷枕的发现，唐代以后瓷枕开始大量生产，到了两宋及金，更为普遍，产地遍及南北。瓷枕艺术也达到空前鼎盛。元代以后由于其他材质的枕具出现，瓷枕逐渐淡出了人们的生活视野。

## 瓷枕装饰技法特征和文化内涵

从大运河遗址出土的瓷器标本看，窑口多是隋唐大运河出土瓷枕一大特点，唐宋时期瓷器的烧造已经十分成熟，唐代的"南青北白"，宋代的"五大名窑"。都记载了瓷业的繁荣，宿州作为汴水咽喉，承载着南北方物流的漕运功能，运河作为当时比较繁忙的水上交通渠道，这里汇集了各地大量的瓷窑产品，其中较为常见的有景德镇窑、繁昌窑、巩县窑、当阳峪窑、钧窑、吉州窑、耀州窑、临汝窑、长沙窑、邢窑、定窑、磁州窑等。瓷枕的产量比较大，种类非常丰富，工艺技术多元化。有脉枕、生肖枕、腕枕、颈枕等。造型以人物形、兽形、几何形、建筑形等居多。瓷枕的装饰手法也非常多样，除了釉面装饰以外，刻花、划花、印花、剔花、篦划、堆塑等已经广泛使用，纹饰有山水纹、人物纹、动物纹、花卉纹等各种吉祥纹样。有些枕面上还题有诗文，甚至还出现写意花鸟、山水、人物等画作。中国传统绘画中的写意画在唐宋时期的民间已经非常流行。工匠们即要有绘画功底又要熟练掌握制瓷工艺，瓷枕已经不单纯作为实用，而是成为民间艺术的载体，承载了人们对美好生活的寄托。艺人们通过对瓷枕的随感而作，抒发自己的情感和对自然社会的认知。部分宋代瓷枕上还铭有"张家枕""李家造"等商家广告宣传性文字，这种"广而告之"的理念，体现了宋人对瓷枕的品质和审美的要求。时至今日，邻国日本生产的瓷器上面还保留着宋代工匠在铭的传统。宋人风靡用瓷枕消暑，清凉安神功效显著，上至宫廷下至陋巷瓷枕随处可觅。北宋诗人张耒的诗《谢黄师是惠碧瓷枕》中就有对"瓷枕"的明确称谓，诗云："巩人做枕坚且青，故人赠我消炎蒸。持之入室凉风声，脑寒发冷泥丸惊"。

## 结　语

瓷枕上的文化信息是唐宋时期市井百态的真实写照。它们在整体审美和情趣上，透露着浓厚的民间烟火气息，丰富了瓷枕艺术的多元性，瓷枕的绘画和造型艺术成为中国陶瓷史上的永恒经典。很多场景通俗易懂，画面生动活泼，趣味盎然，凝结了古人的勤劳和智慧。从另一个侧面也折射出了唐宋时期的政治、经济、文化等社会各方面的兴衰。随着对运河民俗文化的不断探索，瓷枕研究的重要性突显出来。为我们深入了解大运河两岸民俗文化提供了正经补史的实物依据，对做好运河遗址出土文物的整理、阐释工作具有非常重要的意义。随着遗址中珍贵文物的不断发现，隋唐大运河两岸民俗文化的脉络也将呈现在世人面前。

# 博物馆里的动物世界

傅　静（宿州市博物馆）

在众多人眼中，博物馆是一个十分庄严、肃穆的历史文化遗产的展示场所，静谧而又神秘。其实，博物馆也是一个生机勃勃而且妙趣横生的场所，因为它里面藏了一个奇妙的动物世界。接下来，请跟着我的步伐，一起看看宿州市博物馆里的神奇动物世界吧。

首先，我们要参观的是大型动物展区。现在我们所处的位置是鹿园。瞧，在我们前方，两只鹿正悠闲的在草地上散步（图一）。左侧的是母鹿，垂颈低首，似是在优雅地吃草；右侧的是公鹿，双角耸立，昂首挺胸，短尾下翘，双目圆睁视向前方，像是在警戒周围的环境。

远处山峦起伏，山峰耸立，还有两只梅花鹿正游栖山野间（图二）。左前方是雌鹿，卧匐于草地山。中后方的是雄鹿，口衔瑞草，正在山上行走。两鹿回首相望，温馨吉祥。

鹿，性情温顺友善，姿态矫健优美，自古以来就被人们视为祥瑞之物。在两汉时期，人们将鹿神化，把它视为给人们带来吉祥平安的祥瑞之神和护佑之神，赋予了它驱灾辟邪、得道升仙、兆示祥瑞、祈福庇佑等功能。在很多画像石中都能看到鹿的身影，它满足了人们求仙问道、飞升仙境的愿望。鹿也是权利、帝位的象征，如《史记·淮阴侯列传》中记载"秦失其鹿，天下共逐之"，从而衍生了"逐鹿中原""鹿死谁手"这样比喻群雄并起、争夺天下之意

图一　汉　金山寨双鹿画像

图二　明　双鹿玉山子

的成语。鹿，谐音同"禄""路"，因此也被赋予了官运亨通、一帆风顺之意，所以我们经常能看到以鹿为造型的艺术品，比如和蝙蝠搭配的"福禄双全"、和福寿二字搭配的"福禄寿"，两只鹿一起出现的"路路顺利"等等。

接下来，我们参观的是狮园。狮子虽然是猛兽，但是大家不用害怕，我们这里的狮子都十分温顺可爱，你瞧，前面就有一只狮子正喜笑颜开地趴卧在石台上晒太阳呢（图三），它是看到了什么有趣的事吗，这么开心！原来，在它前面有一对母子狮，正在嬉戏打闹（图四）。小狮子非常调皮，咬住了母狮的腿。母狮虽然被咬疼了，但是它一点也不生气，或许它认为陪伴孩子玩耍是一件非常幸福的事吧。

狮子是外来动物，中国古代并不产出狮子。西汉时期，张骞出使西域，打通了中原与西域各国的文化交流之路。《后汉书·西域传》中曾记载"章帝章和元年（公元87年），安息国遣使献师（狮）子、符拔"。在佛教中，狮子更是代表着尊贵、威严、坚强、勇猛，因此，狮子也被人们视为祥瑞之兽。人们认为狮子可以避邪纳吉、彰显权贵。在一些宫殿、衙署及官宦富户住宅门前，我们经常可以看到被当作门神成对出现的威严石狮。在母子狮的形象设计上，母狮前爪经常抚摸小狮子或者两前爪之间卧着一只小狮子，寓以子嗣昌盛、人丁繁茂之意。

参观完大型动物展区后，我们将参观六畜园，目前我们的六畜园里只有羊、猪、狗这几种动物，以后还将会有其他的动物入住。

前面的草地上有两只小尾寒羊正对首而立（图五），它们体型大致相同，短尾，前胸宽厚，腰直腕圆，头顶都有弯曲状的双角。这两只羊似乎正在参加斗羊比赛，引来游客驻足助威。

斗羊是砀山的民俗赛事之一。砀山斗羊比赛，历

图三　汉　石狮三足砚

图四　明　子母狮

图五　汉　金山寨人物对羊图画像

史悠久，它起源于西汉初期，盛行于三国时期。砀山斗羊根据羊的年龄、体重分类，采用单循环赛的方式一对一对的比斗，最终的胜利者会被授予"羊王"的荣誉称号。现在每年的砀山梨花节，我们依然能够看到精彩的斗羊比赛（图六）。

羊 [xiáng]，古同"祥"，吉祥。羊在古代是吉祥和财富的象征。在汉代，羊被广泛地用于祭祀活动、社会交往、婚俗礼仪中，这些在汉画像中都有鲜明的体现。在汉画像的世界里，羊既有以真实自然的面貌存在的形象，也有被人格化、神格化再现了人们幻想中的形象，它既是汉代人对现实生活的肯定，也是对神仙世界向往的一种表达。

与热闹激烈的斗羊比赛对比，前方的猪圈就显得非常安静（图七）。圈内一只母猪躺卧在地上，几只小猪崽正在大口大口地吃奶，丝毫不受外界影响。对它们来说，吃饭才是头等大事。

猪是人类较早蓄养的家畜之一。古时候，猪不仅是重要的肉食来源，也是财富的象征，是重要的祭祀用品。猪的获得主要有两种途径，一种是饲养，另一种就是狩猎。在汉代出现了很多陶猪造型，生动写实，更多地体现了与人类生活的密切关系。陶猪圈作为随葬器物，在汉代出土文物中也较为常见。汉代政治所信奉的儒家学说讲究"事死如事生"，所以注重厚葬，将生前生活所需用品全部葬于死者身边，祈盼死后能继续享受幸福富庶的生活。

我们继续向前参观。"汪、汪、汪……"大家快看，前面有一群可爱的宠物狗向我们跑来（图八）。

狗是人类忠诚的伙伴，是人类最早驯养的动物之一。唐代盛行养宠之风，宠物在人们的生活中起着重要作用，具有陪伴消遣、观赏娱乐、情感慰藉等作用。宠物狗就备受人们的喜爱并频频出现在许多唐代遗留下来的绘画作品及文学作品中。唐代路德延的《小儿诗》"莺雏金镟系，猧子彩丝牵"、唐代成彦雄的《寒夜吟》"猧儿睡魇唤不醒，满窗扑落银蟾影"、唐代元稹的《春晓》"猧儿撼起钟声动，二十年前晓寺情"中记载的"猧"就是宠物狗的一种，是唐代由西域传入中原的一种小狗，给人们的精神文化和休闲生活带来了很多乐趣。

六畜园的前方是一条河。嘘！大家安静一些，你们看，河岸上有一只鹨，它正聚精会神地望向河里，伺机而动（图九），它在干什么呢？原来，河里有一群鱼正在成群结队地游来游去，它们在畅游的时候，丝毫没感觉到危险就在身边，也不知道哪条鱼会不幸的成为鹨的午餐呢？

图六　砀山梨花节斗羊比赛

图七　汉 陶猪圈

图八　宋 玩具瓷狗

图九　汉　金山寨鹳·鱼图画像石

图一〇　汉　河伯出行图画像石拓片

图一一　汉　河伯出行楼阁人物图画像石拓片

在远古时代，鱼就是人类的重要食物来源之一。到新石器时期，鱼的形象开始出现在人类的生活中，比如西安半坡出土的新石器时代仰韶文化人面鱼纹彩陶盆和河南汝州市出土的鹳鱼石斧纹彩陶缸；商周时期青铜器上也开始大量出现鱼纹形象；发展到两汉时期，鱼的形象已经被广泛地运用到人们日常生活及祭祀用品上。鱼也是汉画像石中出现较为频繁的一种动物形象。汉画像石中的鱼形象有几种含义，一是代表现实生活中的鱼，是食物来源，比如金山寨鹳·鱼图中的鱼形象；二是作为水域指示物，象征着江河湖海；三是被赋予神话色彩，具有沟通生死、死而复生的引申意义，比如鱼车形象，就是对送葬行列或灵魂出行场面的描绘（图一〇、图一一）。

离开六畜园，越过小河，我们来到了鸟儿的天堂。你们听，那叽叽喳喳的叫声，是如此的清脆悦耳，为我们的参观增添了一份乐趣。两只雀正尾翼伸展，振翅飞翔于花枝间，还有两只雁羽翼微张双脚站立在花枝上。花朵的艳丽与芬芳还引来了几只蜂蝶，它们伴随着鸟儿们的叫声，在花朵上翩翩起舞（图一二）。

在唐代铜镜中，花鸟纹铜镜自成体系，有很多精美的花鸟纹铜镜流传于世。盛唐时期，花鸟纹铜镜的大量出现，有其社会原因。由于政治上社会安定，经济上富足强盛，人们开始追求奢靡的生活，纹饰繁复的花鸟纹备受喜爱。花鸟纹铜镜中禽鸟与花枝的完美结合向人们展示了一副生机盎然之美景，展现了朝气蓬勃、欣欣向荣的意境，再现了唐代人们的审美情趣，极具时代特色。

图一二　唐　雀绕花枝铜镜

我们下一站目的地是兔园。兔园里，一只兔妈妈正趴伏在地上，绘声绘色地给兔宝宝讲"玉兔捣药"的神话传说（图一三）。兔宝宝趴在地上安静地听着，不一会就进入了梦乡，在梦里它变成了那只捣药的兔子，得道升仙，在月桂树下不停地捣药，希望早日做成药丸，解救人间疾苦。

玉兔捣药的神话故事有很多版本，一是传说有三位神仙化身可怜人，分别向狐狸、猴子、兔子乞食，狐狸和猴子拿出食物分给神仙，而兔子直接跳入烈火中，让神仙食用，神仙非常感动，把兔子变为玉兔送到广寒宫，陪伴嫦娥，捣制长生不老药。还有一种传说，来源于《封神演义》中"文王吐子"的故事，文王姬昌因触怒纣王而被监禁。文王之子伯邑考为救父亲而被陷害，纣王将其杀害并做成了肉饼让文王吃下。文王成功逃出之后，悲痛欲绝，把儿子的肉全部吐了出来。肉一落地，变成了一只洁白的兔子乘风而去。玉皇大帝感念其父子忠孝，便将兔子封为"玉兔"，让其在广寒宫陪伴嫦娥捣药，为人间解除疾病痛苦（图一四）。

古人钟爱兔子，有以下几个原因：一是兔子具有旺盛的生殖能力，因此被古人视为生育的象征。人们通过对兔子的崇拜，祈求多子多孙；二是古代白兔比

较罕见，有长寿的寓意，是祥瑞之物。东晋葛洪《抱朴子·内篇》记载"虎及鹿、兔皆寿千岁。满五百岁者，其毛色白。能寿五百岁者，则能变化。"三是因嫦娥奔月、玉兔捣药等神话故事影响，玉兔也被认为是月亮的象征，极具神话色彩，寄托了人们对美好生活的向往。

我们继续向前参观。小心！后面有疾驰的马车飞奔而来。这不是普通的马车，这是可以通向神仙世界的马车（图一五）。

图一三　唐　兔形玉佩、唐兔形玉饰件

图一四　唐　玉兔捣药镜

图一五　汉　车马出行图画像石拓片

汉画像石中车马出行的题材非常多、比重大。汉代墓葬中广泛使用车马出行图，有什么用意呢？现在对车马出行的研究非常多，学者们认为车马出行的图像功能意义主要有以下几种，一是墓主人身份的象征，是对其生前官职及仕途经历的刻画；二是表示灵魂出行或墓主升仙的队伍；三是由于厚葬风俗影响，人们对身份地位及财富的渴求，希望死后能过上富庶的生活。

在我们博物馆里，不仅有在现实生活中可以看到的动物，还有一些只存在于神话传说里的动物。现在我们就去神兽区一探究竟吧。

青龙、白虎、朱雀、玄武，古时统称"四神"或"四灵"。它们的起源，主要来自古人的图腾崇拜及气候星象研究学说，是原始人类对自然界中神奇凶猛的动物或雷电星辰等天象的观察、崇拜与想象。随着人类对客观世界的认知的增加，又将四神与方位、四季、颜色结合，最终形成了四神体系。人们认为四神可以"镇四方，避不祥"，除了赋予四神方位与星象的含义之外，还把四神当作升天成仙的接引使者，是驱邪避凶的祥瑞神兽。

龙，是人们幻想出来的动物，经过几千年的演化已经成为中华民族的象征符号（图一六）。在古代，龙既是皇权的象征，也是祥瑞的象征。青龙，也称作"苍龙"，是东方之神，象征春季。画像石中出现的青龙，有的代表着祥瑞，有的则作为升仙乘驾的神物出现，如《山海经》里记载："南方祝融，兽身人面，乘两龙"，《大戴礼·五帝德》中也有相同意义的记载："黄帝乘龙扆云，顺天地之德；颛顼乘龙而至四海"。

这是一只奔跑的白虎，背生双翼（图一七）。白

图一六　汉　青龙双面雕画像石拓片

图一七　汉　白虎画像石拓片

图一八　汉　朱雀画像石拓片

图一九　汉　朱雀铺首衔环画像石、拓片

虎是西方之神、象征秋季。人们认为白虎具有辟邪、禳灾、祈丰及惩恶扬善等神力。白虎添翼，是人们通过想象扩展白虎神性的结果，既区别于现实生活中的虎，又赋予了其接引升天的神职功能。虎，本身就是森林之王，再得到双翼的辅助，力量自然就会更加强大，所以也就有了"如虎添翼"这个成语，比喻强有力的人得到帮助变得更加强有力（"如虎添翼"出自三国·诸葛亮《心书·兵机》）。

朱雀是南方之神、象征夏季（图一八）。朱雀除了作为四神之一出现外，它还常被刻画在墓门之上。在很多汉墓中，我们都能看到朱雀铺首衔环形象的墓门（图一九）。

"铺首"指的是门上金属衔接圆环的底座，一般为兽面纹造型。铺首衔环指的就是兽面衔环，经常出现在汉代的陶器、青铜器、画像石、墓门及棺椁上。朱雀铺首衔环图像中的朱雀是引导死者的"魂"入仙境的向导，铺首是守卫死者的"魄"在地下世界安宁的神兽。

万物有灵，自古以来人类与动物的密切关系从一开始的畏惧到崇拜再到最后的和谐共生的变化，在博物馆里都表现得淋漓尽致。博物馆里还有很多其他类型的动物，我就不一一介绍了，期待大家亲自走进博物馆，探索与发现博物馆里的神奇动物世界。

# 文物话清廉

## ——藏在博物馆里的廉洁文化

孙肖肖（宿州市博物馆）

"清廉"是中华民族的传统美德，也是中华民族优秀传统文化的重要组成部分。清廉是一场修行，修本心，行大道。清廉文化与品德密切相关，古人常寄情于物，以画表情，修身养性。

习近平总书记强调："让收藏在博物馆里的文物、陈列在广阔大地上的遗产、书写在古籍里的文字都活起来，丰富全社会历史文化滋养。"在中华民族五千年的历史长河中，崇廉尚廉作为优良传统，在时代的洗礼中历久弥新，从古至今，深深植根于人们的心中，也渗透在文物上。

宿州市博物馆作为城市名片和对外展示的重要窗口，宣传和弘扬优秀传统文化是我们的使命和职责所在。文物是文化的载体，它承载了灿烂的历史，在这里，我将分为"比德于玉""以镜为鉴""托物言志""浩然正气"四个部分，和大家一起品读文物中蕴藏的清廉符号，多角度阐释清廉文化，传递清正廉洁主旋律，希望借此唤起大家见贤思齐、奋发向上的正能量。

## 一 比德于玉

玉，被赋予了各种美好寓意，是古人对美好人格境界的向往（图一～图五）。

孔子曾对玉德进行过深入的阐释，并在美玉上刻上了儒家思想的烙印，其在《礼记聘义》中说："君子比德于玉焉，温润而泽仁也"，并赋予玉十一德，即"仁、知、义、礼、乐、忠、信、天、地、德、道"。从古至今，君子比德于玉，《左传》中"子罕辞玉"的故事可谓家喻户晓，说的是，春秋时期宋人得到一块宝玉后，就想拿此作"敲门砖"去攀附当时齐国最有权势的大夫子罕。一天，此人打听到子罕大夫在家，便携宝玉登门。当献宝人双手把宝玉献上时，子罕拒不接受。献玉的人以为子罕怀疑玉石是假的，便说："这块美玉我请玉匠给鉴定过，他说是块宝玉，所以才敢来献。"子罕依旧侧脸摆手说："你以玉为宝，我以不贪为宝。如果我收了玉石，你失掉了宝，我也失去了宝。所以，我们还是各存其宝为好。"子罕并非不爱美玉，只是与其相比，他更珍视自身的清廉美誉罢了。此后，"玉"便与忠正廉洁结下了不解之缘。

古人对玉的热爱不是因为玉的贵重，而是源于玉的品格，正所谓"谦谦君子，温润如玉"，他们常将玉佩戴在身上，用玉的品质作为自身的德行标准，以

图一　汉　玉璧　　　　图二　明　青玉觚　　　　图三　明　青白玉螭虎纹带钩

图四　唐　兔形玉佩　　　　　　　图五　清　玉扳指

表清正廉洁。虽淡薄得失，但在大是大非面前仍有"宁为玉碎，不为瓦全"的魄力。

虽然今非昔比，但我们仍然可以从玉中窥探到古人廉洁的品格，从而净化心灵，校正人生。

## 二　以镜为鉴

"镜"与"鉴"属同源字，两个字都是金字旁，在音韵学上可以通转。"镜"字最早见于战国，到汉代已普遍使用。中国人使用铜镜的起点，最早可追溯到距今四千年前的新石器时代，1975 年甘肃临夏回族自治州广河县齐家坪遗址发现的一面素镜，是我们今天能够见到最早的铜镜，该遗址属于新石器时代晚期的齐家文化。此后一直到明末清初，玻璃镜传入中国，铜镜才逐渐被其所取代。

如果说用水照面，人不得不以俯视的姿态打量自己，铜镜的出现则增添了平视的视角，平等视之，既不贬损，也不夸耀。

博局镜最早称之为"规矩镜"，是西汉时期的新镜种，这种博局纹盛行于新莽和东汉的早中期（图六）。此类铜镜的主要特征是在装饰花纹中间，均匀地分布着"T""L""V"这三个符号，故又得名"TLV 镜"，又因这些符号形似木工用具中的规和矩，又称之为"规矩镜"。

汉代铜镜中还有一类叫作"昭明镜"，因铭文中有"昭明"二字而得名（图七），全文有四句话："内

图六　汉　四乳神兽博局镜

图七　汉　连弧纹昭明镜

清质以昭明，光辉象夫日月。心忽穆而愿忠，然壅塞而不泄。"前两句说制造铜镜的材料都是清明之物，质地上好，所以铜镜散发的光辉可比日月。后两句说照镜之人的内心是忠厚诚恳的，却并不将此意明白道出，或许一旦说出便易流为巧言令色，还是藏在心底为好。铜镜的制作者在铭刻文字时是相当随意的，漏字、别字、改字都很常见，正因为它的流传十分广泛，大家都懂得它的意思，反而不再执着于文字上的精确。

圆镜之外，自然也有方镜、葵花镜等（图八、

九）。历史上有一面方镜相当有名。传说刘邦率先进入秦朝都城咸阳后，在宫中发现了许多秦始皇收藏的珍奇异宝，其中有一面很大的方镜，能够照出人的五脏六腑，还能鉴别人心的正邪，秦始皇常用此镜来照人，以判断是好人还是坏人。这面秦镜在古人的笔记小说中被说得神乎其神，并产生了"秦镜高悬"这个成语，后来又演变成"明镜高悬"。古代公堂之上，常见一块牌匾，上面写的便是"明镜高悬"。为官者当如明镜，判断是非曲直，使奸邪受到惩罚，使良善得到保护。明镜也会蒙尘，这就需要"时时勤拂拭，

图八　宋　方形素面镜

图九　唐　宝相花葵形镜

勿使惹尘埃"，为官者也要持续砥砺品性。

唐太宗李世民曾经说："以铜为镜可以正衣冠，以古为镜可以知兴替，以人为镜可以明得失"，所以铜镜有以镜为鉴，修身立德之意。

铜镜正面用于照容正心，背面以纹饰装饰。这和当今廉政建设中提出的"照镜子，正衣冠"不谋而合。

## 三 托物言志

中华文化博大精深，书画中描绘的风景意象，器物上呈现的丰富纹样，都是古代人民对美好生活的向往，对崇高理想的追求。"梅兰竹菊""莲""蝉""饕餮""铜权"等，寓意都与"廉洁"有关，表达了清廉自守，廉行天下的追求。

"莲"与"廉"同音，而莲的高贵品格又使其与"廉"同义，有洁身自爱、不与世俗同流合污以及对追名逐利的世态的鄙视和厌恶的寓意。

"出淤泥而不染，濯清涟而不妖"，成为世人吟唱不绝的千古名句。荷花风度高雅，但毫无哗众取宠之心；秀丽端庄，却没有造作之态。朴实中见俊逸，恃重中显高洁。在宿州市博物馆的许多馆藏文物上都可看见荷花的身影（图一〇～图一三）。

图一〇 唐 莲花纹陶瓦当

图一一 宋 青釉莲瓣纹瓷碗

图一二 明 青玉荷花寿字纹执壶

图一三 明 青花莲纹瓷杯（3件）

蝉栖于高枝，风餐露宿，不食人间烟火。正因为这份脱俗，蝉在人们心中代表着高雅，是清高、廉洁的代名词。

琀蝉是用于丧葬之中的玉蝉。以蝉形作为琀最早出现在商周时期，而从汉代开始，口琀便以琀蝉作为统一的殉葬品使用，改变了以前用随便形状作为玉琀的习俗（图一四）。

饕餮（tāo tiè）是一种想象中的神秘怪兽。这种怪兽没有身体，只有一个大头和一个大嘴，十分贪吃，由于吃得太多，最后被撑死。它是贪欲的象征。饕餮的历史传说告诫人们，做事、索取应有节制。一个人把周围的一切东西都视作是自己的筹码，为了达到目的不择手段，是很可怕的，就如饕餮喜欢吃东西一样，他所追求的欲望广，标准高，所伤害的人也很多，危害极大。饕餮的象征意义是进行德育教育的好题材。

饕餮纹最早出现在距今五千年前长江下游地区的良渚文化玉器上。饕餮纹图案庄严，凝重而神秘。一般以动物的面目形象出现，具有虫、鱼、鸟、兽等动物的特征，由目纹、鼻纹、眉纹、耳纹、口纹、角纹几个部分组成。也被称为"兽面纹"（图一五）。

民间自古便有"天地之间有杆秤""人心如秤，秤称人心"的说法，铜权的这一用途充分展示了公平公正的原则，其蕴含的"平公用权"之意也深刻得镌刻在人们的心中（图一六）。

竹作为岁寒三友"梅竹松"之一，自古以来都是中华民族品格和情操的象征。它立根于山岩湖畔，挺拔高洁、虚怀若谷、中空正直、高风亮节、宁折不屈、清正廉洁。古往今来，竹被文人墨客所称颂，令无数仁人志士折服。苏轼曾言"宁可食无肉，不可居无竹。无肉令人瘦，无竹令人俗"。苏轼一生为官廉洁自持，勤政为民，两袖清风，始终戒奢崇俭，真正做到了"非淡泊无以明志，非宁静无以致远。"

扶疏亭为皖北重要的名胜之一，坐落在宿州古城墙之上，亭中现存苏轼"墨竹"石碑一块（图

图一四　汉　描金石料口琀

图一五　宋　饕餮纹四足铜鼎

图一六　元　铜权

图一七　扶疏亭墨竹碑

一七），碑上画有疏竹二枝，并有题诗、落款："寄卧虚寄堂，月明浸疏竹。泠然洗我心，欲饮不可掬。旧和太白句也并为写照。东坡居士"。

将竹子的精神融入廉政建设，把服务放在第一位，把奉献放在第一位，无论是位居庙堂之高或是处江湖之远，都应坚守公平正义、廉洁自律的底线。纵使"居无竹"，但使"心有竹"，让传承千百年的中华气节绽放出新的光彩。

## 四　浩然正气

钟馗，民间传说的神话人物。钟馗斩妖逐邪杀鬼的文化，在历代文人墨客和千百年民俗的浸染下，已经成为中国特有的文化符号，经久不衰。钟馗不仅是一位忠肝义胆、除暴安良的神话英雄，也是一位清正廉明、铁面无私的清官，因此，钟馗的教化警示功能毋庸置疑。

作为"中国民间艺术（钟馗画）之乡"，钟馗画在宿州灵璧由来已久，经过灵璧县历代民间画家的传承与创新，逐渐已经形成了灵璧钟馗画"扫帚眉，圆眼翻；狮子鼻，下端宽；血盆口，獠牙尖；络腮胡，

耳毛翻"的脸谱特色（图一八、图一九）。

钟馗抓鬼的故事对当今的廉政建设具有重要的警示意义。据说当年唐玄宗患疟疾，在大白天做了一个梦，梦见一个大鬼，正抓住一个小鬼大嚼特嚼，吃得津津有味。唐玄宗见状问他："你为何人？"那大鬼自称是钟进士钟馗，因为当年应举不第，触阶而死。不久唐玄宗梦醒，疟疾立时而愈。明皇惦念梦中的钟进士，便诏吴道子画钟馗像。按照明皇的描述，画好后的钟馗虬髯怒张，鬼魅退避。自此之后，翰林按例要在每年除夕之前向朝廷进钟馗像，再由朝廷分赐大臣。大臣获像，回家挂在门首，以驱赶鬼魅，后来此风由官府传播到了民间，便形成了过年贴门神钟馗的习俗。

习近平总书记曾警示广大党员干部说："为什么说当官是高危职业？就是说不仅主动以权谋私不行，而且要处处防备社会诱惑。""咱们的门神要摆正，大鬼小鬼莫进来。"摆正门神，拒鬼于门外，乃是防身祛病、确保平安的关键所在。

文化可以润心，廉洁文化是廉政建设与文化建设相结合的产物，是社会主义先进文化和社会主义核心价值体系的重要内容。知古而鉴今，见贤以思齐。通

图一八　孙淮滨《钟馗》

图一九　尹玉麟《三破图》

过廉洁元素文物，感受中国廉洁文化传统，体会廉洁精神的恒远流长，以文化的力量，营造出崇尚廉洁，见贤思齐的浓厚氛围，努力在全社会形成"以廉为美、以廉为乐、以廉为荣"的良好风尚。

文物保护

# 宿州市博物馆馆藏一级石质文物修复方案（节选）

北京大学考古文博学院

宿 州 市 博 物 馆

## 一　前　言

2019 年 4 月至 5 月初，安徽省文物考古研究所、宿州市博物馆对金山寨汉墓进行了抢救性清理与发掘。此墓出土了一批画像石。2020 年安徽省文物鉴定站对此批画像石进行评估定级，将这批画像石合并为 1 件 / 套，整体定级为一级文物。文物除受埋藏环境影响形成相应病害外，也因盗墓分子对墓室的破坏性盗掘行为而受到了进一步破坏。

2020 年 7 月，应宿州市博物馆之邀，北京大学考古文博学院组织专业人员，对宿州市博物馆现藏金山寨汉墓出土的石质文物进行了实地考察，拟对其进行保护修复。特编制本保护修复方案。

根据《中华人民共和国文物保护法》《中华人民共和国文物保护法实施条例》和《国家文物保护专项资金管理办法》，参考《GB/T 30688-2014 馆藏砖石文物病害与图示》和《WW/T 0007-2007 石质文物保护修复方案编写规范》等相关标准，针对此批文物的保护修复工作，编制本方案，以指导此批文物保护修复的实施。

需要说明的是，在对此批文物实施保护修复之前，还应在本方案的基础上，需根据每件文物的具体情况，进行必要的、更具针对性的分析检测和试验，制定细化方案，并在实施文物保护修复的过程中，参考《WW/T 0012-2008 石质文物保护修复档案记录规范》做好文物保护修复档案记录工作。

## 二　文物基本信息与文物价值

### 1. 文物基本信息

此方案涉及该墓内出土石质文物共 45 件（包含残碎的基石），定级时将藏品号 SZ10586-SZ10593 合并为 1 件 / 套，其中序号第 12 件 / 套文物为汉墓基石，因盗墓分子采用炸药等工具进行盗墓行为时被破坏，目前断裂为 32 件（19 件大的，13 件小碎块）（表一）。

## 三　保存现状的调查与评估

### （一）保存现状调查与评估

1. 保存环境

宿州市属暖温带半湿润季风气候区，主要特点是

表一　文物基本信息表（SZ10586）

| 序号 | 文物名称 | 时代 | 尺寸（厘米） | 具体件数 | 完残情况 | 藏品来源 | 级别 | 登记号 |
|---|---|---|---|---|---|---|---|---|
| 1 | 铺首衔环·楼阁人物图画像石 | 汉 | 139×93×30 | 1 | 基本完整，局部磕损 | 金山寨主墓室东立柱 | 一级 | SZ10586-1 |
| 2 | 翼龙人物图画像石 | 汉 | 138×87×88 | 1 | 基本完整，局部磕损 | 金山寨中室东立柱 | | SZ10586-2 |
| 3 | 楼阁人物图画像石 | 汉 | 138×95×30 | 1 | 基本完整，局部磕损 | 金山寨主墓室西立柱 | | SZ10586-3 |
| 4 | 璧帛相交图画像石 | 汉 | 138×60×30 | 1 | 局部残缺 | 金山寨西耳室北立柱 | | SZ10586-4 |
| 5 | 璧帛相交图画像石 | 汉 | 138×53×30 | 1 | 局部残缺 | 金山寨东耳室南立柱 | | SZ10586-5 |
| 6 | 璧帛相交图画像石 | 汉 | 138×51×28 | 1 | 局部残缺 | 金山寨东耳室北立柱 | | SZ10586-6 |
| 7 | 双羊图双面雕画像石 | 汉 | 235×55×37 | 1 | 局部残缺 | 金山寨墓门门楣 | | SZ10586-7 |
| 8 | 铺首衔环墓门 | 汉 | 东152×62×9，西152×54×9 | 2 | 局部残缺 | 金山寨东墓门、金山寨西墓门 | | SZ10586-8 |
| 9 | 璧帛相交图画像石 | 汉 | 143×40×32 | 1 | 残碎 | 金山寨立柱 | | SZ10586-9 |
| 10 | 双面雕画像石 | 汉 | 290×60×36 | 1 | 残碎 | 金山寨汉墓 | | SZ10586-10 |
| 11 | 金山寨立柱 | 汉 | | 2 | 残缺 | 金山寨汉墓 | | SZ10586-11 |
| 12 | 金山寨基石 | 汉 | | 32 | 残缺 | 金山寨汉墓 | | SZ10586-12 |

（序号1～12文物名称栏左侧竖排："金山寨汉墓画像石"）

气候温和，四季分明，雨热同季，降雨适中，但降水集中。宿州市年平均降水量在774～896.3毫米之间，其地理分布东南多，西北少。年降水总量虽较充沛，但各季降水分布极不均匀。

2. 保存现状

此批石质文物均存放于宿州市博物馆库房内，库房无温湿度监控及控制系统，无新风过滤系统。受文物重量、尺寸等因素影响，文物未配置相关文物架，放置或堆叠在库房地面上，文物与地面之间以砖材作为隔垫。但整体而言，受当地季节环境气候变化影响较大。

因盗墓分子采用炸药等工具对墓室及画像石产生了严重破坏，考古发掘人员于发掘现场对文物进行了黏结、加固等操作处理。因考古发掘人员非隶属于宿州市博物馆员工，信息沟通不足，目前对于发掘时对文物进行保护修复处理的材料、方法等内容均无详细资料。碎裂严重文物已失去了基本形貌，需要进行拼接修复，恢复文物的本来面貌。

目前已知，此批文物修复完成后以室内展出为主，暂无室外展出计划。

（二）病害调查及分析

根据《GB/T 30688-2014 馆藏砖石文物病害与图示》，对此批待修复的12件/套石质文物进行了病害统计和病害图绘制。根据对宿州市博物馆馆藏石质文物病害情况的调查评估，多数文物表面存在各种程度严重的损伤与病害，部分文物病害如表面粉化、剥落等仍在不断进行，危害文物的保存，而一些开裂、破损的文物虽然经过早期的简单修复，但是仍然不能充分满足文物价值展示等需要，因此有必要对此批文物进行系统的保护研究与修复，从而达到有效延长文物寿命、充分展现文物价值的目的。

通过现场调查与归纳总结，此批待修复文物存在的主要病害类型如下。

（1）裂隙（crack）：裂隙包括断裂、机械裂隙、原生裂隙和风化裂隙四大类，其中断裂、机械裂隙多为机械损伤所致，具体有以下几种：①断裂——砖石文物整体贯穿且有明显位移的开裂现象；②机械裂隙——由于外力作用导致的砖石文物开裂现象，一般这类裂隙大多深入到石材或砖体内部，严重时机械裂隙相互交切、贯穿，极易导致砖石文物的整体断裂与局部脱落；③原生裂隙——专指石质文物石材原生的构造或层理裂隙；④风化裂隙——由于自然风化导致的沿砖石文物材质纹理发育的浅表裂隙。部分机械损伤可能对文物的长期保存造成安全隐患，同时对文物价值体现造成影响（图一、二）。

（2）局部缺失（partialloss）：砖石文物由于机械损伤导致的局部缺损、缺失现象。产生这种病害的原因可能与受力状态、自然灾害的影响或人为破坏等有关，对文物信息的完整性和文物价值影响较大。

（3）酥碱与泛盐（disruption and salt efflorescence）：砖石文物表面可溶盐富集、结晶等导致的破坏现象。

（4）粉化（powdering）：砖石文物表面粉末状脱落现象。粉化是石质文物存在的最广泛的一种病害，此批文物虽然大多现存于展馆中也不能避免。现场调查发现，部分文物表面已经出现线条变浅或消失、画像形象模糊，甚至雕刻完全消失的情况，并且病害仍在不断扩展和发育。该病害的产生与历史环境原因有关，和现存环境的周期性温湿度变化以及空气污染的综合作用关系较大。

（5）层片状剥落（delamination）：砖石文物表面片状分离与剥落，或石质文物沿其天然层理发生的层状分离与剥落现象。该病害主要与外力扰动、水盐破坏、温度周期变化等因素有关。

（6）积尘（dustdeposit）：砖石文物表面粉尘、泥土堆积现象。此次以表面粉尘为主，主要由于空气流通携带所致，多存在于文物朝上的表面或雕刻凹陷处。

另通过观察还能发现部分早期修复痕迹，主要为环氧树脂等修复材料，修复部位有明显的起翘、颜色差异等现象，与文物整体外观极不协调。

**（三）分析检测**

1. 岩性成分分析

（1）便携式 XRF（荧光分析）

本检测使用仪器为 Thermo Niton LX3 系列便携式 X 荧光分析仪。共检测文物 12 件 / 套，获得数据 44 份（表二、三）。

从检测数据可以看出，此批文物以石灰岩为主，部分石质为砂岩。

（2）岩相鉴定

取画像石中"基石"残破碎块一件（对应便携式

图一 汉璧帛相交图画像石

图二 金山寨基石

# 表二 检测记录表

| 序号 | 藏品号 | 名称 | 文物数量 | 样品编号 | 检测部位 | 检测类别 | 石质种类 |
|---|---|---|---|---|---|---|---|
| 1 | | 璧帛相交纹画像石 | 1 | 1260 | 基体 | 土壤 & 矿石 | 砂岩 |
| | | | | 1261 | 基体 | 土壤 & 矿石 | |
| 2 | | 铺首衔环·楼阁人物纹画像石 | 1 | 1262 | 基体 | 土壤 & 矿石 | 石灰岩 |
| | | | | 1263 | 基体 | 土壤 & 矿石 | |
| 3 | | 双面雕鱼纹·对鹿纹画像石 | 1 | 1264 | 基体 | 土壤 & 矿石 | 石灰岩 |
| | | | | 1265 | 基体 | 土壤 & 矿石 | |
| 4 | | 石立柱 | 2 | 1266 | 基体 | 土壤 & 矿石 | 石灰岩 |
| | | | | 1267 | 基体 | 土壤 & 矿石 | 石灰岩 |
| 5 | | 翼龙人物纹画像石 | 1 | 1268 | 基体 | 土壤 & 矿石 | 石灰岩 |
| | | | | 1269 | 基体 | 土壤 & 矿石 | |
| 6 | | 楼阁人物纹画像石 | 1 | 1270 | 基体 | 土壤 & 矿石 | 石灰岩 |
| | | | | 1271 | 基体 | 土壤 & 矿石 | |
| 7 | | 璧帛相交纹画像石 | 1 | 1272 | 基体 | 土壤 & 矿石 | 石灰岩 |
| | | | | 1273 | 基体 | 土壤 & 矿石 | |
| 8 | | 铺首衔环·凤鸟纹墓门画像石 | 2 | 1274 | 基体 | 土壤 & 矿石 | 石灰岩 |
| | | | | 1275 | 基体 | 土壤 & 矿石 | 砂岩 |
| 9 | SZ10586 | 汉金山寨墓画像石 | 基石 | 32件（19件大的，13件小碎块） | 1276 | 基体 | 土壤 & 矿石 | 石灰岩 |
| | | | | 1277 | 基体 | 土壤 & 矿石 | 石灰岩 |
| | | | | 1278 | 基体 | 土壤 & 矿石 | 石灰岩 |
| | | | | 1279 | 基体 | 土壤 & 矿石 | 石灰岩 |
| | | | | 1280 | 基体 | 土壤 & 矿石 | 石灰岩 |
| | | | | 1281 | 基体 | 土壤 & 矿石 | 石灰岩 |
| | | | | 1282 | 基体 | 土壤 & 矿石 | 石灰岩 |
| | | | | 1283 | 基体 | 土壤 & 矿石 | 石灰岩 |
| | | | | 1284 | 基体 | 土壤 & 矿石 | 石灰岩 |
| | | | | 1285 | 基体 | 土壤 & 矿石 | 石灰岩 |
| | | | | 1286 | 基体 | 土壤 & 矿石 | 石灰岩 |
| | | | | 1287 | 基体 | 土壤 & 矿石 | 石灰岩 |
| | | | | 1288 | 基体 | 土壤 & 矿石 | 石灰岩 |
| | | | | 1289 | 基体 | 土壤 & 矿石 | 石灰岩 |
| | | | | 1290 | 基体 | 土壤 & 矿石 | 石灰岩 |
| | | | | 1291 | 基体 | 土壤 & 矿石 | 石灰岩 |
| | | | | 1292 | 基体 | 土壤 & 矿石 | 石灰岩 |
| | | | | 1293 | 基体 | 土壤 & 矿石 | 石灰岩 |
| | | | | 1294 | 基体 | 土壤 & 矿石 | 石灰岩 |
| | | | | 1295 | 基体 | 土壤 & 矿石 | 石灰岩 |
| | | | | 1296 | 基体 | 土壤 & 矿石 | 石灰岩 |
| | | | | 1297 | 基体 | 土壤 & 矿石 | 石灰岩 |
| | | | | 1298 | 基体 | 土壤 & 矿石 | 石灰岩 |
| | | | | 1299 | 基体 | 土壤 & 矿石 | 石灰岩 |
| 10 | | 双面雕伏羲女娲·对羊纹画像石 | 1 | 1300 | 基体 | 土壤 & 矿石 | 石灰岩 |
| 11 | | 璧帛相交纹画像石 | 1 | 1301 | 基体 | 土壤 & 矿石 | 石灰岩 |
| | | | | 1302 | 基体 | 土壤 & 矿石 | 石灰岩 |
| 12 | | 璧帛相交纹画像石 | 1 | 1303 | 基体 | 土壤 & 矿石 | 石灰岩 |

| 序号 | 检测号 | 检测模式 | Ca | Si | Al | Fe | K | CaO | SiO$_2$ | Al$_2$O$_3$ | Fe$_2$O$_3$ | K$_2$O |
|---|---|---|---|---|---|---|---|---|---|---|---|---|
| 1 | 1260 | 土壤&矿石 | 12.9 | 27.3 | 6.1 | 3.2 | 1.7 | 18.0 | 58.5 | 11.5 | 4.6 | 2.1 |
| 2 | 1261 | 土壤&矿石 | 20.0 | 19.2 | 3.6 | 2.3 | 1.2 | 27.9 | 41.2 | 6.8 | 3.3 | 1.5 |
| 3 | 1262 | 土壤&矿石 | 41.5 | 3.8 | 1.0 | 0.3 | 0.2 | 58.1 | 8.2 | 1.8 | 0.4 | 0.3 |
| 4 | 1263 | 土壤&矿石 | 37.1 | 6.5 | 1.2 | 0.4 | 0.3 | 51.9 | 13.9 | 2.4 | 0.6 | 0.4 |
| 5 | 1264 | 土壤&矿石 | 37.7 | 1.0 | 0.2 | 0.4 | 0.2 | 52.7 | 2.1 | 0.4 | 0.5 | 0.3 |
| 6 | 1265 | 土壤&矿石 | 42.4 | 4.8 | 1.1 | 0.3 | 0.3 | 59.4 | 10.2 | 2.1 | 0.4 | 0.4 |
| 7 | 1266 | 土壤&矿石 | 36.1 | 14.5 | 3.1 | 0.7 | 0.5 | 50.5 | 31.0 | 5.8 | 1.0 | 0.6 |
| 8 | 1267 | 土壤&矿石 | 37.7 | 8.1 | 1.7 | 0.7 | 0.4 | 52.8 | 17.3 | 3.3 | 1.0 | 0.5 |
| 9 | 1268 | 土壤&矿石 | 38.9 | 8.9 | 2.3 | 0.6 | 0.5 | 54.4 | 19.0 | 4.3 | 0.9 | 0.6 |
| 10 | 1269 | 土壤&矿石 | 42.4 | 6.3 | 1.8 | 0.4 | 0.2 | 59.3 | 13.6 | 3.4 | 0.6 | 0.3 |
| 11 | 1270 | 土壤&矿石 | 37.5 | 7.2 | 1.8 | 0.6 | 0.5 | 52.5 | 15.3 | 3.4 | 0.9 | 0.6 |
| 12 | 1271 | 土壤&矿石 | 37.6 | 5.5 | 1.1 | 0.5 | 0.4 | 52.7 | 11.8 | 2.0 | 0.7 | 0.4 |
| 13 | 1272 | 土壤&矿石 | 40.1 | 6.8 | 1.6 | 0.4 | 0.3 | 56.2 | 14.6 | 3.1 | 0.6 | 0.4 |
| 14 | 1273 | 土壤&矿石 | 35.4 | 7.2 | 1.4 | 0.5 | 0.5 | 49.5 | 15.4 | 2.7 | 0.8 | 0.6 |
| 15 | 1274 | 土壤&矿石 | 31.8 | 7.5 | 1.3 | 1.5 | 0.6 | 44.6 | 16.0 | 2.4 | 2.1 | 0.8 |
| 16 | 1275 | 土壤&矿石 | 2.8 | 25.6 | 4.3 | 5.2 | 3.2 | 4.0 | 54.9 | 8.2 | 7.4 | 3.9 |
| 17 | 1276 | 土壤&矿石 | 28.2 | 5.3 | 0.6 | 0.9 | 0.6 | 39.5 | 11.4 | 1.2 | 1.3 | 0.7 |
| 18 | 1277 | 土壤&矿石 | 38.0 | 4.7 | 1.0 | 0.4 | 0.3 | 53.2 | 10.0 | 2.0 | 0.5 | 0.4 |
| 19 | 1278 | 土壤&矿石 | 41.6 | 5.7 | 1.4 | 0.4 | 0.2 | 58.2 | 12.3 | 2.7 | 0.5 | 0.3 |
| 20 | 1279 | 土壤&矿石 | 43.0 | 3.1 | 0.6 | 0.2 | 0.1 | 60.2 | 6.7 | 1.1 | 0.3 | 0.1 |
| 21 | 1280 | 土壤&矿石 | 38.2 | 6.7 | 1.2 | 1.0 | 0.5 | 53.4 | 14.4 | 2.2 | 1.5 | 0.6 |
| 22 | 1281 | 土壤&矿石 | 34.9 | 8.2 | 1.5 | 1.5 | 0.7 | 48.9 | 17.4 | 2.8 | 2.2 | 0.9 |
| 23 | 1282 | 土壤&矿石 | 35.8 | 7.3 | 1.3 | 0.7 | 0.4 | 50.2 | 15.6 | 2.5 | 1.0 | 0.5 |
| 24 | 1283 | 土壤&矿石 | 35.3 | 2.2 | 0.2 | 0.3 | 0.2 | 49.4 | 4.7 | 0.5 | 0.4 | 0.2 |
| 25 | 1284 | 土壤&矿石 | 38.6 | 6.4 | 1.4 | 0.6 | 0.5 | 54.0 | 13.8 | 2.6 | 0.8 | 0.6 |
| 26 | 1285 | 土壤&矿石 | 37.1 | 11.0 | 3.1 | 0.6 | 0.4 | 52.0 | 23.4 | 5.8 | 0.9 | 0.4 |
| 27 | 1286 | 土壤&矿石 | 29.9 | 18.1 | 4.0 | 1.5 | 0.9 | 41.8 | 38.8 | 7.6 | 2.1 | 1.1 |
| 28 | 1287 | 土壤&矿石 | 13.1 | 19.2 | 3.3 | 3.3 | 1.5 | 18.4 | 41.1 | 6.3 | 4.7 | 1.8 |
| 29 | 1288 | 土壤&矿石 | 31.7 | 17.2 | 3.9 | 1.2 | 0.9 | 44.3 | 36.9 | 7.5 | 1.7 | 1.1 |
| 30 | 1289 | 土壤&矿石 | 5.2 | 17.7 | 2.0 | 3.0 | 1.5 | 7.3 | 37.8 | 3.8 | 4.3 | 1.8 |
| 31 | 1290 | 土壤&矿石 | 32.6 | 9.8 | 2.0 | 1.4 | 0.9 | 45.7 | 20.9 | 3.8 | 2.0 | 1.1 |
| 32 | 1291 | 土壤&矿石 | 7.9 | 22.5 | 3.4 | 3.9 | 1.5 | 11.1 | 48.1 | 6.5 | 5.5 | 1.8 |
| 33 | 1292 | 土壤&矿石 | 38.5 | 8.3 | 2.4 | 0.5 | 0.2 | 53.9 | 17.7 | 4.6 | 0.7 | 0.3 |
| 34 | 1293 | 土壤&矿石 | 16.2 | 17.2 | 2.6 | 2.8 | 1.2 | 22.7 | 36.8 | 4.8 | 4.0 | 1.5 |
| 35 | 1294 | 土壤&矿石 | 40.2 | 3.2 | 0.6 | 0.4 | 0.3 | 56.3 | 6.9 | 1.0 | 0.6 | 0.3 |
| 36 | 1295 | 土壤&矿石 | 40.5 | 7.1 | 1.6 | 0.5 | 0.3 | 56.6 | 15.1 | 3.1 | 0.7 | 0.4 |
| 37 | 1296 | 土壤&矿石 | 38.4 | 5.6 | 1.1 | 0.5 | 0.4 | 53.7 | 12.1 | 2.1 | 0.7 | 0.5 |
| 38 | 1297 | 土壤&矿石 | 33.3 | 5.6 | 1.0 | 0.7 | 0.4 | 46.7 | 11.9 | 1.9 | 1.0 | 0.5 |
| 39 | 1298 | 土壤&矿石 | 33.5 | 15.6 | 3.8 | 1.3 | 0.6 | 46.9 | 33.4 | 7.2 | 1.8 | 0.8 |
| 40 | 1299 | 土壤&矿石 | 33.0 | 9.0 | 1.7 | 0.9 | 0.6 | 46.2 | 19.3 | 3.2 | 1.2 | 0.8 |
| 41 | 1300 | 土壤&矿石 | 32.8 | 7.4 | 1.3 | 0.8 | 0.5 | 45.9 | 15.8 | 2.4 | 1.2 | 0.6 |
| 42 | 1301 | 土壤&矿石 | 40.5 | 4.0 | 0.9 | 0.3 | 0.3 | 56.6 | 8.6 | 1.6 | 0.4 | 0.4 |
| 43 | 1302 | 土壤&矿石 | 21.4 | 16.3 | 3.6 | 2.1 | 1.6 | 29.9 | 34.9 | 6.9 | 3.0 | 2.0 |
| 44 | 1303 | 土壤&矿石 | 33.9 | 12.7 | 2.9 | 0.8 | 0.6 | 47.4 | 27.2 | 5.5 | 1.1 | 0.7 |

XRF 分析中检测号为 1286 的文物），委托北京大学考古文博学院对画像石样品进行岩相鉴定（图三）。

①岩相鉴定方法

本次岩相分析应甲方回收样品之要求，操作中严格避免水沾湿样品，并尽可能减小取样量。使用凿或金刚石切割片，在样品的典型部位取下不小于 5mm 见方试块。在金刚石砂板上逐级磨平，抛光。以环氧树脂黏贴于载玻片上，加热固化后再在金刚石砂板上磨薄至 $30\mu m$。中性树胶封片。使用 Leica DM4500p 型显微镜镜检。

②岩相鉴定结果

手标本观察所见：岩石新鲜断面灰黑色，致密，无光泽。块状构造，放大镜下可见微小颗粒，含量大于 50%。岩石硬度低于钢刀，滴 5% 盐酸剧烈起泡，成分系以方解石为主的碳酸盐矿物。

薄片观察所见：样品由颗粒和胶结物构成。颗粒成分均为团粒，含量 70%～75%；球形至椭球形；分选好，直径普遍 $100～150\mu m$；成分主要为灰泥，部分发生重结晶。胶结物为亮晶方解石，含量 20%～25%；粒径 $20～50\mu m$；可分为两个世代：第一代呈栉壳状环绕于团粒周围，第二代填充于第一代形成的间隙（图四）。

综上所述，该样品定名为亮晶团粒灰岩。

2. 文物本体保存现状评估

通过文物本体保存现状评估，可以客观掌握文物风化现状，分析文物劣化的各种成因。同时，根据文物数据检测结果，总结出不同文物之间和单件文物不同区域之间的风化程度差异，并结合新鲜岩石数据，判定文物整体风化程度；根据总结出的每件文物的不同风化程度，结合现场微环境检测结果，分析判断出文物表层劣化程度与周边环境之间的关系。进而为设计选择保护材料提供科学参考依据，为石质文物整体保护设计的安全、有效、合理提供保证。

此次现场检测针对选定的 45 件石质文物进行了数据采集与分析。现场检测内容仅限于对石质文物的

图三　宿州金山寨汉墓画像石样品

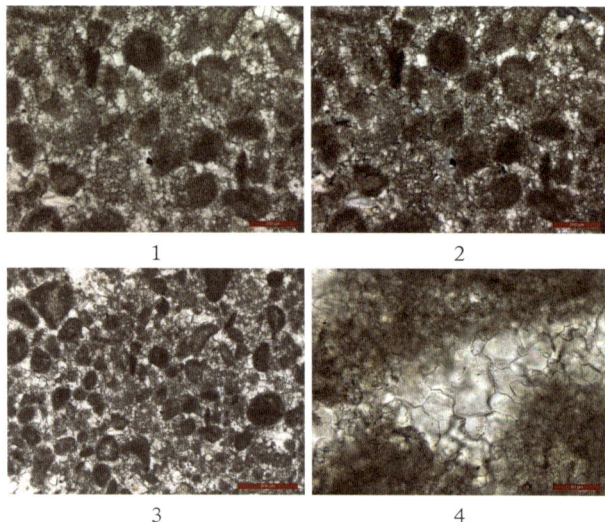

1　　　　　　　　　　2

3　　　　　　　　　　4

图四　样品薄片显微照片

1. ×100 单偏光　2. ×100 正交偏光
3. ×50 单偏光　4. ×400 单偏光

保存现状进行数据采集，并未包括全年环境变化引起的数据差异。

评估设计总体上包括以下步骤：①对不同文物构件及单体文物进行全面检测，采集已风化石质文物本体的外观、强度等数据。②对现场采集的数据进行整理，初步得到不同文物及单件文物不同区域的平均强度以及风化程度数据；③对比不同石质文物检测数据，分析风化程度差异，并参考新鲜岩石数据，判断风化对石质文物造成的影响以及风化现状对文物保存的影响。

（1）检测项目设计

石质文物受到各种环境因素的交互影响，会产生粉化、层片状剥落等影响文物保存的病害。较为广泛的是，由于表层劣化，造成石质文物的表层

强度降低，表层孔隙率增大，以及外观污染、变色等。

根据以上风化特点，设定强度、外观、表层含水率、表面渗水率、超声波等检测评估项目（表四）。

（2）检测结果

检测结果见表五、表六。

（3）结果分析

此次评估对宿州市博物馆馆藏的汉金山寨墓画像石进行了详尽的数据检测，通过对比分析的方法对文物保存现状进行评估，文物本体保存现状评估的具体结果如下：

①回弹值

### 表四 检测项目设定

| 序号 | 检测项目 | 意义 |
|---|---|---|
| 1 | 划痕强度 | 用于分析石质文物表面风化程度，通过与同材质未风化样品划痕宽度数值进行对比，来判断石质文物表面风化状况。 |
| 2 | 回弹强度 | 用于分析石质文物表层强度，通过与同材质未风化样品回弹值进行对比，来判断石质文物表层风化状况。 |
| 3 | 表层超声波波速 | 检测文物表层声波传播性能，通过对比同材质未风化样品数据，判断风化作用对文物表层密实度改变的影响程度。 |
| 4 | 表面自由渗水率 | 反映同种石质文物不同层次风化程度，以及风化作用对石质文物表层造成的孔隙变化。 |
| 5 | 表层含水率 | 评价文物不同位置含水率差异，可结合其他检测项目，评价不同含水率条件下文物强度、外观等的差异。 |
| 6 | 色度 | 采集文物表面色度数据，根据不同色度参数，可以评价风化及污染等病害对文物材质造成的外观变色效果。 |

### 表五 检测数据结果

| 登记号 | 检测号 | 回弹值 | 划痕宽度 $mm^{-2}$ | 超声波波速 m/s | 自由渗水率 mL/30min | 含水率 % | 色度 | | |
|---|---|---|---|---|---|---|---|---|---|
| | | | | | | | L | a | b |
| SZ10586 | 492 | 16 | 48.9 | 1180 | 0.3 | 2.4 | 53.7 | 7.3 | 12.0 |
| -1 | 489 | 18 | 52.9 | 1213 | 0.5 | 1.7 | 55.7 | 9.1 | 13.6 |
| SZ10586 | 493 | 16 | 53.9 | 1300 | 0.5 | 2.7 | 57.1 | 8.1 | 13.2 |
| -2 | 494 | 19 | 52.4 | 1444 | 0.4 | 2.7 | 53.3 | 8.6 | 17.2 |
| SZ10586 | 495 | 21 | 53.5 | 921 | 0.3 | 2.4 | 48.3 | 8.2 | 12.6 |
| -3 | 496 | 18 | 52.2 | 1313 | 0.5 | 2.5 | 51.0 | 8.4 | 13.1 |
| SZ10586 | 504 | 19 | 52.6 | 1215 | 0.6 | 2.0 | 56.1 | 8.1 | 11.5 |
| -4 | 501 | 19 | 47.4 | 1336 | 0.4 | 2.0 | 55.6 | 7.2 | 11.8 |
| SZ10586 | 502 | 20 | 56.1 | 1233 | 0.3 | 1.7 | 49.6 | 9.6 | 12.7 |
| -5 | 503 | 18 | 56.0 | 1032 | 0.6 | 2.5 | 55.3 | 8.3 | 12.8 |
| SZ10586 | 505 | 18 | 48.9 | 1313 | 0.7 | 2.0 | 52.5 | 7.2 | 12.2 |
| -6 | 506 | 19 | 53.1 | 1247 | 0.5 | 2.2 | 55.2 | 7.3 | 12.3 |
| SZ10586 | 507 | 21 | 45.8 | 1585 | 0.4 | 2.5 | 53.0 | 8.7 | 13.5 |
| -7 | 508 | 22 | 53.3 | 1392 | 0.3 | 2.4 | 53.0 | 7.9 | 12.0 |

| 登记号 | 检测号 | 回弹值 | 划痕宽度 mm$^{-2}$ | 超声波波速 m/s | 自由渗水率 mL/30min | 含水率 % | 色度 | | |
|---|---|---|---|---|---|---|---|---|---|
| | | | | | | | L | a | b |
| SZ10586 -8 | 512 | 26 | 45.6 | 1176 | 0.6 | 2.0 | 54.5 | 9.2 | 14.2 |
| | 509 | 27 | 45.6 | 1105 | 0.4 | 1.9 | 53.5 | 8.1 | 12.3 |
| | 510 | 25 | 44.4 | 1093 | 0.4 | 2.1 | 55.4 | 5.9 | 10.0 |
| | 511 | 24 | 48.6 | 983 | 0.5 | 2.2 | 53.8 | 8.9 | 12.0 |
| SZ10586 -9 | 516 | 20 | 46.4 | 808 | 0.3 | 2.1 | 56.0 | 7.6 | 12.5 |
| | 513 | 20 | 45.4 | 1049 | 0.4 | 2.0 | 55.1 | 8.4 | 11.8 |
| SZ10586 -10 | 514 | 20 | 53.2 | 1107 | 0.5 | 2.3 | 54.3 | 7.2 | 11.5 |
| | 515 | 20 | 50.6 | 1134 | 0.5 | 2.1 | 55.0 | 6.1 | 10.8 |
| SZ10586 -11 | 541 | 17 | 48.6 | 693 | 0.6 | 1.8 | 53.1 | 6.9 | 11.8 |
| | 542 | 19 | 45.8 | 649 | 0.4 | 1.8 | 51.0 | 8.5 | 12.3 |
| | 543 | 19 | 52.0 | 1032 | 0.6 | 1.7 | 53.4 | 7.9 | 12.2 |
| | 544 | 22 | 48.8 | 1182 | 0.4 | 2.4 | 50.2 | 8.9 | 12.2 |
| SZ10586 -12 | 518 | 18 | 48.6 | 1026 | 0.3 | 1.9 | 53.4 | 7.8 | 13.5 |
| | 519 | 19 | 53.3 | 1066 | 0.6 | 1.8 | 53.8 | 5.7 | 11.1 |
| | 520 | 20 | 53.7 | 667 | 0.7 | 1.8 | 54.6 | 6.8 | 10.8 |
| | 517 | 22 | 56.2 | 1340 | 0.6 | 1.8 | 56.1 | 2.9 | 14.3 |
| | 522 | 20 | 53.2 | 1449 | 0.6 | 2.1 | 51.6 | 2.9 | 12.8 |
| | 523 | 24 | 53.0 | 1501 | 0.5 | 2.4 | 51.7 | 8.5 | 12.7 |
| | 524 | 21 | 54.9 | 1525 | 0.5 | 2.5 | 53.4 | 6.4 | 11.9 |
| | 521 | 24 | 45.1 | 1427 | 0.4 | 2.4 | 53.6 | 8.5 | 14.1 |
| | 525 | 22 | 46.1 | 1146 | 0.6 | 2.5 | 56.0 | 8.7 | 14.4 |
| | 526 | 26 | 46.7 | 1418 | 0.4 | 1.9 | 54.6 | 7.7 | 12.9 |
| | 527 | 21 | 45.0 | 1301 | 0.3 | 2.9 | 52.4 | 9.9 | 14.9 |
| | 528 | 22 | 44.2 | 1282 | 0.5 | 2.6 | 54.3 | 8.5 | 13.7 |
| | 529 | 21 | 44.2 | 1184 | 0.4 | 2.1 | 50.1 | 6.6 | 11.5 |
| | 530 | 24 | 44.5 | 887 | 0.5 | 2.3 | 52.4 | 6.6 | 12.0 |
| | 531 | 20 | 44.9 | 605 | 0.3 | 2.3 | 53.8 | 2.2 | 11.8 |
| | 532 | 23 | 45.4 | 1034 | 0.6 | 2.0 | 52.5 | 2.7 | 13.2 |
| | 534 | 24 | 47.7 | 1195 | 0.4 | 2.4 | 50.9 | 7.8 | 10.5 |
| | 535 | 27 | 43.4 | 1325 | 0.5 | 2.5 | 54.3 | 6.7 | 11.6 |
| | 536 | 26 | 49.3 | 1195 | 0.5 | 2.2 | 58.0 | 8.4 | 11.5 |
| | 533 | 24 | 46.0 | 1198 | 0.6 | 2.3 | 53.6 | 8.7 | 12.1 |
| | 538 | 23 | 45.7 | 905 | 0.4 | 1.9 | 51.0 | 6.4 | 11.7 |
| | 539 | 22 | 45.8 | 1246 | 0.5 | 2.1 | 54.1 | 6.3 | 10.7 |
| | 540 | 21 | 43.3 | 1179 | 0.4 | 1.9 | 50.9 | 6.2 | 11.0 |
| | 537 | 23 | 44.9 | 983 | 0.5 | 2.2 | 52.8 | 6.5 | 11.0 |

| 对比项目 | 回弹值 | 划痕宽度 mm$^{-2}$ | 超声波波速 m/s | 自由渗水率 mL/30min | 含水率 % | 色度 | | |
|---|---|---|---|---|---|---|---|---|
| | | | | | | L | a | b |
| 平均数据 | 21.38 | 48.86 | 1154.71 | 0.47 | 2.18 | 52.61 | 7.30 | 12.38 |
| 极值范围 | 16～27 | 43.3～56.2 | 605～1585 | 0.3～0.7 | 1.7～2.9 | 48.3～58 | 2.2～9.9 | 10～17.2 |
| 新鲜岩石 | 43 | 30.8 | 2107 | 0.3 | 1.5 | 65.4 | 6.7 | 14.3 |

注：新鲜岩石作为对比分析的基础数据，取自与文物同材质岩石切割面数据。

平均回弹值仅为新鲜岩石的 1/2，文物表层强度较低；其中 12% 的位置回弹值小于 18，表层强度异常低，大部分点位回弹值在 19～27 之间。

②划痕宽度

文物表面平均划痕宽度为新鲜岩石的 1.59 倍，最大值达到新鲜岩石的 1.82 倍，最小值也达到新鲜岩石的 1.41 倍，文物表面强度整体较低；从表五分析，所有点位检测数据的表面划痕宽度全部大于 0.4mm，其中 63% 的点位划痕宽度在 0.4～0.5mm 之间，38% 的点位划痕宽度在 0.5～0.6mm 之间。

③超声波波速

检测结果中 73% 的位置超声波波速在 1000m/s～1500m/s 之间，表层密实度较新鲜岩石有所下降；另有 21% 的位置超声波波速小于 1000m/s，最小波速达到了 605m/s，不到新鲜岩石的 29%，表层密实度低。

④自由表面渗水率

自由渗水率平均值为 0.74 毫升/30 分钟，远高于新鲜岩石，大部分点位自由渗水率为 0.3～0.6 毫升/30 分钟，部分点位达到 0.7 毫升/30 分钟，文物表层有效孔隙度较大，易受外界干扰破坏。

⑤含水率

文物表层平均含水率为 2.18%，高于新鲜岩石；92% 的点位表层含水率在 1.7%～2.5% 范围内均匀分布，局部点位含水率较高，达到 2.9%。

⑥色度

大部分点位的明度值 L 约为 52.61，略低于新鲜岩石，L 范围在 48.3～58，不同位置明度差异较大；

从颜色表征量 a、b 的范围来看，文物色调与新鲜岩石没有明显差异，均为红黄色调。

（4）评估结论

①污染、风化和机械损伤病害较多，并有大量失效或不协调修复。

污染：主要是粉尘污染、尘土污染和少量的风化沉积物污染、人为污染等。粉尘污染和尘土污染广泛存在于所有文物表面，尘土污染可能与历史遗存条件有关，粉尘污染主要为出土后空气携带所致。

表面风化：主要是广泛存在的不同程度的表面粉化、部分文物表层的鳞片状起壳与剥落以及少量的表层片状剥落。风化严重部位已经导致文物雕刻线条模糊或消失，并且病害在不断扩展和发育。

机械损伤：存在大量的裂隙、断裂和缺失等。部分机械损伤可能对文物的长期保存造成安全隐患，同时对文物价值体现造成影响。

早期修复痕迹：主要为环氧树脂、石膏等修复材料，修复部位与文物整体外观极不协调。

②文物风化数据不容乐观。

大部分文物风化严重，表面强度较低，较易受到外力破坏。根据表面划痕检测结果，大部分的文物表面处于中重度风化，表面强度较低；而回弹测试结果显示，文物平均回弹值仅为 21.38，不到新鲜岩石（43）的 1/2，最大回弹值 27，也仅为新鲜岩石的 62.8% 左右。

文物表面密实度较低，孔隙度较大，易受风、水、粉尘等环境因素的进一步风化破坏。根据文物表层超声波波速检测结果，100% 的文物表层超声波波速检测数据小于 1600m/s，不到新鲜岩石（2107m/s）的 76%，文物表层密实度较低；而表面自由渗水率结果显示，检测结果平均值为 0.47mL/30min，大部分文物表层自由渗水率高于新鲜岩石，表面有效孔隙度较大。

（5）评估建议

根据评估结果，关于此批文物的保护与修复，建议实施以下内容。

①表层清洗：根据此批文物表面污染物类型与污染程度，进行有针对性的清洗，清除或在一定程度上减小污染物对文物外观的影响，抑制污染物对文物风化的促进作用；同时，更有利于文物历史原貌的展示。

②文物表层加固与防风化保护

采用合适的材料及工艺，对文物进行表层加固，有效提高石质文物表层强度，提高其抵抗外力机械作用的破坏；同时，根据具体保存环境状况，对文物进行防风化保护，增加文物抗风化能力。

③文物修复

对存在的影响文物价值与保存的断裂、裂隙、缺失等进行锚固、灌浆、加固修补等，增加文物整体结构强度。同时，对早期修复的部分进行处理，失效的修复部分进行重新修复，增加文物稳定性；仍有效的修复部分进行表面外观处理，在一定程度上恢复文物艺术价值。

2. 病害与文物表面物质分析

（1）酥粉

样品描述：金山寨立柱文物表层有严重酥粉脱粉现象，取适量样品。

检测目的：明确石质文物酥粉病害的成因。

仪器及测试条件：VHX-1000C 三维超景深立体显微镜（日本基恩士公司）；JSM7100-F 型场发射扫描电镜（日本电子），高真空模式 $9.6 \times 10^{-5}$Pa，表面喷有 10nm 的 Pt 膜，加速电压 20kV，工作距离 10mm；英国 Renishaw invia 共焦显微拉曼光谱仪，激光波长 532nm，信号采集时间 10s，累加 3

次；物镜均为 L50×，光斑尺寸 1μm，光谱测试范围 $100 \sim 1200cm^{-1}$。

检测方法：采用超景深显微镜分别对样品表面、背面进行观察分析，获得放大图像；再对文物表面疏松部位的白色晶体进行拉曼光谱分析；最后利用扫描电镜对重结晶后的固体物质进行扫描电镜分析。

①超景深显微观察

观察结果：从样品的超景深对比观察可知，该石质文物表层酥松多孔，大部分酥粉的表层从文物本体剥离，而样品背面结构致密，且石质本体颗粒较粗。由此可以说明该文物表面已经严重粉化，粉化部位发生了明显脱落（图五、图六）。

图五　样品表层图像（×200）

图六　样品表层孔隙（×200）

②扫描电镜分析

为了进一步明确石质文物中是否存在可溶盐，将该样品放入盛有蒸馏水的烧杯中浸泡，浸泡过程中每隔一段时间轻轻晃动烧杯以辅助溶解，24 小时后过滤得到澄清液，采用加热的方式对澄清液进行蒸发结晶，得到较多的白色析出物。对烧杯底部的白色析出物进行扫描电镜分析（图七）。

从元素分析可知（表七），样品重结晶后的白色

图七　样品中可溶盐重结晶后的 SEM 图像

**表七　元素分析**

| 元素 | C | O | Na | Mg | S | Cl | K | Ca | Cu |
|------|-----|------|------|------|------|------|------|------|------|
| % | 16.19 | 40.16 | 0.87 | 0.23 | 18.15 | 1.71 | 0.65 | 21.42 | 0.62 |

析出物中主要含有 C、O、S、Ca 四种元素，可推知白色晶体中主要为钙盐；白色析出物中还含有少量 Cu、Cl、K、Mg 等元素，推知还可能含有少量钾盐和镁盐等。

分析结论：根据以上检测结果，可以说明导致该石质文物表层酥粉脱落的主要原因是由文物中的可溶盐引起的。

（2）脱落

样品描述：汉双面雕画像石文物脱落的碎片。

检测目的：明确脱落的原因。

仪器及测试条件：VHX-1000C 三维超景深立体显微镜（日本基恩士公司）；JSM7100-F 型场发射扫描电镜（日本电子），高真空模式 9.6×10-5Pa，表面喷有 10nm 的 Pt 膜，加速电压 2kV，工作距离 10mm。

检测方法：采用超景深显微镜分别对样品表面和背面进行观察分析，获得放大图像；再利用扫描电镜对重结晶后的固体物质扫描电镜分析。

①超景深分析

分析可见，该石质文物表层结构疏松，局部有裂痕，而样品背面结构致密，本体中各相晶体结构细密。从表面脱落的疏松结构和本体的致密结构对比可以说明该文物表面发生了一定程度的风化剥落现象（图八、图九）。

图八　样品表层图像（×200）

图九　样品背面图像（×200）

②扫描电镜分析

为了明确石质文物中是否存在可溶盐，将该样品放入盛有蒸馏水的烧杯中浸泡，浸泡过程中每隔一段时间轻轻晃动烧杯以辅助溶解，24 小时后过滤得到澄清液，采用加热的方式对澄清液进行蒸发结晶，得到少量细小的白色析出物。对烧杯底部的白色析出物进行扫描电镜分析（表八）。

**表八　元素分析**

| 元素 | C | O | Na | Mg | Si | S | Cl | K | Ca |
|------|------|------|------|------|------|------|------|------|------|
| % | 30.61 | 51.37 | 2.36 | 1.73 | 0.21 | 5.98 | 1.14 | 0.47 | 6.13 |

从元素分析可知，样品重结晶后的白色析出物中主要含有 Na、C、O、S、Ca 五种元素，可推知白色晶体中主要含有钙盐和钠盐，以及含有少量 Cl、K、Mg 等元素，推知还可能含有少量钾盐和镁盐等。

分析结论：根据以上检测结果，文物中可溶盐是引起石棺文物表层风化脱落的主要原因之一。

（3）可溶盐的酸碱度分析

试验方法：将文物表面掉落的带有白色粉状物的颗粒物收集 50g，将该颗粒物浸泡于装有 100g 超纯水的烧杯中，在常温下浸泡48小时。布氏漏斗抽滤2次，得到滤液，滤液为浅黄色的澄清液体，滤液中可能含有一定量的有机降解物。采用pH计分别测定超纯水和滤液的pH值。

测定结果：先测得超纯水的pH值5.99（超纯水中可能溶解了空气中二氧化碳的缘故）；后对滤液的pH值进行测定，结果为7.69。从pH值的测定结果可知：溶液的酸碱度从弱酸性变为弱碱性，说明过滤液中含有一定量碱性可溶盐。

（4）离子色谱分析

取画像石中基石残破碎块一件（对应便携式XRF分析中检测号为1286的文物），委托专业检测机构对其进行离子色谱分析（表九）。

通过检测数据结果可知（表一〇）：此件文物的盐害程度较轻。本着最小干预的原则，可以考虑不进行相关脱盐处理。项目正式开展前，再对其他未检测文物进行统一检测，判定是否需要脱盐，防止过度干预。

## 四 保护修复目标与原则

### （一）保护修复工作目标

首先调查文物现状，进行分析检测，评估病害；然后对宿州市博物馆馆藏汉金山寨墓画像石进行表面污染物清除、表面脱盐、表层渗透加固处理，并针对破损严重部位予以必要的黏结、锚固和修复；最后建立文物保护修复档案。使这批珍贵的石质文物在保护修复后，文物表面干净整洁，安全和有效提高文物表面强度，增加文物的防水、抗污能力，解决文物结构加固问题和建立保护修复档案，最终达到能够长期保存、搬运并适用于展览的目标。

### （二）方案编制依据及原则

1. 方案编制依据

《中华人民共和国文物保护法》

《中华人民共和国文物保护法实施条例》

《文物保护工程管理办法》

《中国文物古迹保护准则》

《国家文物保护专项资金管理办法》

《GB/T 30688-2014 馆藏砖石文物病害与图示》

《WW/T 0007-2007 石质文物保护修复方案编写规范》

《WW/T 0012-2008 石质文物保护修复档案记录规范》

2. 方案编制原则

（1）不改变文物原状原则：对文物本体进行原状保护，不改变文物原有的形制结构及外观，对于必要的修补加固与裂隙修复采用文物原材质为主要原料成分进行修复，修复表面仅做外观协调，达到"远观

**表九 离子色谱分析**

| 检测单位 | 北京北达智汇微构分析测试中心有限公司 |
|---|---|
| 检测项目 | 阴离子：氯离子、硝酸根、硫酸根<br>阳离子：钠离子、钾离子、镁离子、钙离子 |
| 检测依据 | JY/T 0575-2020 离子色谱分析方法通则 |
| 仪器名称 | 离子色谱仪 ICS3000 离子色谱仪 DX500 |

**表一〇 离子色谱检测结果**

| 样品名称 | 样品编号 | 钠离子(mg/kg) | 钾离子(mg/kg) | 镁离子(mg/kg) | 钙离子(mg/kg) | 氯离子(mg/kg) | 硝酸根(mg/kg) | 硫酸根(mg/kg) |
|---|---|---|---|---|---|---|---|---|
| 无号 | 210812H03F006 | 9.62 | 17.3 | 9.64 | 71.0 | 25.0 | 13.0 | 24.3 |
| 方法检出限 | | 0.10 | 0.10 | 0.10 | 0.15 | 0.035 | 0.080 | 0.090 |

一致，近看有别"的效果，不进行做旧处理和艺术创造加工。

（2）最小干预原则：对文物本体的保护修复坚持最小干预原则。以"保护为主，抢救第一"为设计的基本方针，减小对文物不必要的干扰，根据每件文物的现状进行相应的保护修复，对于不影响文物保存和不危及文物本体稳定性的缺失、污染等情况，原则上少干预或不处理。

（3）安全、有效和耐久原则：对文物必要的干预措施，采取安全、有效和耐久原则。涉及文物保护修复的材料和工艺，须经过严格的试验与效果验证，不对文物造成污染与损害，具有较好的耐老化性能；保护修复后，不影响文物的再次保护与重新修复，不对文物造成安全隐患。

# 五　前期保护修复研究试验

## （一）试验目的

保护修复实施前需要对石质文物的材料及病害开展研究与试验。根据前期勘察结果，针对病害种类和病害状况筛选合适的清洗材料、保护材料和修复技术，以提高石质文物抗风化能力和自身的稳定性。并经过一段时间的观察，评估这些材料和工艺的保护效果，为最终选择合理的保护措施提供依据。为保护修复工程提供技术支撑。

## （二）试验内容

此次保护修复文物存在多种病害：污染和结垢、空鼓、粉化和层状剥落，残损和缺失等。根据病害情况我们将进行以下三方面的实验：

（1）实验并筛选适用于污染和结垢的清洗材料和工艺。

（2）针对粉化和层状剥落病害选取不同的加固材料进行对比，确定防风化材料。

（3）对残损部位的修复，将借鉴历史资料、照片，尽可能重现文物原本的状态，恢复一个完整的形象。如果没有明确证据，将不进行补配。

## （三）试验效果

1.清洗试验

（1）试验材料

洗耳球、软毛刷、硬毛刷、压力喷壶、吸尘器、手术刀、脱脂棉、中性滤纸、中性宣纸、医用手套，去离子水、溶剂（乙醇、丙酮、乙酸乙酯等）、EDTA、碳酸铵等（表一一）。

表一一　实验材料表

| 编号 | 材料名称 | 生产厂家／牌号 | 原始状态 |
|------|----------|----------------|----------|
| 1 | 去离子水 | 市售 | 液态 |
| 2 | 乙醇 | 北京试剂厂 | 液态 |
| 3 | 丙酮 | 北京试剂厂 | 液态 |
| 4 | 乙酸乙酯 | 北京试剂厂 | 液态 |
| 5 | EDTA | 北京试剂厂 | 液态 |
| 6 | 碳酸铵 | 北京试剂厂 | 液态 |

（2）试验结果

该部分工作将在实验和以往经验的基础上，采用适宜的工艺和产品进行实施。

清洗主要是对文物表面有害污染物的清除，由于此批文物的污染物以积尘为主，故而主要采用物理方法进行。

对一般污垢采用去离子水清洗，并辅以物理方法，如：竹签慢慢剔除。而较为顽固的附着物或生物痕迹残留，可采用低浓度化学试剂清洗，清洗后用清水洗表面，尽量减少清洗液在石构件内的残留。或采用酒精、丙酮等挥发性较强的材料，避免不必要的化学物质残留。

（3）表面脱盐处理

可溶性盐的迁移结晶、表面富集会造成文物表面粉化剥脱，形成危害。在保护中，可溶性盐的清除可采用纸浆吸附；将吸附性较强的木浆、脱脂棉、中性滤纸、中性宣纸等，用去离子水湿润后制成纸浆，敷在文物表面，外面再覆盖塑料薄膜。过一段时间揭开薄膜，使吸附材料干燥，这时，可溶盐便被吸附出来。测定吸附材料的电导率，可以检验除盐情况。吸附材料中还可加入有机溶剂，帮助去除污染。通过局部脱盐，可以有效地延缓片状剥落和空鼓的发生。

2. 裂隙及残损修补试验

（1）试验材料

洗耳球、软毛刷、硬毛刷、吸尘器、手术刀、竹片、医用手套、去离子水、溶剂（乙醇、乙酸乙酯等）、玻棒、纸杯、美纹纸、黏接剂、石粉、碳酸钙等（表一二）。

**表一二　实验材料表**

| 编号 | 材料名称 | 生产厂家／牌号 | 原始状态 |
|---|---|---|---|
| 1 | 去离子水 | 市售 | 液态 |
| 2 | 乙醇 | 北京试剂厂 | 液态 |
| 3 | 乙酸乙酯 | 北京试剂厂 | 液态 |
| 4 | 丙烯酸黏结剂 | 国产 SAR18，RSAR28 | 液态 |
| 5 | 环氧黏结剂 | 国产 HY10，HY20 | 液态 |
| 6 | 石粉 | 自制 | 固体 |
| 7 | 碳酸钙 | 市售 | 固体 |
| 8 | 水硬石灰 | 市售 | 固体 |

（2）试验过程

①裂缝黏结

裂缝黏结分为两种情况，一种是裂缝处未断裂，只形成了裂隙，另一种是完全断开，需要先黏结再修补裂缝。

对于只形成了裂隙的情况，可先用毛刷清理裂隙表面杂物，再用醇类（乙醇）溶剂对裂隙表面顽固污渍进行清洗，清洗完成后放置一段时间，等表面干燥后再进行下一步工作。表面清洗干净后，在距裂缝至少4mm的两侧岩面上粘贴美纹纸护边胶带，为增强黏结效果，可在裂隙两侧表面直接刷乳液型黏结剂做衬底，不需要稀释。然后在纸杯中将修补材料、细石粉、碳酸钙等混合均匀，配成砂浆；用手术刀或竹片取适量砂浆，慢慢填充裂缝，抹平表面；通过添加不同色泽的石粉找色，使裂隙周边和谐统一，最终可以达到较好效果。

对于完全断开的情况，应增加损坏面之间的黏结，提高机械强度，增加结构稳定性，若断面受力较大，可使用夹具、锚杆或锚索。黏结后外部裂缝按裂

隙修补情况进行。

②残损修补

残损修补分为两种情况，一种是构件缺失的残损，其面积较大，应首先补配构件然后黏结修补；另一种是表面残损，缺失面积相对较小，可以通过修补达到补全的效果。黏结与修补可参照裂缝黏结进行。

（3）试验结果

试验后发现，环氧黏结剂和丙烯酸黏结剂的操作性都较好，但环氧黏结剂比丙烯酸黏结剂的黏结强度高，而断裂黏结用溶剂型效果较好，表面缝隙修补用乳液型较好；作为断裂面的内部黏结建议使用溶剂型环氧黏结剂，外部表面修整采用水硬石灰。

3. 防风化加固试验

（1）试验材料

洗耳球、软毛刷、硬毛刷、吸尘器、手术刀、竹片、医用手套、去离子水、溶剂（乙醇、乙酸乙酯等）、塑料杯、美纹纸、加固剂等（表一三）。

**表一三　实验材料表**

| 编号 | 材料名称 | 生产厂家／牌号 | 原始状态 |
|---|---|---|---|
| 1 | 去离子水 | 市售 | 液态 |
| 2 | 乙醇 | 北京试剂厂 | 液态 |
| 3 | 乙酸乙酯 | 北京试剂厂 | 液态 |
| 4 | 硅酸乙酯加固剂 | 国产 SIR199，进口 SH10 | 液态 |
| 5 | 正硅酸 | 国产 | 液态 |

（2）试验过程

首先用毛刷清理碑刻表面尘土，再用水和醇类（乙醇）溶剂对表面顽固污渍进行清洗，清洗完成后放置一段时间，等表面干燥后再进行防护处理。防护处理前，用美纹纸粘贴圈出要处理的区域，然后用塑料杯取适量加固剂，用毛刷蘸取加固剂进行刷涂，每次要少量，以防止流挂。2～3遍即可。

（3）试验结果

试验发现，三种加固产品，加固强度不同，正硅酸加固强度较弱，硅酸乙酯加固剂强度较好。其中国

产硅酸乙酯加固剂 SIR199 对粉化部位的加固又好于进口产品 SH10。由于国产硅酸乙酯加固剂兼具一定的疏水性,在加固的基础上还有防护性,所以,建议使用国产的硅酸乙酯。

## 六　拟采取的技术路线及保护修复程序

对于此批石质文物,首先采集相关信息,建立保护修复档案,对基本信息和保存现场进行记录,采集影像资料并绘制文物病害图;然后对文物进行分析检测,分析检测以原位无损分析方法为主,对文物的病害情况进行全面了解;根据病害情况,对文物修复方案进行规划并设计前期保护修复研究试验,根据实验结果确定最佳保护方案;依据保护方案,对文物进行清洗、脱盐、加固、修补、做旧、封护等一系列的保护修复工作;最后,综合文物修复前、中、后期的相关资料,参考《WW/T 0012-2008 石质文物保护修复档案记录规范》完成保护修复档案(图一〇)。

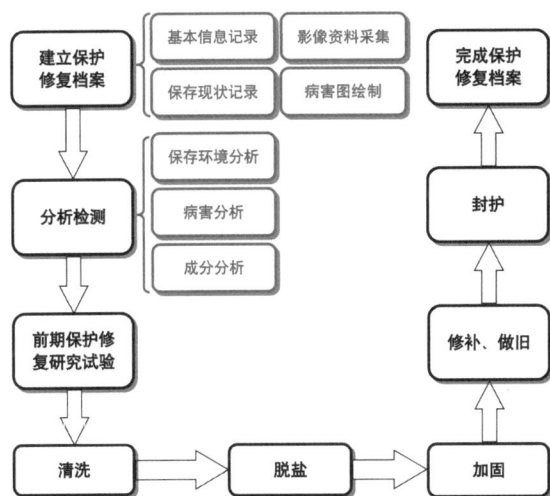

图一〇　技术路线流程图

## 七　文物保护修复具体操作

### (一)保护修复工具、材料及药品

工具:水泵、蒸汽清洗壶、注射器、软毛刷、塑料刷、牙刷、牙签、刻刀、小手术刀、水泵、压力喷水壶、烧杯、蒸汽喷壶、水桶等。

化学试剂:无水乙醇、丙酮、氨水、三氯甲烷、六偏磷酸钠、硅酸钠、壳聚糖、十二烷基三甲基溴化铵、十二烷基苯磺酸钠、硅烷偶联剂、蒸馏水等。

材料:宣纸、AAA 胶、清漆、竹签、914 环氧树脂胶、丙烯酸树脂、双组分胶、401 瞬干胶、Remmers300、牙科石膏、霉敌杀毒剂、多用修补胶棒、凡士林、绳子、塑料刷、各种型号油画笔、木方、各种矿物颜料(立德粉、砂绿、朱砂、章丹、红土子、黑烟子、栗色粉、地板黄等)、虫胶漆、定性滤纸等。

仪器:超声波洁牙机、电导率仪、回弹仪等。

玻璃器皿:烧杯、量筒、试管、滴管、表面皿等。

### (二)保护修复具体操作步骤

1.信息采集(A)

对每件文物的整体及局部拍摄影像资料并绘制文物病害图,同时对文物保存现状、尺寸、特征等信息进行修复前的文字记录,初步建立文物保护修复档案。

进行拍照和摄像时,应留意影像资料与文物原件间的色差,应尽量保持所采信息与文物原件色度一致,以便存档及后期做旧等处理操作。

2.清洗(B)

(1)抗生物影响处理

首先,采用热蒸汽吹洗 + 酒精、丙酮、擦洗或紫外灯辐射等措施彻底去除杀灭生物菌体及分泌物残留,采用化学方法处理必须并用去离子水漂洗干净。

(2)表面浮尘及其风化物清理

在表面清理时,特别是石质文物表面有大量的可溶盐,可先用软毛刷配合空气吹洗清理掉表面风化物,清洗以热蒸气吹洗和人工清理方法为主,清洗过程中尽量减少水的使用量。按照物理方法→水溶方法→有机溶剂方法的顺序进行清洗,即先用鬃毛刷、竹片刀或牛角刀清理表层污泥,用硬毛刷、手术刀等工具对裂隙间的碎屑、沉积以及动植物残留进行清洁处理;再用热水蒸气对污染物表面进行刷洗;然后对残留的污物用表面活性剂配置的清洗液进行清洗；最后对上述方法都无法清洗的部位采用有机溶剂擦拭的方法清除。总体以手工机械清理为主，除去离子水、酒精、丙酮三元清洗体系外不引入其他化学制剂，避免不必要的化学物质残留。

（3）清洗工作的基本要求

①清洗方法应能有效地清除掉石质文物表面的有害物质；

②不应伤害石质文物本身，清洗中不应引起任何新的严重划痕、裂隙或其他损伤石质文物表面的现象；

③在清洗过程中进入文物本体内的化学、生物材料不能存留于文物体内；

④不能对石质文物本身尤其是其上的彩绘或字迹造成损伤。

3. 脱盐（C）

对于酥碱严重文物表面，拟采用脱盐纸浆进行脱盐处理，以排除石材表层过多的可溶盐，减少可溶盐的破坏作用，并有利于后期保护效果的长期保持。

脱盐采用 Westox Cocoon 排盐纸浆进行，Westox Cocoon 排盐纸浆采用医药级过滤纸制作而成，具有极高的内表面积，孔隙率、纯度高，其 pH 值为 8 左右，比重 1.1，施工简单。

具体处理步骤如下：

①现场检测（水来源种类判别、文物本体表面含盐量检测）；

②脱盐区域划定，周边及地面的保护；

③采用软毛刷或压缩空气去除表面可溶盐结晶；

④对于质地较软或基面吸水太大的部位先铺一层韧性较好的 Coocon 脱离纸巾，采用去离子水贴敷平整；

⑤采用刮灰刀将纸浆刮贴到脱盐部位，施工量 6～7 公斤／平方米，湿膜厚度 1cm 左右，防水养护 24 小时；

⑥2～6 周后小心撕掉纸巾；

⑦基层取样，分析可溶盐含量；

⑧进行二次脱盐工艺，直到基面含盐量少于 0.5% 为止；

⑨去除表面清理残留，场地清理，完成脱盐。

4. 加固（D）

对于出现表面粉化、鳞片状剥落等现象的文物需要进行表面加固与防护。

（1）加固材料要求

①具有很好的渗透性，保证材料渗透到一定的深度，将风化层与基岩结合成一个整体；

②具有一定的黏合性，即将风化层松散的颗粒有效地结合起来，达到一定的强度，但避免强度太高，形成硬壳；

③能阻止或延缓各种环境因素对岩石原有构成的侵害；

④能保证岩石的正常"呼吸"的能力（即具有能自由透过水分子的孔隙），具有憎水性和透气性；

⑤具有可再处理性，不妨碍以后作进一步的加固保护工作；

⑥材料固化的最终产物对文物体本身无副作用；

⑦具有一定时间的耐老化性和抗污染能力；

⑧在使用过程中，还应是方便的，不能有高温、高强度摩擦及其他与文物安全不相宜的操作；

⑨适应文物体所处的环境。

根据以上要求及前期现场试验，选择国产的硅酸乙酯作为此次修复工作的加固材料。

（2）表面渗透加固工作的基本要求

①对有一定孔隙率的石材有良好的渗透加固能力，至少应能渗透到未风化部分，而且加固后的力学剖面应平稳均匀，不在表层附近产生结壳现象；

②对岩石的一些重要物理特征不应产生不良影响，不形成任何会破坏岩石的含盐副产品；不应引起岩石表面颜色的变化；对人无害、对环境无污染；

③耐久性：加固效果应该具有比较长期稳定的效果，有利于石质文物的长期保存；

④可再处理性：石质文物渗透加固材料，在将来的保护修复时，应该可以去除并重新进行保护修复

操作。

5. 修补（E）

（1）裂隙填补

对石质表面发育的裂隙填补修复。对于上部不受力的地方，可以选用有一定黏接性能的材料，以填补为主；对于底部受力部位，可采用黏结强度高一点的材料，以保证黏结后的稳固。

（2）断裂石质文物的黏接

石质文物黏接加固的目的是加强文物微结构之间的接合，以及在损坏面和完好面之间的黏合，增加物体的机械强度。目前主要使用的材料是环氧树脂，环氧树脂黏结力大、抗老化性能可以达 20 年以上，在没有光照的条件下，使用寿命可达 50 年。

裂隙充填材料常用环氧树脂，一般需要掺入石子或石粉等填料，对于大块岩石，若断面受力较大，可使用夹具、锚杆或锚索等辅助材料。其中以加设锚杆为大型断裂石质文物拼合黏结最为常用的方式之一，即对断裂的石质文物进行打孔，通常选用钢筋作为锚杆插入打好的孔洞中，再对断裂面进行拼合黏接，以起到加固、强化黏接效果的作用。

为了避免金属材质的锚杆与石质文物直接接触进而产生化学反应、影响石质文物保护修复效果，操作前可对其进行预处理：先在锚杆表面用棉花或纱布等纤维材料进行包裹，既可以起到隔离作用，还可以增大表面摩擦力；之后再在其表面涂抹一层环氧树脂，起到彻底的隔绝封护作用。

然而是否需要对断裂文物进行黏结，需要对哪些断裂文物黏结，应结合馆方展出需求及专家论证意见后，在修复开展前的具体实施方案中再详细体现，并表明具体的修复操作方法。

（3）黏结加固工作的基本要求

①适当的黏性，黏结强度应小于或等于石材本体强度；

②易去除，而又不会损伤石质文物黏结面；

③满足一定的美观要求，尽量与石质文物外观协调。

④石质文物缺失的补配

石质文物由于受自然风化、人类活动和环境污染等的作用，造成表面粉化或剥落，以致残缺，进而导致其表面的文化特征，如雕刻、纹饰或文字等消失。这对文物价值具有较大影响，需要对其进行补配修复。

石质文物的补缺，须有相应依据，若根据不足，则不应进行。针对此批文物暂时未查阅到相关信息，同时考虑到文物为室内展出，保存及展览环境相对稳定，故而原则上不对缺失字迹、图案进行补配。若后续有相关资料为修补提供佐证，可结合馆方展出需求及专家论证意见后，考虑是否完成修补，同时在修复开展前的具体实施方案中体现。

补缺选用的材料，应尽可能与待修复文物一致，补缺完成后可稍加着色，使外观的色泽一致。

（5）补配修复工作的基本要求

①保持文物的历史真实性和艺术性：根据考古学证据进行石质文物的修补。在进行修补时必须对其艺术风格进行研究，与类似的石质文物对比，确保修补后能体现该文物的原有风貌，禁止凭主观想象去臆造或创造；

②最小干预原则：只在最有必要的部位进行修复，只要不影响石质文物的结构稳定性，尽可能多地保留原来形貌及结构，不得刻意修复石质文物的残缺；

③可辨识性：修复部位与原有部分应该可以"识别"，但也要进行协色处理，不能因为"可识别"的需要而破坏整体的观赏性和完整性，应该做到"远看一致、近观有别"；

④可再处理性：进行补配的修复处理，都应该充分考虑到可再处理性，即补配修复部位可以去除，而不影响和损坏石质文物的原始材料，不影响以后的再次补配修复处理；

⑤材质的协调与兼容性：补配物修复所使用的材料必须是可重复操作的、与石质文物原来制作材料相兼容的材料。石质文物原制作材料与被选材料在物

理、化学等性能上必须是相接近的，不能改变和破坏石质文物的原制作材料，不能对其造成新的破坏。

6.封护（F）

（1）石质文物的封护

结合前期现场试验结果，选择1.5%的硅丙水溶液和5%的硅酸乙酯对此批石质文物进行封护处理。采用雾化喷壶灌取1.5%硅丙水溶液在文物表层均匀喷涂第一遍，待完全干燥后，用5%硅酸乙酯在文物表层均匀喷涂第二遍。通过封护处理，确保文物不受外界污染环境损害。

（2）表面封护工作的基本要求

①防水封护处理一般应作为特例，只有在抢救性保护修复的前提下才能实施，而且应对防水封护处理的效果和安全性进行充分的评价；

②表面封护材料应有良好的水蒸气通透性；

③封护材料应具可再处理性；

④底层隔水材料应能较长时间地阻隔水的浸透；

⑤有一定的耐老化，尤其是抗紫外线的能力。

⑥砂岩材质文物不适宜采用封护操作。

7.信息留存（G）（略）

（七）每件文物保护修复步骤

保护修复步骤中，拍摄影像资料、绘制现状图及相关文字记录，填写整理保护修复资料及编写保护修复报告，属于资料提取及整理，不在保护修复步骤中体现（表一四）。

（八）风险评估及技术难点应对措施 （略）

## 八　工程量与进度安排（略）

## 九　保护修复后的保存条件建议

为确保效果，对保护修复后的石质文物保存环境条件提出建议，主要考虑对环境温湿度、大气污染物、光照及低等生物的环境控制要求。具体要求如表一五：

除上述基本要求外，另有建议如下：

1.尽可能控制减少对画像石的拓片等行为，避免外力作用对文物的伤害。

2.建立长效监测机制，随时关注其健康状况的发展，从而决定针对性方式予以解决应对。

3.定期检查文物存放空间内微生物、固体沉积物

### 表一四　文物修复步骤表

| 序号 | 藏品号 | 文物名称 | | 文物修复步骤 |
|---|---|---|---|---|
| 1 | SZ10586 | 汉金山寨墓画像石 | 铺首衔环·楼阁人物纹画像石 | B—C—D—E—F |
| 2 | | | 翼龙人物纹画像石 | B—C—D—E—F |
| 3 | | | 楼阁人物纹画像石 | B—C—D—E—F |
| 4 | | | 璧帛相交纹画像石 | B—C—D—E—（F） |
| 5 | | | 璧帛相交纹画像石 | B—C—D—E—（F） |
| 6 | | | 双面雕伏羲女娲·人物对羊纹画像石 | B—C—D—E—F |
| 7 | | | 铺首衔环·凤鸟纹墓门画像石 | B—C—D—E—（F） |
| 8 | | | 铺首衔环·凤鸟纹墓门画像石 | B—C—D—E—（F） |
| 9 | | | 璧帛相交纹画像石 | B—C—D—E—F |
| 10 | | | 双面雕鱼纹·对鹿纹画像石 | B—C—D—E—F |
| 11 | | | 石立柱 | B—C—D—E—F |
| | | | 石立柱 | B—C—D—E—F |
| 12 | | | 基石 | B—C—D—E—F |
| | | | 双面雕伏羲女娲·对羊纹画像石 | B—C—D—E—F |

表一五　文物存放环境的基本要求

| 文物种类 | 温度(℃) | 相对湿度(%) | 光照度(Lux) | 大气环境 | 生物因素 |
|---|---|---|---|---|---|
| 石质文物 | 14～24 | 40～55 | 300 | 无酸性气体、防尘 | 避免由于动物活动导致的污染与变色等现象 |

等情况，若有发现，需及时处理。

4.严格文物管理维护，制定专业技术人员负责制。

# 一〇　文物保护修复中的安全措施

## （一）环境安全

（1）在操作过程中，凡涉及使用化学试剂的情况，力求项目实施过程中所用的化学试剂对人体危害最小，一定要在具有良好通风的环境中进行。使用的化学试剂尽量回收利用，对于无法再利用的，经处理后再排放，对环境的危害应降到极小。

（2）减少污水排放，保护修复过程中产生的废弃溶液，要集中收集，按照国家标准统一处理排放；保护过程中所产生气体，通过排气系统进入空气，减少对环境的影响。确保保护修复工作场所的空气质量要符合现行国家标准 GB/T 18883-2002 的有关规定，保护修复操作过程中排放的污水符合现行国家标准 GB/T 8978-1996。

（3）修复组员工应严格遵守规定，严格要求自己、维护修复场地环境整洁干净，并时刻维护修复环境。

## （二）人员安全

（1）保护修复中会使用到一些对人体有毒有害试剂，相关人员要做好防护措施，如穿着防护服，佩戴防护镜，带防护手套，操作尽量在通风橱柜中进行。

（2）使用修复工具特别是电动工具时，应参照使用说明规范操作，避免对人员及器物造成伤害。

## （三）文物安全

（1）选择具备与文物等级相适应的风险防范等级的场所进行修复保护。工作现场应安装监控设备，同时具备相应的灭火设备（不同规格的灭火器、消防沙坑、消防用水等）。

（2）建立完善的文物出入库制度，文物提取和保护修复过程中严格遵守相关的规章制度。在保护修复过程中非工作人员禁止进入修复室，修复室与库房均要有安防监控设备，并安排专人负责文物的安全工作。

（3）严格挑选项目实施人员，确保修复保护过程中的安全。

（4）建立安全责任制，责任落实到人。保护修复工作开始之前，清理工作台上及工作间无关物品，以免造成工作人员意外跌伤损坏文物。保护修复工作结束离开实验室前，检查水电是否已经关闭。确保文物在保护修复过程中，无安全隐患。

（5）文物移动、搬运过程中，严格控制码放层数，留意周边环境避免磕碰；借助工具进行搬运时，应对文物加以固定避免滑落，同时控制工具行进速度以减少对文物产生的振动，全面确保运输过程中的安全。

# 一一　经费预算（略）

# 县域视野下的大运河通济渠泗县段
# 保护利用探究

张　甦（安徽大学历史学院）

中国大运河是重要的线性文化遗产，蕴含了丰富的政治、经济、历史和文化价值，是祖先留下的宝贵遗产。大运河通济渠泗县段是隋唐大运河通济渠段为数不多的有水河道之一，也是安徽省唯一一段活水遗存段，2014 年被列为大运河世界文化遗产段之一。

目前大运河通济渠泗县段运河原始风貌基本保存完好，对于隋唐大运河通济渠的研究方面具有突出的历史文化价值。但在县域层面，大运河遗产的研究尚未形成科学系统的管理制度，大运河文化遗产亟待加强管理与保护，以使运河文化遗产发挥重要的社会与经

大运河泗县段

大运河泗县段

济价值，如何从县域层面做好运河文化遗产的保护传承，切实有效地加强对运河文化价值的挖掘利用，是大运河文化遗产管护工作的一个值得探索和思考的重要内容。

## 一  大运河通济渠泗县段遗产概述

大运河通济渠泗县段是大运河通济渠安徽段的核心区域，目前，大运河通济渠在安徽省境内的长度约为180公里，自河南省商丘市流入安徽省淮北市、宿州市，进入江苏省宿迁市泗洪县。2014年，大运河通济渠安徽段仅有淮北柳孜运河码头遗址和大运河通济渠泗县段被列入到世界文化遗产名录中。由于历史原因，安徽境内仅有大运河通济渠泗县段还有一段有水河道遗存，其余尽皆湮没。

大运河通济渠泗县段位于安徽省东北部，地处苏皖两省四县交界地带，与江苏省徐州市、宿迁市接壤，北邻徐州，东接淮扬，是皖东北的门户城市。泗县境内水系发达，新濉河、新汴河、唐河、石梁河贯穿县域，其上可达河南商丘、江苏徐州，下可通江苏洪泽湖水域，是连接江淮的重要交通要道。

目前，大运河通济渠泗县段至今仍有有水河道约47公里，其中运河原始故道28公里，依然保持着较为原始的历史风貌，经过一千多年的历史变迁，其河道仍然流淌贯通，在隋唐大运河通济渠段具有十分突出的历史文化价值。其中，自泗县广播电视台向东至与新濉河交汇处的约5.8公里河段，于2014年6月22日被联合国教科文组织列为大运河世界文化遗产段之一。

## 二  大运河通济渠泗县段价值

大运河作为我国古代连接南北的交通大动脉，是各种物资和漕粮转运的水上交通要道，曾发挥着极其重要的社会经济功能，同时也在军事运输、社会人文交流等方面发挥着重要的作用。随着大运河通济渠运输功能的逐渐丧失和现代化社会多种交通运输方式的不断发展，大运河通济渠泗县段的原始功能已基本不复存在，但随着历史的发展演变，其依然发挥着水利灌溉、生产生活、城市休闲等各种现代化功能。通过大运河通济渠泗县段文化遗产资源现状的调查和考古发掘资料的分析，充分证实了大运河通济渠泗县段的文化遗产价值内涵，其在历史、文化、社会和经济方面都具有十分突出的价值意义。

### （一）历史价值

大运河通济渠所处的泗州地区，作为运河与淮河的交汇所在，是我国古代运河运输经贸往来的一个节点城市。尤其是唐宋时期，大运河通济渠泗县段长期成为军事物资要地，成为转运江南物资，控驭中原的关键之所，围绕大运河通济渠泗县段所处地区的政治、经济、军事等重要活动屡见不鲜。

通过对大运河通济渠泗县段考古发掘成果的分析，对于通济渠河道原始面貌、线路流径等方面也具有突出价值。由于我国古代政治、经济重心的转移，大运河通济渠于南宋时期逐渐废弃湮没，及至今日，仅存大运河通济渠郑州段和大运河通济渠泗县段部分河道尚存。对于大运河通济渠段的历史研究，限于现实状况，诸多学术问题长期悬而未决，包括大运河通济渠的河道走向、河道疏浚维护和河道建构等情况。而通过历年来对大运河通济渠泗县段进行重点考古发掘和考古勘探的情况，现已基本摸清了泗县运河河道的走向和河床、河堤、河岸的具体范围，证实了大运河通济渠泗县段遗产的完整性、真实性和历史性。尤其是对大运河通济渠泗县段邓庄遗址的发掘，揭露了较为完整的运河堤岸面，发现了大量的人为运河开凿活动痕迹，更重要的是发现了宋代北河坡脚印痕、南河坡擦痕等遗迹，在全国均属首次发现[1]。而前后两次对大运河通济渠泗县段刘圩遗址的考古发掘，揭示出较为完整的唐宋运河北堤，根据对河底遗物的分析，证明该段运河开挖于唐代，至北宋时继续使用。北宋以后，该段河道逐渐淤塞，尤其是河床北部淤塞严重，至明清时期，古运河宽度已缩减至与今现存的运河河道宽度基本相等[2]。其后的大运河通济渠泗县段朱桥、曹苗遗址的考古发掘，文化内涵情况也较为类似，对了解整个运河的形制、规格、分布及其内涵有着不可替代的考古意义，也为进一步探索隋唐大运河河道开凿、疏浚、漕运及运河社会史等方面提供了关键性证据。

大运河通济渠泗县段的考古发掘，也为大运河通济渠的流经线路走向提供了重要考古证据。由于历史原因，北宋灭亡后，淮河以北地区基本沦为金国统治范围，大运河通济渠沟通南北的漕运功能逐渐丧失，致使其在南宋初期便已基本湮没废弃。由于历史上关于大运河通济渠的记载史料繁多，莫衷一是，其河道走向一度存在争议，主要路线观点有阎文儒认为开封以东存在两条汴河，自汴州至商丘后分为南北二道，北道经相县故城和萧县城南，经彭城入泗水；南道从商丘取道古蕲水入淮河[3]。邹逸麟考证通济渠下游经夏邑、永城、宿县、灵璧。东经泗县段北，泗洪县折而南流经临淮城，于盱眙对岸入淮[4]。通过大运河通济渠泗县段的考古发掘，再次证实了通济渠是穿过安徽的宿州、泗县流入盱眙的[5]，进一步佐证了通济渠的线路流向。大运河通济渠泗县段的考古发掘不仅揭示了隋唐大运河河道的原始的完整面貌，也对研究通济渠的历史发展和演变，提供了大量基础资料，具有十分重要的历史价值。

### （二）文化价值

大运河沿线蕴含了大量的文物古迹和非物质文化遗产，极大地促进了我国古代各地域之间文化的交流融合，是我国悠久历史文明和民族文化发展、融合和形成的重要载体。通过大运河的开凿，打破了我国早期各区域之间的交通闭塞的封闭局面，有力推动了我国国家大一统局面的形成，对各地域间人文交流往来产生了直接性的积极影响。此外，大运河的水运往来也使得各区域之间的风俗人情、语言文字、手工技艺等得以源源不断的进行输送、交流、互鉴，对于我国早期地域的开发和城市发展具有十分显著的价值作用。大运河通济渠泗县段沿线遗产数量较多，遗产类型也比较为丰富，经过一千多年的开发利用，以运河为纽带而衍生的泗县漕运文化、农耕文化、饮食文化、民俗文化、戏曲文化等独具特色的地方运河文化。

大运河通济渠泗县段河道的原始性、完整性是其最具文化价值的充分展示，其运河沿线尚保存有宋代的释迦寺大殿、文庙大成殿、山西会馆、东八里桥、十里井等物质文化遗存，包含了桥梁、庙宇等诸多运河遗迹遗存，充分反映了大运河通济渠泗县段沿线的水运繁华。如泗县释迦寺，其始建于北宋英宗年间，原名寿圣寺，据宋代史书记载，寿圣寺原为宋英宗纪念其父仁宗皇帝而建，在当时地全国重要地方均敕旨造庙[6]，泗县的释迦寺前身应该与之相关。而在泗州地区具有广泛影响的僧伽大师，后来发展成为泗州大佛信仰，更是影响广泛，众多文人墨客沿运河而上，对其进行膜拜，亦可见当时泗州地区的重要城市影响。此寺后经明太祖赐名释迦寺，成为我国历史上为数不多以释迦牟尼命名的寺庙之一。释迦寺的发展演变也是泗县地区运河城市宗教文化发展的一大重要体现，大运河为其传播提供了重要的交通便利。此外，文庙大成殿、山西会馆均位于大运河通济渠泗县段岸边，深受运河路径的影响，对泗州儒家文化、商贸文化的发展和形成起到了积极的作用。大运河通济渠泗县段所孕育的地方特色文化，成为研究运河历史文化的重要切口，蕴含了独具特色的江淮运河文化内涵，运河文化价值凸显。

### （三）社会价值

大运河遗址作为一种开放型的线性文化遗产，通过对遗产的保护利用展示，其社会公共文化服务功能也得到了较好发挥。近年来，大运河通济渠泗县段通过系列建设，主要是在运河沿线以建设遗址公园和公共文化场馆的形式进行保护利用，在立足文化遗产的保护与利用，以遗址公园和博物馆式的开发管理模式进行建设，使运河自然生态、人文景观、文化内涵与社会主义国家教育等进行有机融合，提升区域人民的文化水平和素养。由于大运河通济渠泗县段沟通着县域内众多的河湖水系，与农田、城镇、乡村相关联，运河沿线众多村镇因河而兴，两岸居民依河而居，形成了滨河开放的地域空间形态，积淀出各具地域文化特色的水域生态空间。其自身既具有丰富文化内涵，也兼具着自然生态的双重属性，通过运河公园的社会公共服务功能的发挥，使得运河公园的文化和公园有

机融合统一的建设特点，构建打造一种生态游憩网络空间，有利于修复生态环境，保护文化遗产，增进居民在游憩过程中的参与感和获得感[7]。通过大运河通济渠泗县段文化遗产社会价值和功能的发挥利用，让广大居民在运河文化体验与日常休闲的空间中提升文化品位，在日常的休闲游乐中，感知文化、了解文化、品味文化，使得大运河泗县段公共文化服务功能得到充分发挥和利用。

大运河文化遗产的保护利用是我国新时代自然文化遗产资源保护和开发的创新举措，其以文化为核心要素，以文化产业、文化旅游融合、文化科技融合为主体的跨域融合发展[8]。大运河作为我国历史上重要的经济和交通命脉，其主要功能是在历史上长期发挥着漕粮物资运输的作用，其自身所发挥的经济价值，赋予了运河更为现实的价值内涵。在经济变革的今天，大运河通济渠泗县段的实用功能日渐削弱，而其自身所蕴含的产业价值依旧比较突出，通过大运河文化遗产保护利用建设，可以较好地推动其产业价值的发挥。大运河文化遗产自身所蕴含的文化属性和价值，对于城市形象的提升将产生重要的影响，通过创建泗县运河城市品牌，凝聚城市文化内涵，助推城市文化软实力提升建设等，可以发挥重要的文化产业功能。一方面，大运河通济渠泗县段文化遗产保护利用建设对于泗县文明城市、园林城市的创建都有着直接性的作用，文化遗产的有效保护利用是城市创建的重要指标和内容，其对城市文化产业的建设有着直接性的影响。另一方面，在大运河通济渠泗县段文化遗产保护利用建设过程中，可以提升城市品牌形象和影响力，营造舒适良好的城市环境，对于城市的招商引资、生态文明建设、乡村振兴建设都有着积极的辐射效应，文化氛围和内涵是城市发展前进的无形资产。此外，在大运河通济渠泗县段遗产保护利用过程中，依据文旅融合的建设原则，鼓励对遗址的延伸拓展利用，以其为纽带，发展休闲旅游、民宿餐饮、水上娱乐、非遗展演等一系列项目，通过大运河国家文化公园

的建设探索，实施跨地域空间的文化遗产保护和开发，带动文化、生态、经济和社会四个方面协同发展[9]，其所衍生的文化产业链条将是城市绿色发展的一个重要引擎。

## 三 大运河通济渠泗县段保护利用存在问题与不足

大运河通济渠泗县段历史文化价值较为突出，泗县积极探索打造县域大运河文化建设模式，着力创建县域运河城市的品牌。近年来，其地方政府进行了大量的建设性投入，但对于县域运河遗产的有效保护和利用的长效性和持续性而言，还存在着诸多现实困难。如何正确地处理遗产保护与文化传承、社会经济发展之间的关系，是一项非常重要的工作[10]。

### （一）本体保护有待加强

大运河通济渠泗县段呈东西方向的线性走势，基本横穿泗县县域境内，沿线村庄密集，农田、水利和城市建设较多，由于沿岸居民长期沿河而居，运河段的生产生活功能较为凸显，给运河遗产本体环境保护带来了诸多困难。一是，大运河通济渠泗县段岸线许多桥梁、涵闸老旧破损情况较多，对运河本土风貌

环境和安全产生一定影响；二是大运河通济渠泗县段河道沿线植被杂乱，各所属镇村对运河堤坡岸线的管护标准不一，出现较多的在运河岸边补植景观树木的现象，而大运河通济渠泗县郊野河段被沿线居民开辟为菜园和种植农作物现象比较普遍；三是运河沿线居民随意丢弃垃圾，日常生产生活污水和关联河道污水均直接排入河道，造成河道局部积淤，水面漂浮物污染严重的情况时有发生，运河水体富营养现象比较突出，整体水质较差。另外，大运河通济渠泗县段两侧缺乏完善的市政基础设施，沿河电力设施、宣传广告牌等时有分布，对大运河文化遗产整体风貌都有影响。虽然，大运河泗县段河道进行了初步的治理，一定程度上提升了运河的本体环境，但运河自然生态环境仍未能得到根本性的改善，这些不良现象对泗县运河生态自然景观的维护都产生了诸多负面影响，运河遗产本体环境有待持续维护和提升加强。

### （二）文化内涵价值挖掘不深入

由于受泗县县域条件下各种因素条件的制约，在大运河通济渠泗县段文化遗产保护利用工作的开展过程中，对大运河文化价值总体发掘不深入、不系统，大运河通济渠泗县段的历史价值和文化价值没有得到深入的研究和展示，尤其是大运河通济渠泗县段进行

大运河泗县段

众多的考古发掘工作，取得了一系列发掘成果，目前都没有有效的进行研究和利用。在大运河通济渠泗县段保护展示、泗县运河小镇、大运河通济渠泗县段国家文化公园等相关规划建设中，往往重视常规性的基础设施建设，而缺乏对泗县县域下的运河地域文化的独特性和价值性进行深入思考和展示利用，各建设项目之间关联性、系统性结合不够密切，缺乏统一性和协调性，致使诸多实施项目各自开展，融合衔接不充分，甚至出现规划设计和建设重复的情况。在大运河文化遗产保护利用工作开展过程中，由于缺乏系统深入的文化内涵价值挖掘与研究，对大运河通济渠泗县段沿线古井、文物建筑、水工设施等众多的文化遗产点基本处于一种闲置和荒弃的状态，其所蕴含的历史文化价值不仅未得到利用，而且盲目的规划建设和粗放式的保护利用，局限于简单复制某些地方的运河文化景观，这些对于大运河通济渠泗县段文化价值的挖掘利用都会造成一种不良影响。大运河文化带建设是一项系统文化工程，涉及多个领域和区域，需要因地制宜，实事求是[11]。对于大运河通济渠泗县段文化资源的把握认知和合理利用方面，还存在文化资源利用模式较为单一，文化遗产活化利用水平不高，文化遗产整体利用水平较低等突出问题。

### （三）专业文旅人才短缺

泗县受经济因素制约，城市发展相对落后，在县级层面，对大运河遗产保护利用建设的人力和智力方面的投入十分有限，在运河文化遗产建设工作密切相关的文物、旅游、规划等人才队伍建设方面存在较多不足，与泗县运河城市的创建目标存在较大差距，给运河保护传承利用工作的开展带来了严重制约。同时，在运河文化遗产的保护与利用方面，对如何开展文化遗产的保护利用难以提出专业性的意见建议，也对各级大运河相关规划及政策方针把握不深入，理解不透彻，使得泗县运河文化价值内涵得不到较好挖掘，对运河文化遗产保护利用工作的开展带来诸多影响。

目前，大运河泗县段文化遗产保护利用工作至今未建立完善的人才队伍，宣传、发改和文旅部门人员严重短缺，基本上未有能够从事运河文化遗产保护利用工作的专业性人才。大运河通济渠泗县段文化遗产保护利用工作的开展还停留在勉强开展基本工作的层面，对于其文化遗产保护利用的研究、规划、调查等众多基础工作因人力、物力、财力等原因，至今尚未有效开展。

## 四 大运河通济渠泗县段保护利用策略

大运河文化遗产保护传承利用是一项任重道远的重大工程，作为县域层面而言，自身力量比较局限，难以行之有效的开展工作，只有立足县域实际情况，借助多方力量，在体制机制、建设规划、人力资源和宣传管理方面进行探索，建立县域文化遗产的保护传承利用模式。

### （一）立足运河文化遗产本体保护，制定运河文化遗产管护方案

大运河文化遗产是线性的大型文化遗产，其管护具有较高的难度和复杂性，容易遭受人为和自然多重因素的影响。对于大运河通济渠泗县段文化遗产的保护利用，要始终坚持以文物本体的保护为前提，严格控制遗产保护区和建设控制区域的保护工作，遵守相关法律法规，绝不能进行破坏式的开发性建设。

大运河是线性的文化遗产，其遗产构成和保护分区较为复杂，遗产构成方面主要由河道、河堤、附属遗迹、相关遗存等，保护区域主要划定为保护范围、建设控制地带等。对于大运河文化遗产的保护工作，不宜简单的采取"一刀切"的管护模式进行，而是要根据遗产现状情况制定分段分类分区的管护方案。大运河通济渠泗县段岸线长度较长，根据其文化遗产现状情况特点，主要有大运河通济渠泗县运河故道段、运河地下遗址段、世界文化遗产段、与新濉河重合的运河延伸段。大运河通济渠泗县运河故道段即泗县唐河口至西环城河的河段，该段河道沿线村庄分布普遍，人口较为密集，河道生态环境相对一般。对于该

段的河道管护，其目标是维持运河的生产生活功能，在按照相关文物法律法规要求，做好运河遗址保护的同时，结合泗县乡村振兴和生态环境提升建设等工作，持续开展运河水体治理和堤岸环境的提升。对于大运河通济渠泗县运河地下遗址段，由于其位于城市道路之下，维持好原状，如后期涉及建设性行为，应及时做好考古勘探，并制定好相应的保护措施。大运河通济渠泗县世界文化遗产段，其基本保持了隋唐大运河通济渠的原始风貌，文化遗产现状保存完好，且其位于泗县城市核心区域，该段需结合泗县开展的运河遗址保护展示、运河国家文化公园等建设，重点进行运河文化遗产的保护与利用工作，充分挖掘展示大运河通济渠泗县段的自然风貌和历史文化内涵。在大运河通济渠泗县段与新濉河重合的延伸河段，虽然其文物遗迹基本未有保持，但其河道宽阔，自然生态环境保存较好，仍应按照文物保护要求做好遗产管护，并在满足新濉河河道功能的要求下，策划和开展相关的运河水上休闲娱乐项目。

大运河是我国重要的文物保护单位，同时也是重要的文化遗产。从文物角度，其保护区域分为保护范围和建设控制地带，并受相关文物法律的保护。对于大运河通济渠泗县段文化遗产，在其保护范围内，都需要严格按照文物法律法规要求进行保护。一方面要严控运河文化遗产保护范围的建设性行为，禁止进行房屋建设，确保遗产的完整性。而对于大运河通济渠泗县长沟老街和城市建城区域中因历史原因而造成占压河堤的建筑，要分段制定负面清单管控方案，结合老旧街区城区改造项目，有序清理占压运河本体的构筑物。对于运河河岸危旧桥梁、涵闸等交通水利设施，做好详细的统计调查和评估工作，在满足基本的生产生活的条件下，尽可能地进行拆并或集中，编制提升改造方案向国家文物局进行报批。对于大运河通济渠泗县段建设控制地带区域，尽量建设建设性规划，属于基本农田的，做好管理与保护。对于泗县城镇及近郊区大运河沿岸非基本农田区域范围，可以实施防护林带建设，以生态护岸林和城镇生态绿地等建设模式为主，生态护岸林主要在地形改造、驳岸整理的基础上，营建由乔木、灌木、多年生被和水生植物组成的植被带，沿岸森林修复选择耐水湿、枝条繁茂的植物。在城市及乡镇的重要节点，在确保生态功能发挥的基础上，结合慢行道路体系，营造近自然生态效果的城镇生态绿地，增强城市公共服务功能。

## （二）加强运河文化遗产资源梳理与内涵挖掘研究

文化遗产资源的挖掘与利用是大运河文化保护利用建设工作的核心，通过对各类资源的系统性归纳与梳理，综合发挥文化资源的价值，才可以真正做到文化遗产的活化传承与利用。对于大运河通济渠泗县段文化遗产保护利用相关规划和建设，要充分利用其各类文化遗产资源，深入研究其文化遗产的历史、文化和社会价值，把握好其核心建设内容。

对于大运河通济渠泗县段沿线各类文化资源的综合性利用。首先，要对其文化遗产区域范围内的各类资源的调查统计，逐一进行系统归纳，分析其与运河遗产的关联性，对于不同类型的文化资源的展示利用要把握其适用性和协调性。对于大运河通济渠泗县段文化遗产保护利用建设内涵的认识，既要立足于泗县地域文化特色，还应该注重其与大运河通济渠安徽段和隋唐大运河通济渠段的整体关系，如对文物资源的利用，宜对安徽运河沿线重要的柳孜运河码头遗址、埇桥遗址、宋代码头遗址、张氏园亭遗址、花石纲遗址等文物遗存元素的展示，而非单一的展现泗县运河地域文化，做好与上下游运河沿线城市文化建设的有机衔接与融合，打造具有国家文化水平、安徽省域文化内涵、泗县地域文化特色的综合性的生态文化体验性的大遗址保护展示。最后，泗县要充分利用大运河通济渠泗县段考古发掘的系列成果进行文化遗产价值阐释、展示和利用。对于大运河通济渠泗县段遗址出土的众多文物，除在泗县博物馆进行陈列展示以外，还应积极发掘文物的价值内涵，组织专家学者进行研究，出版系列专项研究成果。

大运河泗县段

运河文化遗产具有丰富的自然风貌，同时，其自身所富含的历史、文化、社会价值，更是展现了文化遗产的持续的生命力，通过提炼运河文化遗产的价值内涵，深入展示其遗产特色，是大运河文化遗产保护利用工作的基本路径。大运河通济渠泗县段作为隋唐大运河通济渠段唯一一段"活态"的运河遗址，其至今保存着较为完好的隋唐大运河通济渠段的原有风貌，即是其最突出的价值特色所在。通过历史文献资料的挖掘，结合其考古发掘成果，进一步梳理出大运河通济渠泗县段的历史发展与演变，通过对宿州、泗州城市文化的研究及运河对其所产生的历史影响，总结其运河城市的文化内涵。泗县作为皖东北的门户城市，毗邻江淮，在隋唐以后，因运河水利交通的大规模应用，在江淮和中原地区的沟通方面，起到连接点的重要作用，形成了其特殊的兼具江淮文化特征的古泗州地域文化。其具体文化内涵主要有运河农耕文化、商贸文化、饮食文化、民俗文化等诸多地域特征。

**（三）探索建立运河文旅人才交流培养模式，制定专项人才引进政策**

文旅人才培养是大运河文化遗产保护利用工作持续开展的又一重要支撑，要通过多渠道、多途径开展大运河遗产文化保护利用专业化文旅人才的培养工作。

大运河通济渠泗县段文化遗产保护利用文旅人才培养工作要注重借助高校和科研院所的人力资源，开展以校地合作等多样化形式的研究合作。如联合安徽省社科院、省文物考古研究所、安徽大学、淮北师范大学等专业研究机构以课题研究形式进行文物和文化领域的专题研究和合作，积极开展校地、院地等项目合作，人才交流培养机制，为大运河通济渠泗县段文化保护传承利用工作不断开拓人才智力资源。同时，积极拓展联络渠道，与大运河沿线工作开展较好的江苏省、浙江省、山东省等发达地区进行工作交流，如积极联系扬州大学、聊城大学、浙江大学等运河沿线运河研究机构，建立常态化的工作调研、交流研讨、挂职学习、专业培训等专项学习培训机制，学习借鉴大运河沿线地区成熟的工作方法和工作经验。

文旅工作专业性较强，专业人才培养难度大，周期长。对于常态化、持续性的运河文化遗产保护利用工作而言，泗县目前的文旅队伍基本难以满足日常工作的开展，制定出台泗县专业性文旅人才引进政策，是其工作开展的一项重要保障。一是及时摸排泗县文旅机构人员空编空岗情况，面向社会进行专业人才引进，简化招聘入编程序，给予人才引进津贴补助和提供人才公寓，在政策允许的条件下，优化进行职称评审和认定。二是建立泗县文旅人才工作室，提供专业性的实践基地和研究中心，可以利用泗县运河小镇中的运河文化艺术街区，建设泗县文旅建设研发中心，在相关的文旅工作开展、文

创产品研发、文旅项目调研等方面给予充分的政策、资金和场地保障。

## 五 结 语

大运河文化保护传承利用工作是一项长期而复杂的建设任务，在大运河通济渠泗县段文化遗产的研究发掘过程中，不仅需要借助国家宏观性的战略规划，同时也需要形成独具特色的地域发展模式。对于县域视角下的大运河通济渠泗县段文化遗产的保护传承，在制度建设、发展规划、保护宣传等方面探索一套适用模式，科学有效持续地推动运河文化遗产的合理利用。在做好运河文化遗产保护利用的同时，把握好与县域经济发展的协调融合，塑造具有安徽特色的泗县县域运河城市品牌。

### 注释

[1] 安徽省文物考古研究所、泗县文物局等：《泗县、灵璧段运河考古发掘报告》，北京：科学出版社，2018年，第147页。

[2] 朔知、赵卫东等：《安徽泗县刘圩汴河故道遗址的第二次发掘》，《中国国家博物馆馆刊》2014年第12期。

[3] 阎文儒：《隋唐汴河考》，辽海引年集编委会：《辽海引年集》，北京：北京和记印书馆，1947年，第374页。

[4] 邹逸麟：《椿庐史地论稿》，天津：天津古籍出版社，2005年，第85页。

[5] 贾庆元、任一龙等：《安徽泗县刘圩汴河故道遗址发掘简报》，《东南文化》2011年第5期。

[6] 李治中：《来自高柴的寿圣寺文化现象》，《文化学刊》

2011年第4期。

[7] 王甫园、邓昭明、王开泳、王芳、郑鑫：《大运河国家文化公园生态游憩网络建设构想》，《中国旅游报》2021年2月3日003版。

[8] 付瑞红：《国家文化公园建设的"文化＋"产业融合政策创新研究》，《经济问题》2021年第4期。

[9] 王健、王明德、孙煜：《大运河国家文化公园建设的理论与实践》，《江南大学学报(人文社会科学版)》，2019年第18卷第5期。

[10] 姜师立：《论大运河文化带建设的意义、构想与路径》，《中国名城》2017年第10期。

[11] 王广禄：《系统推进大运河文化带建设》，《中国社会科学报》2017年12月29日第1版。

# 隋唐大运河考古地层剖面揭取原状陈列

高　雷（宿州市博物馆）

中国大运河形成于隋代，成为全国性的人工运河体系，其中，通济渠是最为重要的一段，她沟通了政治文化中心和经济中心，确保了封建社会繁荣发展的粮食安全和物资流通畅通，是中国封建社会鼎盛时期至关重要的交通运输通道。她是漕运之道、物资商贸通道、人员往来要道，也是文化交流之道。大运河通济渠充分反映了中国古代劳动人民的智慧和改造利用自然的能力，为隋、唐、宋的文明，恢恢大唐的繁盛气象和北宋的经济繁荣提供独特的见证。

中国大运河宿州段属于隋唐大运河通济渠其中重要的一段，横穿宿州市埇桥区、灵璧县、泗县，穿越一个市区、两个县城，高速公路、城市主干道等基本建设不可避免地横跨大运河，必须先行考古，因此宿州市是进行大运河考古最多的地方，先后进行了17次发掘。2006年宿州城区西关的发掘即揭示了完整的运河河床剖面，但由于场地限制，河堤无法进行发掘。此后的发掘，由于周围公路、房屋占压等场地限制，一直未能完整地揭示两岸的河堤，也就是说没有一个包括两岸河堤的完整运河剖面被揭露展示出来。直到灵璧县凤山大道隋唐大运河遗址的发掘（图一），其发掘区周围没有大的道路，有条件揭示两岸的河堤。该发掘自2021年8月18日至2022年1月18日，由安徽省文物考古研究所研究馆员陈超领队，考古发掘揭示河道宽45.6米，运河总宽度约66米，两岸河堤保存完整，北河堤顶宽9.7米，南河堤顶宽10.7米，有人工堆筑的痕迹。重要发现有完整的河道、河坡、两岸河堤，木岸狭河遗迹、船底摩擦河底痕迹、脚印等重要遗迹以及大量文物。其地层堆积清楚，可以完整展示隋朝至明清时期大运河遗址的历史变迁过程，是一处不可多得的运河遗址断面。该考古发掘被评选为"2020～2021年安徽十大考古新发现"。

适逢宿州市博物馆"汴水咽喉"展厅展陈提升，如揭取该考古地层剖面进行原状展示将会成为一处亮点，可以使观众犹如身临考古现场，直面千年运河。我馆分别向馆理事会、市文旅局党组和省文物局文物保护处汇报，得到同意和许可后，与省考古所和灵璧县政府、县文旅局进行沟通协调，取得支持，使揭取展示项目得以进行。我馆三楼走廊有53米长，适宜展示该剖面，且53米长足展示以包括河道、河坡和两岸的部分河堤，因此揭取考古剖面53米长，高约4米。通过公开招标，由具有相应业绩案例的专业

图一　灵璧县凤山大道隋唐大运河遗址考古发掘现场

公司具体实施。剖面揭取的方案，经过比选，决定采用专用的地层剥离剂对剖面进行整体提取，该方法操作简便，后续处理难度小，且能提供清晰的剖面地层信息，有多次的成功案例，是当前比较成熟的一套方案。

## 一　具体揭取操作分以下几步流程：

### 1. 基本信息记录

剖面揭取之前需要对剖面地层及周边地形地貌等信息进行全景记录，便于后期资料整理和信息追溯。同时，对剖面的地质结构进行查勘，可能发生坍塌的部位需要提前做好应对措施并准备相应的安全应急预案。以上工作完成后，根据剖面的具体情况，划定作业范围及人员进出通道等。

### 2. 剖面准备

信息采集完成之后，即可进行剖面的准备。待提取的剖面需尽量修整至平整，突出部位需铲掉，以方便后续提取作业的进行。

### 3. 剖面提取

剖面提取使用地层剥离剂进行涂刷（图二），待其渗透一段时间后，用纱布贴合作为骨架（图三）。一般需使用至少两层纱布，以保证剖面提取物具备足够高的强度。地层剥离剂固化需要较长时间，故涂刷完成并贴合好纱布后，需放置过夜，待其彻底固化。

图二　涂刷地层剥离剂

图四　剖面提取物的揭取

图五　剖面提取物的清洗

图六　晾晒

图三　贴附纱布

固化完成后进行揭取（图四），揭取操作是将剖面提取物与原生土体进行分离。一般根据地层包含物的尺寸大小，保留几厘米厚的土层与提取物一并揭下，以尽可能地保留地层中所包含的各种遗存。剖面提取物为柔性，可以卷起来进行运输至临时存放的场所。

#### 4. 剖面清洗及晾晒

剖面运输至存放场地后，进行清洗（图五）。用清水将未被地层剥离剂渗透的泥土冲洗掉，仅留下黏附在提取物上的部分。

清洗完成后需要立即进行晾晒（图六），使剖面

图七　剖面的修复

提取物干燥，以防止水分过高发生霉变等损害。

#### 5. 修复装裱

剖面干燥完成后即可进行修复装裱。首先对剖面上缺失的部分进行修补（图七），根据地层不同，使

用不同的材料补齐。对划分成块的剖面，则需要对接缝处也进行处理。

修复完成后将剖面提取物使用胶合剂粘贴在背板上进行永久性固定（图八）。背板一般选择木工板，黏合剂则较多使用环氧树脂黏合剂。

装裱完成后，检查整个剖面，确认无缺损及颜色异常等情况后，进行表面封护。一般使用丙烯酸树脂B72作为封护试剂，其稳定性好，透明度高，对展示效果无不利影响。

装裱完成后即可根据具体情况作展陈准备。

### 6. 剖面安装

前述剖面准备完成后，运输至展示所在区域，将剖面竖立并贴紧墙面，进行固定（图九、图一〇）。剖面安装需按照前期采集信息进行核对，确认无误。整体安装完成后，对空白部分进行填充（图一一），可选择纯色布或者贴纸，也可选择以绘画方式进行填补。整体效果可根据实际需求进行调整。

## 二 展陈配套

### 1. 基础装饰和护栏

根据展陈环境，对剖面落底部分的木工板进行粉刷，对剖面与顶和两侧墙面进行收边处理，使其自然过渡、更美观。考虑到安全和展示需要，加装玻璃护栏。

### 2. 灯光

整个剖面53米长、4米高，需要设置多层灯光，考虑到对剖面的保护，需要无紫外光、低照度、低色温的光源，选取了符合条件的LED光源射灯和无主灯带，分三层洗墙光，并进行多次调试，使光照柔和、均匀、清晰。

### 3. 标识系统

按照考古资料，对剖面展示的名称"大运河宿州段考古剖面揭取展示"、剖面的地层线、地层号、各层时代、各遗迹名称及大运河各结构等进行标识，按统一的标识系统进行设计制作。

图八 剖面的装裱

图九 剖面的安装

### 4. 展板

此剖面的展示，处在连接"汴水咽喉"展厅的走廊上，扩展了"汴水咽喉"的展现，又是大运河宿州段考古的生动直观体现。因此，在改陈中，将大运河考古"运河重现"的内容合并在走廊上展示，通过丝

图一〇　剖面的安装

图一一　剖面的修补与封护

网印刷或透明贴膜等形式制作展板放置在护栏的玻璃上，大运河考古剖面的两侧下部均为生土层，这样，互相也不会有影响，互为补充，相得益彰。

### 5. 辅助展品

护栏内有约80厘米的空间，可以放置必要的展品，便于观众更好地了解大运河，比如，木岸狭河遗迹处（由于木桩较大，没有粘在剖面上揭取），在前面放置考古出土的木桩，辅以展板，观众就能更好地理解木岸狭河的作用；适当地在文化层上粘贴相对应时代的出土陶瓷片；将出土的灵璧石固定在宋代地层上，可以拓展观众对灵璧石收藏历史的认知，同时，以此线索，展板可以延伸展示灵璧大运河花石纲

图一二　剖面展示效果

图一三　剖面展示效果（局部）

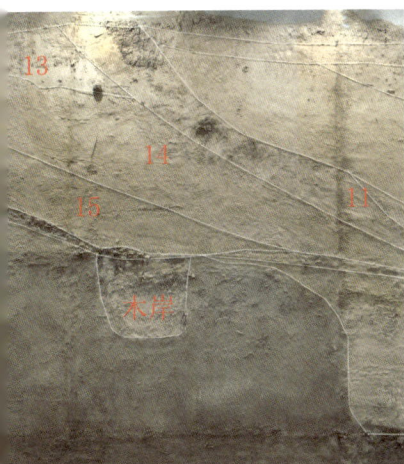

遗迹和张氏园亭的内容，丰富展览内容（图一二、图一三）。

该剖面的揭取展示，保持了遗迹的真实性和完整性，展示了大运河通济渠两岸河堤及河道，可以完整地体现运河开凿、使用、淤塞、清淤及废弃的全过程。从目前考古遗迹展示和大运河展览来看，此剖面展示堪称中国之最。

此项目的实施是一次文物保护与展览展示相结合的有益探索，它成功地拓展了博物馆的展示内容，将不可移动文物通过科技手段迁移到馆内展示，使观众有机会在博物馆馆内感受考古，一眼千年。

考古和揭取现场图片资料分别由省考古所领队陈超、浙江原力文物保护科技有限公司提供，在此致谢！

# 浅谈新时代文物保护工作方针
## ——以埇桥区为例

朱　君　李鲲鹏（埇桥区文物保护管理服务中心）

党的十八大以来，以习近平同志为核心的党中央高度重视文物工作，习近平总书记关于文物工作的系列重要论述立意高远、内涵丰富，深刻回答了文化遗产保护传承利用的一系列重大问题，阐明了新时代文物工作的发展方向、主要任务，指明了文物事业改革发展的重点领域、关键环节，深化了我们党对新时代文物工作的规律性认识。

"保护第一、加强管理、挖掘价值、有效利用、让文物活起来"的新时代文物工作方针，充分体现了党对文物工作科学把握、对新时代文物工作的统筹谋划，既有继承发展，又与时俱进，从实际出发，不仅具有鲜明的时代性、科学性，而且具有很强的指导性、实践性。对新时代文物保护方针如何理解，在新时代文物保护方针指引下如何开展工作，如何使文物工作更好的服务社会经济发展，积极推动中华优秀传统文化创造性转化、创新性发展，是摆在文物工作面前的重大课题。笔者认为，文物工作方针从16字到22个字，理念没有变，文物工作的内涵更加丰富。现就文物工作方针浅谈一下拙见。

## 一　保护第一

保护第一的方针，是文物事业发展的基石，是文物工作的根本要求，也是做好文物工作的首要任务。文物工作要坚持在保护中发展，在发展中保护。习近平总书记多次做出重要指示和重大部署，全党全社会已经更加深刻认识到保护文物的重大意义，"坚持保护第一""保护文物也是政绩"等理念深入人心。保护第一，就是要求我们在文物工作中要把文物保护放在首要位置，是文物工作的核心。因为只有保护好文物，才能实现挖掘文物内在价值、有效利用、让文物活起来。只有把保护放在第一位，才能让城市留下记忆，让人们记住乡愁，才能更好展示中华民族伟大历史、中国共产党辉煌历史，为社会主义文化强国建设留下更加丰厚的文化资源和精神财富。

以笔者所在埇桥区为例，其文物资源丰富，分布广，过去因诸多因素导致文物毁损灭失情况时有发生。十八大以来，在习近平总书记关于加强文物保护的重要指示及重要论述的指引下，埇桥区文物保护秉持保护第一的原则，积极落实文物安全直接责任人公告公示制度，做到各级文物保护单位全覆盖。先后组织监督九孔桥、皖东北抗日根据地旧址维修修缮工程，编制了军分区小洋楼、树驼桥、宿州基督教福音堂、陈胜吴广起义遗址——大泽乡涉故台维修方案，为加强文物保护打下坚实基础。

## 二　加强管理

我国历史悠久，文物资源数量众多、分布广泛，保护管理任务异常艰巨。切实加强管理，确保文物资源安全和国家文化安全，既是历史赋予的使命和职责，也是建设社会主义文化强国的本质要求。如何做到加强管理，是摆在文物保护工作面前的必答题。

当前我国社会主要矛盾是人民日益增长的美好生活需要和不平衡不充分的发展之间的矛盾。在文物保护工作中也同样有体现。在社会发展中，如何做到既满足人民对美好生活需要，又使文物事业均衡发展，是摆在文物工作面前现实紧迫的问题。埇桥区文物保护管理服务中心在日常工作中，切实履行文物保护法定职责，在做好文物保护工作的牵头者的同时，积极主动与宗教、规划、住建、公安等部门沟通协调，做到管理有序、高效，切实保护文物安全。为提升文物保护管理水平，埇桥区先后制定出台《埇桥区文物古建筑用火消防管理制度》《埇桥区文物古建筑消防应急预案》《埇桥区文物保护员管理办法》等，通过制度的建立，把文物保护工作要求落到实处。

"加强管理"与"保护第一"相辅相成，贯穿于文物工作的全过程、全领域。只有全面加强管理，才能确保文物安全，确保"保护第一"的理念落到实处。只有建立健全法制体系，不断强化科技支撑、人才支撑，才能创新发展模式，激发发展活力，实现文物治理体系和治理能力现代化。

## 三　挖掘价值

文物和文化遗产承载灿烂文明，传承历史文化，

维系民族精神。在保护、管理好文物的同时，加强研究和利用，既是文物价值的彰显，也是文化的传承发展。挖掘价值是推动有效利用、让文物活起来的基础，也是新时代对文物工作的更高要求。只有深入挖掘文物蕴含的深刻内涵和背后故事，才能更好满足人民群众的精神文化生活需要、赋能经济社会发展、讲好中国故事。埇桥区文物保护管理服务中心在切实做好文物安全管理的基础上，以闵祠、林探花府、陈胜吴广起义旧址——大泽乡涉故台等为依托，组织相关人员深挖文物所蕴含的文化价值。下一步将在有关场所设置展览展陈，展示展现文物风采，使文物活起来，做到既有说头、也有看头。

## 四　有效利用，让文物活起来

推动有效利用，让文物活起来，最根本的就是要以习近平新时代中国特色社会主义思想为指导，站在时代的高度，坚持把马克思主义同中华优秀传统文化相结合，让文物说话，让历史说话，不断激活其生命力，与当代社会相融相通，做到古为今用、以古鉴今，发挥好资政育人、推动发展的作用。重要的是要加强文物合理利用，促进文物资源向社会公众开放，不断满足人民群众日益增长的美好生活需要，服务经济社会发展。目前埇桥区各级文物保护单位，均已经实现了免费开放，让游客在参观文物保护单位时感受到文物的厚重的历史价值。

让文物活起来，要守正创新、塑形铸魂。这就要求文物工作者做好研究工作、提升学术能力，深入挖掘文物本身的故事、文物所属历史阶段的故事，在活态展示与创意传播中准确阐释中国人看待世界、看待社会、看待人生的独特价值观念。只有深刻理解文物中蕴含的哲学思想、人文精神、价值理念和道德规范，才能准确提炼并展示中华优秀传统文化的精神标识，把文物承载的文化力量充分释放出来，推动中华优秀传统文化创造性转化、创新性发展，为实现中华民族伟大复兴的中国梦提供不竭精

神动力。

让文物活起来，要坚持以文塑旅、以旅彰文，推进文化和旅游深度融合发展。位于栏杆镇石相村的皖东北抗日根据地旧址－新四军四师九旅指挥部（灵宿行署），我们在对其保护管理的基础上，充分挖掘红色文化内涵，设置红色展陈展览，完善配套周边基础服务设施，并将其纳入埇桥区红色旅游线路进行宣传推介，打造埇桥红色旅游品牌。近年来累计接待游客 150000 人次，受到了社会各界广泛好评。该地也成了埇桥区广大干部群众接受爱国主义教育、感悟峥嵘岁月的"基地"。

综上，新时代文物工作方针的提出进一步突出了文物工作的重要社会价值，为做好新形势下的文物工作指明了方向。我们应坚持新时代文物工作方针，增强政治责任感和历史使命感，扎实深入做好各项工作，推动新时代文物事业高质量发展、全方位进步。为全面建成社会主义现代化强国、全面推进中华民族伟大复兴而团结奋斗！

# 宿州市博物馆馆藏汉代铜钫内液体检测报告

中国科技大学文博学院文物保护研究中心
宿　州　市　博　物　馆

　　钫为古代酒器，多为铜质或陶质。钫的形制承袭战国中晚期出现的方形壶，流行于战国中晚期至秦汉时期，战国时期仍名"壶"，至西汉始名"钫"。《说文·金部》："钫，方锺也。""钫"于汉金文或作"方"，直取器形本呈方口、方腹、方足的形制，其器身任一横截面均呈正方形。宿州市博物馆馆藏一件汉代铜钫（编号 SZ3183），束颈、弧腹、双环耳，有盖，内有液体，可能为酒浆。

　　经观察，铜钫口和盖处有大量绿锈硬结物与泥土，用洁牙机和手术刀去除。去除后看见盖与口两侧有 2～3 毫米缝隙，用手术刀柄后端插入缝隙轻微撬压盖口分离，分离后盖口之间没有发现黏合材料。打开盖后用眼观察钫内有液体约 5 升，液体呈浑浊状，伴有泥土，无异味，倾倒出液体，并使用 350 毫升塑料瓶第一时间取样留存，待送检，剩余液体存放。具体分析如下：

## 实验样品

　　样品呈黄色透明液体，底部有少许沉淀，无气味，pH 酸碱度值为 8.63，漂浮有絮状物（图一）。

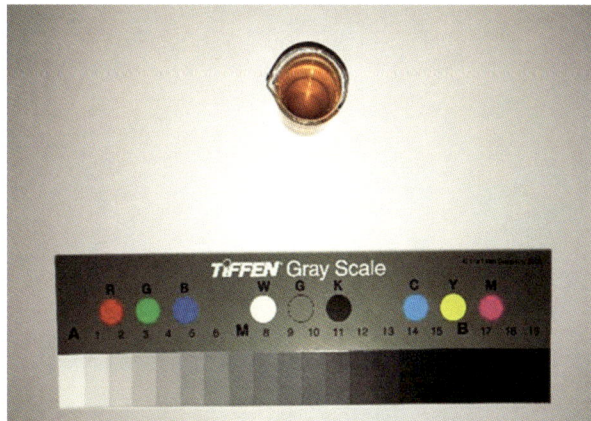

图一　铜钫及钫内实验样本

## 检测项目

### （1）纺织纤维观察

实验仪器：纤维仪，型号：XWY-VI

用 1%NaOH 溶液煮沸几分钟，去除植物纤维之间的胶，易于分散，再用 0.2%HCl 洗涤几次后用去离子水洗涤多次，超声分散取上层悬浊液置于载玻片上，加两滴碘氯化锌染色剂用镊子和解剖针将纤维分散均匀，盖上盖玻片用滤纸从盖玻片边缘缓慢吸去多余的染色剂，使用纤维测量仪观察纤维的形态特征及染色情况。

本项目分析通过观察分散后的植物纤维的形貌特征，推断液体中的纤维种类。

### （2）X 射线衍射分析

实验仪器：18KW 转靶 X 射线衍射仪，型号：日本玛珂公司 MXPAHF

本项目分析通过 X 射线衍射分析得到样品中沉淀物的物相成分。取少量液体中沉淀物，干燥，研磨，过筛。衍射角扫描范围为 10° 到 70°。

### （3）液体中元素分析

实验仪器：电感耦合等离子体质谱仪 型号：热电 PlasmaQuad 3

本项目通过元素定性检测，得到液体中含有的元素，以便去掉金属离子，进行下一步分析。配制王水溶液：HCl：HNO3=3：1，对样品进行加热消解，去除样品中有机物，加水定容，进行检测。

### （4）液体中含有有机物分子分析

实验仪器：组合型傅立叶变换静电场轨道阱高分辨质谱仪 型号：ThermoFisher LTQ-Orbitrap XL

本项目通过液相色谱质谱联用技术分析样品中含有的有机化合物，力图找到能表明样品性质的主要物质。样品中含有大量金属离子，选用氢型大孔弱酸性丙烯酸系阳离子交换树脂，交换量为 11mmol/g，与 ICP-MS 结果进行对照，选用适量离子交换树脂，使用前用 3%HCl 活化 24 小时，用 0.45 超滤膜去掉蛋白质及细菌杂质。用乙腈做洗脱剂。

## 分析结果

### （1）纤维仪鉴定

漂浮的絮状物进行纤维仪分析（图二、图三），显微图中有较大的导管分子，纤维壁上有明显节状加厚，有纵向条痕，另外有锯齿状表皮细胞，因此为竹和草纤维，帚化严重，可能是铜钫的盖子上有竹和草的编织物，腐烂后残留下的纤维，并观察到针状结晶体，液体中应含有无机盐。

### （2）XRD 鉴定

沉淀物进行 XRD 分析（图四），只有石英和铜化物，无峰包，因此无酒的浑浊沉淀物，为清酒，经过了滓渣的过滤。

### （3）ICP-MS 鉴定

进行 63 种元素定性检测，检测结果 μg/ml：

Ca(21.65) Cu(39.87) Fe(1.578) K(11.50) Mg(9.975) Na(197.07) P(3.298) Pr(1.616) S(21.94) Zn(1.259) Si(2.422)

图二 絮状物

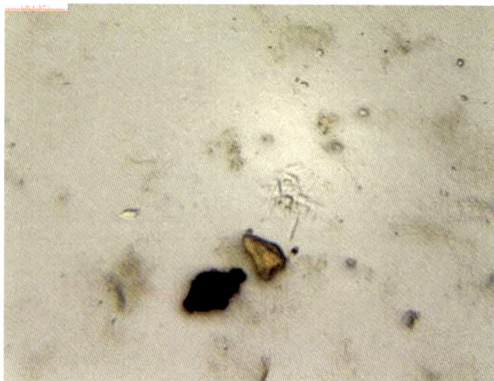

图三 絮状物

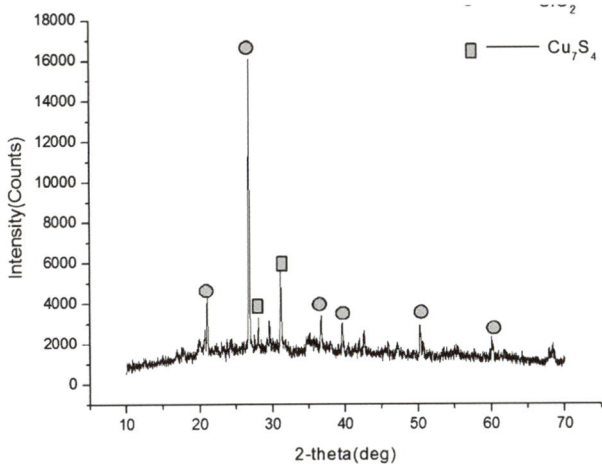

图四 XRD 鉴定分析

选用电喷雾离子源（ESI），FT Full Scan 方式进行扫描，负离子模式扫描范围为 50～600u，实验数据采集和处理均采用 Thermo Scientific 公司的 Xcalibur 软件。

谱图解析如下：

在负离子模式下，葡萄糖酸 $[C_6H_{12}O_7-H]$ 的理论分子量为 195.0510259，在保留时间 2.06 时样品中检测出物质的分子量与理论值偏差小于 3ppm，因此推断有葡萄糖酸存在（图五）。

液体中含有大量金属离子，是导致液体呈碱性的原因，应为地下水混入，带入的离子。

在负离子模式下，甘露醇 $[C_6H_{14}O_6-H]$ 的理论分子量为 181.0717614，在保留时间 2.04 时样品中检测出物质的分子量与理论值偏差小于 3ppm，因此推断有甘露醇存在（图六）。

（4）液相质谱联用分析

在负离子模式下，苹果酸 $[C_4H_6O_5-H]$ 的理论分

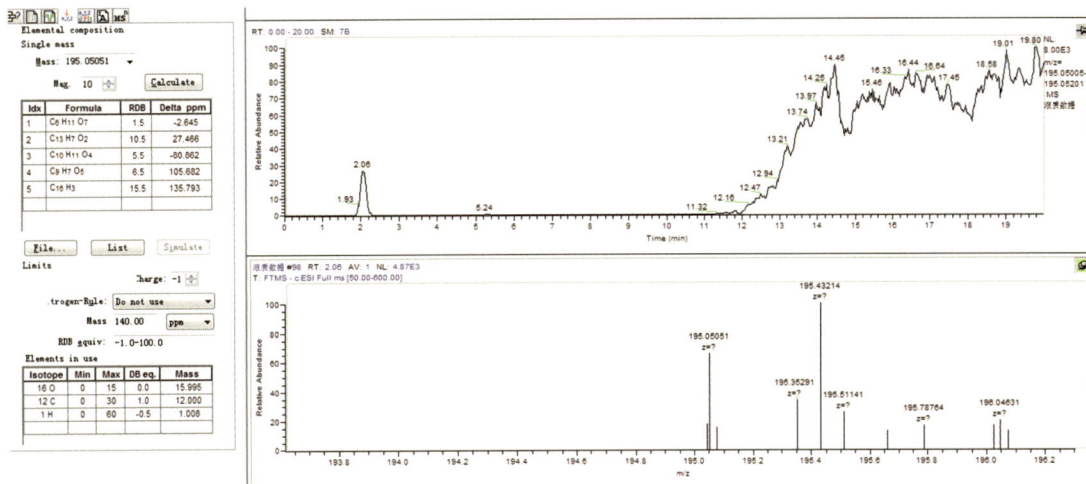

图五 葡萄糖酸

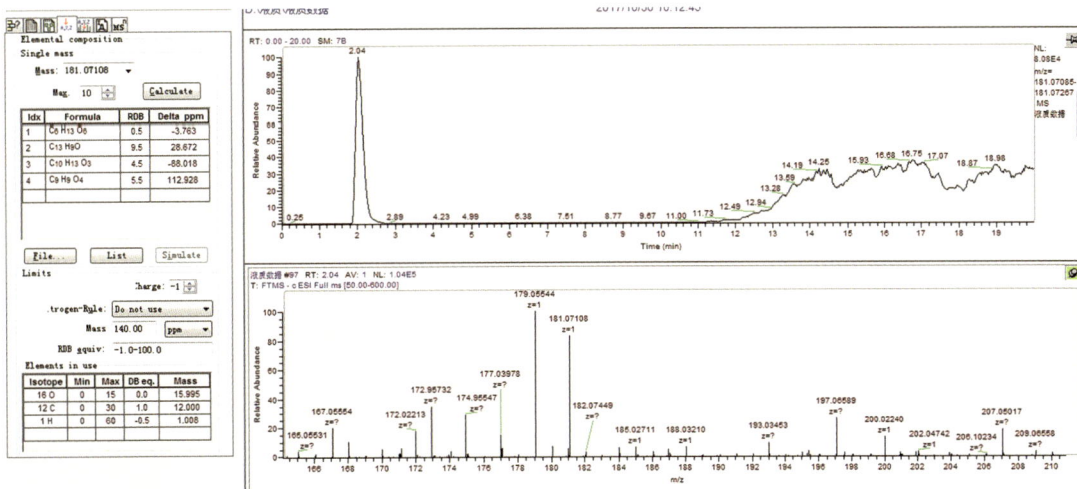

图六 甘露醇

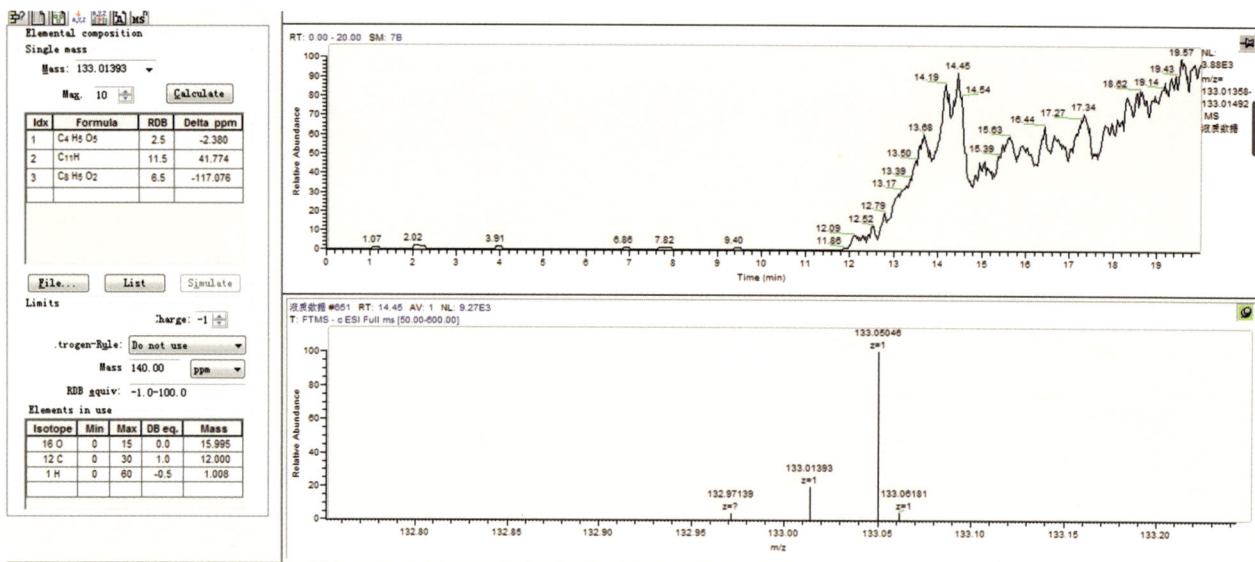

图七　苹果酸

子量为 133.0142466，在保留时间 14.45 时样品中检测出物质的分子量与理论值偏差小于 3ppm，因此推断有苹果酸存在（图七）。

## 结　论

葡萄糖酸、苹果酸为酒中含有的不易挥发有机酸，是酒中的酸味物质，甘露醇为高级醇，使酒的口感更加醇厚，由糖分在霉曲的发酵作用下产生，并未检测到乙醇等易挥发酸，应已经挥发完全。根据当时的酿酒技术，可能是饼曲酿制的清酒，这也是汉代酿酒技术水平的实物见证，在《齐民要术》中，就记载有汉末曹操上书汉献帝推崇的九酝春酒法，是曹操的家乡安徽亳县令郭芝的酿酒工艺，虽只有 119 字，但

从中可以窥知当时酿酒技术水平是相当高的，应该把它看作是汉代以前酿酒技术基础上发展起来的新工艺，原文记录如下：

臣县故令九酝春酒法：用曲三十斤，流水五石，腊月二日渍曲。正月冻解，用好稻米，漉去曲纵火酓便酿。法引曰：'譬诸虫，虽久多完。'三日一酿，满九石米止，臣得法，酿之常善。其上清、酓亦可饮。若以九酝苦，难饮，增为十酿，易饮不病。九酝用米九斛，十酝用米十斛，俱用曲三十斤，但米有多少耳。治曲淘米，一如春酒法。

九酝春酒法工艺可用下图表示（图八）。

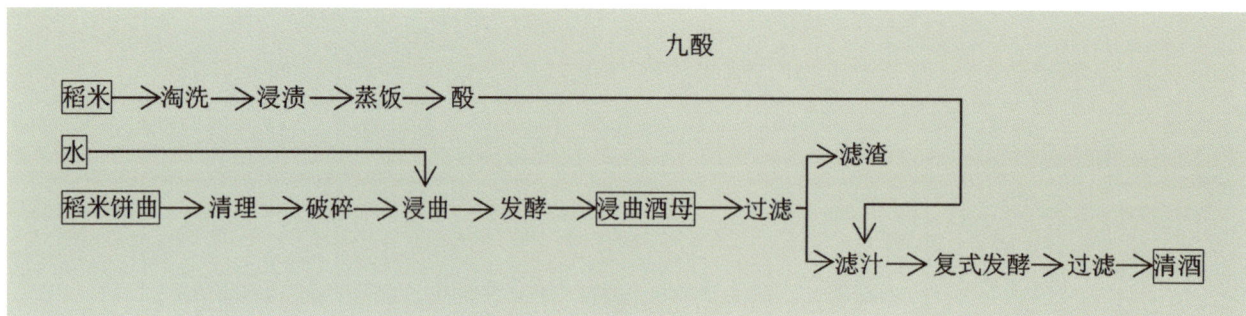

图八　九酝春酒法工艺

可以说九酝春酒法所用的曲很明显是生大米粉制成的曲，南方用生米粉制校曲是南方的传统工艺，晋代嵇含《南方草木状》所记载的草曲是关于小曲的最早记载，汉末曹操九酝春酒法用曲，可以上溯到春秋战国时期《楚辞》中的白蘖，春秋时期越王勾践投酒于醪河与士卒同饮的酒，都是大米小曲，是一脉相承的，直至今天仍然是使用小曲酿酒。这一技术构成了汉代酿酒技术的精髓，对后世影响极大，可以说是汉代南方酿酒技术的总结。由此可见

汉代在安徽境内已形成了比较成熟的酿制清酒的技艺。另外在汉京房著《诗急沥枢》中有"凡黍为酒，阳据阴乃能动，故以曲酿黍为酒。曲阴也，是以先渍曲，黍后入，故曰阳相感，皆据阴也。相得沸，是其动也。凡物阴阳相感，非唯作酒。"另汉郑玄《周礼注疏》解释《礼记·月令》中"水泉必香"时说："水泉必香者谓渍曲，渍米之水必须香美"，这里谈到了渍曲，说明汉代初期就已经采用了渍曲法酿酒。

陈列展览

# "宿州考古成果展"展陈大纲

邱少贝（宿州市博物馆）

## 前　言

为庆祝 5.18 国际博物馆日、6.11 文化与自然遗产日，值安徽省文物考古研究所宿州工作站揭牌，我们举办了此次"宿州考古成果展"。

本次展览以宿州市境内 14 次较重要的考古发掘为内容，从年代上看，分为三个时间段：一是新石器时代至青铜文化时期，有萧县金寨新石器时代文化遗址、萧县前白岳石文化遗址；二是汉代，有萧县植物园古墓群、萧县王楼墓群、灵璧山南村墓群、泗县吴孟庄墓群、埇桥栏杆金山寨画像石墓、埇桥黄疃墓群；三是隋唐宋时期，关于隋唐运河遗址的有灵璧小田庄遗址、灵璧二墩子遗址、埇桥区西二铺遗址、灵璧凤山大道遗址，关于萧窑遗址的有欧盘窑遗址、白土寨遗址。

本次展览旨在介绍本地区的考古发掘概况及收获，宣传丰富多彩的本地历史文化，普及大众对考古与历史文化的认识，促进文化遗产的保护、宣传与研究，增强历史责任感。

## 第一部分：新石器时代至青铜文化时期遗址发掘

### 一　萧县金寨新石器时代遗址

1. 遗址概况

金寨遗址位于安徽省宿州市萧县庄里乡勘沟行政村金寨自然村周边，向南延伸到宿州市埇桥区夹沟镇草厂村，西北距萧县 30 千米，东北距徐州 35 千米。遗址总面积约 50 万平方米。遗址主体年代相当于新石器时代大汶口文化中晚期至龙山文化中期，另有少量周代、汉代遗存。2016 年 9～12 月、2017 年 10 月～2018 年 10 月，安徽省文物考古研究所与萧县博物馆联合对该遗址进行了发掘。三年度总发掘面积 1300 余平方米。

2. 收获

发掘结果显示，该遗址文化堆积从大汶口文化中期一直延续到龙山文化中期，之后有少量周代、汉代遗存。大汶口文化中期时，遗址西部为居住区，东部为墓葬区。大汶口文化晚期时，遗址西部主体是居住区，有少量墓葬，东部有少量墓葬。到了龙山文化时期，整个聚落向东北部推进。

（1）东区墓地

东区为一处有着统一规划的公共墓地，该墓地位于一土台上，高于周边0.5-1.5米。发掘揭露了该土台的西半部，已清理墓葬53座，均成排分布，少有打破关系。均为竖穴土坑墓，个别有二层台，头向绝大部分为东稍偏南，仅有两座为北向。人骨保存较差，多为单人葬（39座），少数为二人葬（8座）、三人葬（5座）、七人葬（1座），葬具大多无存，仅一座有木棺碳化痕。随葬品多寡不一，多在5—30余件不等，最多的七人葬随葬品多达110余件。随葬品以陶器为主，另有少量玉器、石器、骨器。陶器组合以鼎、豆、壶、罐为主，另有杯、盆、背壶、尊、鬹、盉、钵、纺轮等。代表性器物有泥质黑陶瓦形足折腹盆形鼎、夹砂红陶壶形鼎、夹砂红陶折腹盉形鼎、高圈足镂孔豆、盉形器、背壶、鸭形实足鬹、盉、双鼻壶、圈足尊、盅、长筒形器等。玉器均为小型饰品，有玉璜、小玉环、小玉璧、玉坠、玉珠、玉管、三联璧、牙璧、绿松石坠等，主要位于人骨的头颈部。石器有石锛、石凿、石斧、石钺、砺石、石环等，其中一座墓葬人骨右下臂上套有2件石环。

（2）西、北部生活区

2016年度西区位于"玉石塘"的东侧和南侧，在东侧偏北位置发现一条壕沟，开口宽12米，沟底宽4米，深2米，沟内堆积以灰褐土和红烧土为主，出土较多的陶片和少量动物骨骼。南侧发现一座大型红烧土坑，平面近圆形，深3.5米，沟内填满红烧土块，包含较多陶片和少量动物骨骼。陶片以泥质红陶为主，少量彩绘陶，可辨器形有鼎、豆、壶、罐、杯、碗、缸等。

2017年北区位于村子东北角，新石器时代文化层厚1.3～2米。从大汶口文化中期延续到晚期，主体为一片排房基址。该居住区亦位于一稍高台地上，底部铺垫一层灰白黏土。大汶口中期房址残缺不全，残存少量基槽，基槽填土为青灰黏土。大汶口晚期房址有单间、双间和多间，残存基槽和居住面，基槽填土为红烧土，房址内有灶和烧烤面。

3.重要意义

通过三个年度的发掘，我们对金寨遗址的年代、分期、范围、聚落布局及变迁有了明确的认识。金寨遗址的年代从大汶口文化中期延续到龙山文化中期，距今5200～4300年，其间没有缺环，对研究大汶口文化向龙山文化的过渡提供了关键环节。根据地层关系可分为四期：大汶口文化中期、大汶口文化晚期、大汶口文化末期至龙山文化早期、龙山文化中期。遗址总面积约50万平方米，是徐淮地区面积最大的新石器时代遗址。同时，遗址的发掘对研究距今5000年前后中国中东部地区史前文化的交流具有重要意义。

二　前白岳石文化遗址

1.概况

前白遗址位于安徽省宿州市萧县官桥镇前白村村东侧，东临东倒流河。遗址地处沿河台地，略高于周边地区。因S404道路建设，安徽省文物考古研究所在前期调查及勘探基础上，在宿州市博物馆、萧县博物馆等地方文博部门配合下，于2017年4月～6月对前白遗址进行了考古发掘。发掘区共布设5米×10米探方13个，分别编号为T1-T13，其中T6未发掘，实际发掘面积600平方米。

2.地层堆积情况

遗址地层堆积简单，共分为5层。

第1层、第2层为表土层；第3层为黄褐色土层，土质致密，包含零星红烧土颗粒；第4层为浅黄色土层，土质致密，包含少量红烧土颗粒及碎陶片；第5层为浅灰色土层，包含较多红烧土颗粒、陶片。第5层下为生土层。

整个发掘区地层堆积基本一致，均包含以上地层，厚约0.6～1米。

3.遗迹

遗迹主要有灰坑、柱洞、灰沟等。

柱洞23个，主要位于T7、T8内；灰沟10条；灰坑22个（发掘编号）灰坑分布较为集中，主要位于发掘区西南部、中部、东北部三个区域。

遗迹以灰坑居多，大部分在第5层下，打破生土层。大多的灰坑内填土分3~4层，以H22为例：第1层为浅灰色土；第2层为深灰色土；第3层为黑灰色土；第4层（最下层）为黄灰色淤泥土层。其中第2层、第3层包含较多碎陶片、红烧土颗粒、黑灰痕迹。

4. 遗物

遗物主要出土于灰坑内，地层中遗物较少。按类型划分有陶器、石器及铜器残片1件，以陶器占绝大多数。

陶器完整器少见，大部分为陶片。陶片分夹砂陶和泥质陶。夹砂陶分夹砂红陶、夹砂红褐陶、夹砂灰陶等，夹砂陶陶制粗糙，器形可辨的有甗、罐、器足等。纹饰有附加堆纹、刻划纹、压印纹等。泥质陶分泥质灰陶、泥质黑陶、泥质红陶等，泥质陶陶制相对细腻。可辨器形有豆、碗、罐、尊、蘑菇钮器盖、纺轮等。纹饰有弦纹、绳纹、方格纹、米筛纹、云雷纹等。石器全部为残件，有锛、斧、磨石等。铜器残片1件，器形不可辨，似为削等之类工具。

5. 认识

遗物主要出土于第4层、第5层及第5层下的灰坑内。根据灰坑出土遗物特点，特别是以蘑菇钮器盖、尊、字母口罐等为代表性的器物特点，判断遗址下层年代为岳石文化时期，根据第4层、第5层所见的云雷纹泥质陶片看，遗址主体年代下限可能至商周时期。文化因素上，可能受多种文化因素的影响。

岳石文化，是继山东龙山文化之后分布于海岱地区的一支考古学文化，因最早发现于山东省平度市东岳石村而得名。绝对年代为公元前1800~前1450年。文化时代大致与中原地区的二里头文化相当。前白遗址的发掘，对研究岳石文化在安徽的分布和影响提供了重要的资料，对于研究此时的地域文明和文化交流有重要的意义。

## 第二部分：战国至汉代墓葬发掘

### 一 埇桥区黄疃墓群

黄疃墓群位于安徽省宿州市埇桥区夹沟镇黄疃自然村北500米。夹沟镇三面环山，一面平川，半山半湖，海拔在50~300米，地域面积约170平方公里。为配合S404省道宿州段建设，2017年4月，安徽省文物考古研究所在宿州市博物馆的配合下对此墓群进行了发掘，共清理战国至清代墓葬27座，窑址2处，揭露面积近400平方米，发掘时间历时2个多月。

此次共发掘出汉代墓葬共13座，其墓葬结构分为土坑墓和砖室墓两类，其中土坑墓10座，砖室墓3座。出土陶器共计88件（套），包括鼎、罐、瓮、

"宿州考古成果展"展览现场

瓶、杯、盘、壶、碗、盒、奁等生活用器和磨、灶、井、厕等明器。此外还出土铜带钩2件、铜镜2件、铜饰1件和铜钱数十枚。

M24：长方形竖穴土坑墓。方向18°。墓口长2.5、宽约1.43、深0.47米。墓内填花土，含少量石块。该墓为双人合葬墓。墓室西部有一木棺，仅残存底部棺痕。棺东侧置两块板瓦，合计长约1.1、宽约0.4米。板瓦上残存孩童骨架，保存较好。葬式皆为仰身直肢。随葬品有陶壶2件，陶鼎、陶盒、陶井、陶仓、陶厕各1件，陶灶1组，铜钱2串。

### 二 埇桥区栏杆镇金山寨画像石墓

1. 发掘概况

2019年4月～5月，安徽省文物考古研究所、宿州市文物管理所、宿州市博物馆对这座画像石墓进行了抢救性清理与发掘。该墓位于栏杆镇金山寨村东山南麓，为砖石混合结构，坐北朝南，方向40°，平面大致呈"中"字形，由墓道、甬道、中室、东耳室、西耳室、主墓室组成。残长12.4、宽8.5、墓底距地表深2.8～5米。

2. 重要收获

首先，该墓出土了一批画像石，除地基石及部分立柱外，雕刻有画像的石块主要有12块14幅。画像内容丰富，反映神话传说与祥瑞的有翼龙、翼虎、伏羲女娲交尾、凤鸟、铺首衔环等；反映现实生活的有楼阁、人物、拜谒、抚琴及羊、鹳、鱼、鹿、马等动物。装饰纹样上主要有菱形纹、水波纹等。雕刻技法以减地浅浮雕和阴线刻为主。

其次，出土了一批陶器和少量铜钱，陶器有耳杯、陶勺、案、灯、釜、动物模型等。

3. 认识

该画像石墓是近年来在宿州地区清理发掘的汉代墓葬中比较重要的一座。发掘揭示，该墓存在再葬行为，根据墓葬形制及出土器物，初步判断墓葬年代为东汉中晚期，墓主人身份应为六百石左右的官吏或商贾巨富。此墓的发掘对于研究本地区汉代历史文化提供了重要的参考资料。

### 三 萧县王楼墓地

1. 发掘概况

萧县王楼古墓群位于萧县凤北新城东部，北距萧县发展大道约150米，南距原萧县圣泉乡王楼自然村约300米。2020年底至2021年初，安徽省文物考古研究所及当地文物部门对该墓群进行了发掘清理，共清理古墓葬5座，编号为M1～M5，分砖室墓、砖石混合结构墓、石室墓三种，其中汉墓3座、宋墓2座，其中M5为石室墓，体量大，出土文物精美，现着重介绍一下。

2. M5基本情况

M5为画像石室墓，开口距地表2米，方向185°，由斜坡墓道、墓门、前室及主墓室组成。墓室位于墓道北侧，整体由大型石块构筑而成，拱形券顶，底部由大型石板平铺，通长4.94米，宽3.8米，通高3.3米。墓门已遭破坏，门楣上刻画有单道菱形纹饰，左侧门扉上刻画有凤鸟、璧帛相交，右侧门扉上饰有白虎辅首衔环、璧帛相交。主墓室门楣刻画有双道菱形纹饰，左右门扉上分别刻有白虎、铺首衔环和凤鸟、铺首衔环。

3. 出土文物

出土各类文物共三十余件，陶器有磨、仓、井、圈、灶、灯等生活用器和模型明器；铜器主要为铜镜、铜印章、铜钱等。另外，M5出土了较多玉器、水晶、玛瑙、琉璃器、石料等。大量石料片多为长方形，四角有孔，部分上面有摹印图案及零星贴金，图案有几何纹、动物纹等，也有素面石料片上有墨书，推测石料片的功能为甲胄；还出土了玛瑙兔、水晶串珠、玛瑙串珠、琉璃兔等，对动物的雕刻精美绝伦，惟妙惟肖，具有重要的文物和艺术价值。

4. 认识

萧县发现的汉代墓葬众多，类型和规格多种，但M5这种墓葬形制却是比较少见的。从墓葬形制、画像石的特征及出土的文物，初步判断墓葬年代为东汉早中期。出土墓主人龟钮铜印章一枚，但锈蚀严重，期待下一步的文物保护工作能够解开墓主人的神秘面纱。

"宿州考古成果展"展览现场

### 四 萧县植物园古墓群

**1. 概况**

萧县植物园墓地位于安徽省宿州市萧县圣泉乡与龙城镇交汇处的凤凰山北麓山脚下，其东、南、西三面被凤凰山包围，总占地约10万平方米。发掘工作自2018年12月1日开始至2019年4月18日结束，历时四个月。

**2. 墓葬及出土遗物**

此次共发掘出105座墓葬，其墓葬结构分为竖穴土坑墓、砖室墓、石室墓、洞室墓四种，其中土坑墓88座，砖室墓14座，洞室墓2座，石室墓1座。葬制分为单人葬及合葬墓两种，其中合葬墓仅5座。从年代上看，以汉墓为主，少量宋墓、明墓。

发掘共出土各类文物260余件，种类丰富；按材质划分有陶器、铜器、石器、铁器、料器等。陶器有泥质陶和釉陶器，泥质陶有鼎、钫、盒、罐、盆、豆、壶、井、仓、盘、磨、釜、甑、耳杯、圈、涧、楼、屋等；釉陶器有壶、奁、灶、磨、井、圈等。铜器有铜钱、铜镜、削、带钩、泡钉、柳钉等。石质文物主要有剑饰、口琀、带板等。铁器主要以铁削和铁剑为主。料器主要以口琀、鼻塞、耳塞为主。

**3. 认识**

从数量上看，植物园墓地的发掘是近年来萧县地区已发掘古墓葬数量最多的一次；从年代上看，延续时间长，自西汉早期延续至东汉中晚期，另有少量的宋墓。但是，从墓葬的规格上看，以竖穴土坑墓为主，未见萧县地区常见的画像石墓，且随葬品极少，大多数墓葬的随葬品仅为1～3件，甚至有些墓葬无随葬品，出土器物以陶器为主，未见玉器，铜器也较少。可以看出，此墓地应为当时中下层平民阶级的墓区。

此次发掘，为研究本地区汉墓提供了重要的参考资料，对于认识汉代低层社会丧葬制度和历史文化具有重要意义。

### 五 灵璧山南村古墓群

**1. 概况**

灵璧山南村古墓群位于安徽省灵璧县灵城镇山南村，处于凤凰山西侧、高级技术职业学校以东、钟灵大道以北。在灵璧师范学校迁建项目施工中发现。安徽省文物考古研究所会同当地文物部门，自2020年10月开始对此范围内进行了考古勘探和发掘，历时约两个月。

**2. 墓葬情况**

共发掘清理古代墓葬21座、窑址2座，其中汉墓19座，宋墓2座。在墓葬形制上，有土坑墓、土坑砖底墓、砖室墓、石室（椁）墓等。墓葬出土遗物160余件（套），文物种类丰富。按材质划分有陶器、铜器、铁器、石料器、铅器等。陶器有泥质陶和釉陶器，泥质陶有鼎、盒、罐、壶、井、灶、盉、仓、磨、釜、甑、圈、溷、厕等；釉陶器有壶、罐、盒、鼎、器盖等。铜器有铜钱、铜镜、带钩、泡钉、提梁壶、洗、弩机、镞等。石料器有口琀、塞、料片等。铁器主要为环首刀、剑、锸等。另出土有铅条、骨牌、串珠等。

### 3. 认识

发掘清理的 19 座汉墓，根据墓葬形制、出土器物组合及特点并结合以往资料初步判断，年代基本处于西汉晚期至东汉时期。另发掘有两座宋墓，属于多人二次合葬墓。出土的文物，其中不乏精美者，M1 出土的铜提梁壶、串珠、M13 出土的一套完整的釉陶器，以及共出土了十余面保存状况良好的铜镜，皆具有重要的文物研究价值。

总之，本次考古发掘墓葬保存较完整，墓葬类型多样，遗物丰富，对于补充皖北地区汉墓类型及演变提供了重要的参考资料。

### 六 泗县吴孟庄汉墓群

#### 1. 遗址概况

吴孟庄汉墓群位于安徽省宿州市泗县泗城镇吴孟庄东部，东临石梁河，南距花园路约 500 米。墓群处于河岸台地上，现存部分封土堆，封土堆大致呈圆形，直径约 20 米，高于周边 1～2 米。由于位置独特、地势突出等原因，当地居民称这块区域为“龙庙滩”。由于破坏严重，部分砖室券顶露出地表，同时为配合滨河公园的建设，在安徽省文物考古研究所主持、泗县文物局的配合下，于 2019 年 8 月至 9 月对墓葬进行了抢救性发掘。

#### 2. 发掘情况

（1）封土堆解剖

首先，对土堆采取二分法解剖，中部留一条隔梁，南北长约 20、东西宽 1.8 米。通过解剖发现，土堆有两次明显的夯筑现象，应与不同时间的墓葬埋葬有直接关系。由于土堆上部破坏严重，部分墓室直接暴露于地表，根据剖面来看，墓葬开口基本都是在表土层下。以隔梁西壁为例，地层堆积介绍如下：

第 1 层：表土层，土质疏松，包含较多砖块、植物根茎。

第 2 层：浅黄色夯土层，土质致密，包含少量植物根茎。

第 3 层：灰褐色土层，土质稍疏松，包含较多砖块。

第 4 层：灰白色土层，土质致密、纯净，无包含物。

以下为生土层。

在文化层性质上，第 2 层与第 4 层为人工夯筑而成，土质致密，遍布整个土堆。第 4 层为平地起夯，为最早的堆积。从西壁看，除 M1 外，其余墓葬均开口于表土层下，打破第 2 层、第 4 层。但由于上部破坏严重，很难判断其他墓葬之间的相对早晚关系。

（2）墓葬情况

封土堆下共发掘清理墓葬 12 座，全部为砖室墓，破坏较严重，大部分券顶已不存，残存的券顶皆为双层。从墓室看，有单砖室墓、有双室墓、多室墓，其中以单砖室墓为主，双室墓有 M2、M5，M2 由前厅、后室、甬道组成；M5 由墓室及耳室组成；多室墓有 M4，由中墓室、东墓室、西墓室 1、西墓室 2 共四个墓室构成，其中西端两个墓室南北向排列，但有大小之分，墓道位于东墓室南侧，形制特殊，在以往的考古发掘中极为少见。从整体上看，M4 居于封土堆正中，共四个墓室体量最大，规格应属最高。

### 3. 认识

根据墓葬形制及出土的铜镜、铜钱等遗物，初步判断此墓葬群年代大致为西汉晚期至东汉；墓葬形制大体一致，且分布有序，推断各墓葬之间有相对早晚关系，但年代不会相隔太久，应属于同一家族墓。

## 第三部分：隋唐大运河和萧窑考古

### 一 灵璧小田庄运河遗址

#### 1. 概况

灵璧县小田庄运河遗址位于安徽省宿州市灵璧县刘

赵行政村小田庄自然村西侧。经报请国家文物局同意，安徽省考古研究所与宿州市文物管理局及灵璧县文物管理所组成考古队对小田庄大运河遗址进行抢救性考古发掘，布设24米×45米探方一个，后因发掘需要，探方向北扩方24米，总发掘面积约1600平方米。发掘工作自4月18日开始到9月15日结束，历时五个月。

2. 遗迹

共发现各种遗迹现象40余处，其中水井1眼，水沟5条，灰坑4个，柱洞11个，脚窝19个及数道车辙印痕。

其中G1位于探方中部大运河北坡，开口在第16层下，打破生土。东西走向，与大运河走向基本一致，东部稍向北弯曲，两端延伸至探方外。G1宽度100～120厘米，深度30～45厘米，直壁向下微内收，平底，加工痕迹明显。判断为"木岸狭河"遗迹。

3. 遗物

小田庄大运河遗址共出土各类文物300余件，主要有瓷器、陶器、铜器、铁器、骨器、石器等，其中瓷器所占比重最大，占出土文物的70%，陶器占12%，铜器占7%，铁器占5%，石器占4%，骨器占2%。常见的器类有：碗、盏、罐、水盂、执壶、碟、钵、盘、盆、弹丸、粉盒、瓷塑、石砚、砺石、骨锥等。

4. 认识

通过发掘与资料整理，我们对小田庄运河遗址有以下几点认识：

一是中心河道宽17.5米，南北壁陡直，加工痕迹明显，做工精致。我们认为该段大运河河道系人工平地开凿而成，并有统一工程规划和施工。

二是通过对北堤的解剖，发现早期大堤，底宽10.5～15.5、顶宽6.5、高2米。

三是到北宋前期大运河历经唐晚期和五代，泥沙沉积加快，对大运河道的清淤和大堤的加固越来越频繁，宋代对大运河的管理也越来越重视和加强。

四是通过对河道内地层关系判断，北宋中早期的地层只分布在北河坡，河道内不见，可以看出在宋代晚期对该段大运河进行了一次最大规模的清淤工程，

此次清淤将大运河中心河道向南推移近5米，将隋代的南河床向下挖掉约0.5米，将隋代的南堤也挖掉大部分，隋代南堤仅残存南半部。

此次小田庄大运河遗址考古发掘是宿州市灵璧县境内首次考古发掘，发掘出大运河中心河道、河床、河坡和完整北堤，同时发现十几处重要遗迹现象和大量精美文物。通过此次大运河遗址发掘为进一步了解大运河的开凿、运行和维护提供了丰富的资料。

**二 灵璧二墩子运河遗址**

1. 概况

二墩子运河遗址位于灵璧县灵城镇界沟村二墩子自然村东，东临液化气站，西为老303省道与民居，由中煤三建修建的S201省道与老S303省道连接线上。为配合工程建设，安徽省文物考古研究所、灵璧县文物管理所对其进行了抢救性考古发掘。发掘工作从6月26日开始至7月20日结束，历时近一个月。共发掘面积约300平方米。

2. 收获

共出土各类文物200余件及大量瓷片，有陶器、瓷器、铜器、铁器、骨器、石器等，其中瓷器最多，主要有青瓷、青白瓷、白瓷、黑釉瓷、黄釉瓷、酱釉瓷、三彩瓷等。

3. 认识

大运河在灵璧二墩子段中心河道（水面）宽约17.5米，南北壁陡直，加工痕迹明显，做工精致，在中心河道北壁发现脚窝一个。该段大运河河道系人工平地开凿而成的可能性很大。

出土众多遗物，出土的瓷器涉及窑口有耀州窑、邢窑、宣州窑、繁昌窑、萧窑、临汝窑、景德镇窑、建窑、吉州窑、越窑等，反映了南北瓷器贸易的交流和运河的繁忙。

总之，此次发掘为研究运河遗址的历史变迁和唐宋时期物质文化交流提供了重要的参考资料。

**三 宿州西二铺运河遗址**

1. 概况

宿州西二铺运河遗址位于宿州市西二铺乡以东约

"宿州考古成果展"展览现场

1 公里，遗址东侧紧靠 X234 乡道，东距十五里铺约 0.5 公里。因宿州市西外环建设涉及大运河遗址及保护范围，经安徽省文物主管部门批准，安徽省文物考古研究所对涉及范围进行了考古勘探，并联合当地文物部门进行了抢救性发掘。本次发掘共布 22 米 × 12 米探方 1 个、22 米 × 6 米探方 1 个，实际发掘面积约 396 平方米。考古发掘工作自 2018 年 10 月 2 日始至 10 月 22 日结束，历时 20 天。

2. 地层堆积情况

该处大运河遗址地层堆积较厚，从河道上部到河底约 3.6 米，各层分布范围和堆积厚度差别较大，出土器物主要集中在第七层至第九层。遗址上部为建筑垃圾垫土，厚约 1.6～2.3 米，发掘区南部已遭破坏，去除施工垫土层即露出南河堤。T1 和 T2 探方内地层堆积基本一致。根据地层堆积及出土遗物情况，初步判断遗址第 8、9 层为隋至唐晚期，第 7 层为五代时期，第 5、6 层为北宋至宋金时期，第 2～4 层为元至明清时期，第 1 层为近现代。

3. 遗迹

通过本次发掘，发现运河本体的遗迹有南河堤、南河坡、部分河道等，现简要介绍如下。

（1）南河堤

位于 T1、T2 南部，近西北 – 东南走向，方向大致与 S303 省道平行。现存的南河堤顶部较平整，宽约 10 米，与河道底部相对高差约为 3.5 米。河堤土呈灰黑色，土质致密坚硬，夹杂较多青砖块、瓦片，瓷片几乎不见。从包含遗物及与河床的地层堆积叠压看，灰黑色河堤土的形成应早在隋唐时期，属于早期的运河河堤。运河两岸的河堤也称汴堤、隋堤，隋堤形成之初，曾作为御道，宋司马光主编的《资治通鉴》有"渠旁皆修御道，树以柳"的记载，并且隋堤上广植杨柳。唐宋诗词中亦常见隋堤柳的记载，如"隋堤柳，岁久年深尽衰朽""隋堤路，渐日晚，密霭生深树""我行汴堤上，但见榆荫绿"等。河堤土坚硬致密可能是因为河堤长时间作为陆路交通要道导致的。

（2）南河坡

南河坡位于发掘区南部，以 T1 南河坡为例介绍。南河坡呈斜坡状，坡度为 35°～45°，平面南北宽约 5 米。在南河坡上部有一台阶，东西横穿整个探方，台面平坦，台阶高 0.2、宽 0.6 米。

（3）河道

由于发掘受限，本次发掘的河道属于运河河道的南半部分，北半部分河道处于 S303 道路下。以 T1 为例介绍，发掘区河道宽约 12.1 米。河道地层堆积以细沙土为主，疏松细腻。河道底部较平坦，河道底部距河道上部约 3.6 米，河道底部距 S303 道路地表约 5.9 米。

### 4. 遗物

本次发掘出土了较多的遗物，有 150 余件，另外有大量的陶瓷片标本。遗物按材质划分有陶器、瓷器、铁器、铜器、骨器等，以瓷器数量最多。瓷器釉色多种，有青釉、黄釉、白釉、黑釉、酱釉、青白釉等，器形有碗、盏、盘、钵、器盖、执壶等，其中以碗为主。陶器有盆等。铜器主要为钱币，骨器有簪等。出土的瓷器涉及唐宋时期的萧窑、寿州窑、刑窑、吉州窑、耀州窑、越窑、宣州窑、景德镇窑等窑口。

### 5. 认识

通过地层堆积及出土遗物看出，隋唐地层中出土遗物较多，表明运河比较繁忙，宋代时期泥沙沉积较多，地层中仍可见南北不同窑口的瓷器，但宋代晚期，泥沙沉积骤多，遗物极少，运河的航运功能可能已经失去。

安徽段大运河是通济渠东段的重要组成部分，自 1999 年濉溪柳孜大运河遗址发掘以来，已进行大大小小考古发掘十余次，并通过一系列的调查、勘探，关于大运河的位置、走向及形制结构基本明确。本次考古发掘，获得了此段运河的河道、河坡及河堤等信息，也是对运河本体以往认识的进一步补充。

### 四 灵璧凤山大道运河遗址

宿州市灵璧凤山大道隋唐运河遗址自 2021 年 8 月 18 日发掘到 2022 年 1 月 18 日结束，历时 5 个月。清理运河河道 31 米长，包括完整的两岸河堤、河道、木岸狭河遗迹、船底摩擦河底痕迹、脚印、沟槽遗迹等重要遗迹以及大量文物。

### 1. 重要发现

（1）河堤

清理河段长 31 米，河道宽 45.6 米，运河总宽度约 66 米。两岸河堤保存完整，北河堤顶宽 9.7 米，南河堤顶宽 10.7 米，能够看出人工堆筑的迹象。北河堤坡度较缓且漫坡上有密集且浅细的竖线条痕迹，推测是船舶底部的划痕遗留下来的。北河堤顶距河底深约 4 米左右。南岸河堤坡度较陡，暂时未发现特殊迹象，河堤顶距河底深 3.8 米左右。

（2）河道

河道可以分为主、副航道，北半部是人工开挖的主航道，较副航道深约 1.2 米左右，宽约 21 米；副航道为自然航道，位于南半部，宽度在 13 米左右。在河道地层堆积中可以明确看出运河使用的痕迹，运河的水源来自黄河，含泥沙量大，运河通航时就会沉

"宿州考古成果展"展览现场

积大量泥沙层；水源短缺时就会形成淤塞层。

（3）木岸狭河遗迹

在北岸河堤坡底部发现了木岸狭河的迹象。先是开挖了一条宽 0.5-0.6 米，深约 0.4 米的沟槽，在沟槽内再挖有间距不等的柱洞。在柱洞中安插木桩，木桩间架构木板或木栅栏。形成木岸狭河以抬高水位，束水攻沙。

出土大量的遗物，有陶瓷器、人骨、动物骨骼、砖瓦、灵璧石、螺贝壳等。其中瓷器最多，主要有青白瓷、白瓷、黑釉瓷、黄釉瓷、酱釉瓷、三彩瓷等。

2. 重要意义

（1）运河考古中首次确认利用自然河道拓宽通济渠的证据，并确认了主副航道。根据通航靠右和顺流者避让逆流者的通行规则，南方满载的漕船是靠北侧行驶，即在较深的航道内行驶，吃水线较深，满足通航要求。南下的漕船载的货物少，靠南侧行驶，吃水线较浅，在副航道行驶。

（2）通济渠是利用人工河道与自然河道相结合的沟通方式。凤山大道遗址点发现的人工扩宽自然河道的现象实证了《隋书》中关于通济渠开通的记载。

（3）通济渠安徽段除泗县一段活运河外，大部分掩埋在地下变为陆地，且多被道路和民居占压，此次发掘完整的揭露了通济渠两岸河堤及河道且保存完整，可以完整的体现运河开挖、使用、淤塞、清淤及废弃的完整过程。

（4）发现的木岸狭河遗存与柳孜运河遗址、宿州埇上嘉苑运河遗址中的木岸狭河遗迹形式不同。反映了构筑技术的差别和运河管理的重视。发现的船底摩擦河底的痕迹以及船锚，反映了当时运河漕运的繁忙。

（5）出土大量文物，以瓷器为主，主要有宣州窑、繁昌窑、萧窑、临汝窑、景德镇窑、建窑、吉州窑、越窑等。在反映了南北瓷器贸易广泛的同时，为研究当时社会背景提供了参考。另外还出土灵璧石和大量的动物骨骼，为研究唐宋时期两岸居民的饮食习惯提供了丰富的材料。

此次考古发掘完整的揭露了隋代至明清时期大运河运河遗址的历史变迁过程，是一处不可多得的运河遗址断面。

**五　萧县欧盘窑遗址**

1. 概况

2015 年 5 月～10 月，安徽省文物考古研究所联合萧县博物馆对萧县欧盘窑址进行了考古发掘。欧盘窑址位于萧县白土镇欧盘村南部，南距白土寨窑址约 4 公里。此次发掘主体在省道南侧，依地形自西向东布 5 米 ×10 米探方 13 个，另在北侧及部门探方间隔内布探沟 4 条，共计发掘面积约 1100 平方米。

2. 遗迹

通过发掘，共计清理出隋唐时期各类遗迹 90 处，其中窑炉 6 座，制料池 4 座，房址 15 座、灰坑 50 个、墓葬 1 座、灰沟 7 条，柱洞类遗迹 2 处，灶类遗迹 1 处、路基 1 条，另有特殊遗迹 3 处。

6 座窑炉均为馒头形窑炉，一般由窑床、火膛和操作坑组成，多数窑炉保存较差，窑壁多以耐火砂性土砖砌成。根据窑炉形制、结构与方向等推断其应为两个不同窑区。

料池类遗迹可为两种，一种先挖土坑，坑壁及坑底均由石块贴砌或平铺；另一种坑壁经瓷土类物质修整加厚。

房址均为方形，平地起建，以石块垒砌，掺杂碎瓷片等，其中 F3 揭露最为完整，长 5.8、宽 5.0 米。

3. 遗物

出土遗物近万件，其中与烧造相关的窑具有窑柱、窑棒、支托、垫板、支钉、垫圈和匣钵等；制料工具主要有石兑、碾轮、擂钵等；生活用具主要有陶盆、陶罐和陶缸等。从窑址出土烧造成品来看，其产品以青釉瓷为主，分青灰和青黄两种，另有少量白瓷；器类以碗和高足盘居多，四系盘口壶、罐、敛口钵、盆、碟、盏和杯等也占有相当比重，另有部分小盂、多足砚和虎子等；器物纹饰主要有弦纹、刻花与印花几种，另有部分贴塑与褐彩装饰。

#### 4. 认识

结合后续开展的萧窑窑址考古调查可知，欧盘窑址在萧窑窑系中地位举足轻重，从地理位置上讲，其位于众多窑址的最北端；从时代上看，其主要烧造时代为隋至盛唐时期，本次发现刷新了有关萧窑始烧年代的认识；从产品的种类和品相来说，欧盘窑址所出遗物质量属上乘，尤其是一批精细白瓷器以及印花和褐彩的装饰工艺的发现。此次发掘为深化萧窑的研究乃至深入探讨南北瓷窑过渡地带的文化面貌有重要意义，也为探讨南北瓷业交流等问题提供重要材料。

### 六 萧县白土寨窑址

#### 1. 概况

白土寨窑址位于安徽省萧县白土镇，2017 年 3 月～7 月，安徽省文物考古研究所、武汉大学考古系、萧县博物馆对白土寨窑址老文化馆门前地点进行了主动性发掘。本次发掘实际面积 478 平方米。

#### 2. 遗迹

清理唐宋时期各类遗址 70 处，其中窑址 3 座、料池 4 个、储灰池 7 个、房址 10 座、灰坑 29 个、柱洞类遗迹 12 个、灶类遗迹 3 个和路基 2 条。

作坊区可分为东、西两区，东区作坊有 F1、F2，应为专门保护料泥池 C1 搭建；西部作坊区有 8 座房址，部分配置有料泥池与储泥池类遗迹。

3 座窑皆为半地穴式马蹄形窑，窑炉结构一般由窑床、火膛和烟道组成，未发现操作坑，窑炉保存较差。

料池类遗迹全为长方形，由垫板铺地，池边立砖，池底残存瓷泥。

储泥池遗迹平面多为长方形，结构为直壁平底，池内包含大量草木灰，上层夹杂红烧土颗粒。

#### 3. 遗物

出土器物丰富，保存完整的小件器物近 800 件。制料工具类包括碾轮、擂钵；窑具类包括窑柱、垫板、支托、垫饼、碗形间隔具、手捏船形间隔具，少量三足支钉和匣钵；生活用具类包括陶器、瓷器、骨器等。瓷器釉色以白釉为主，均施白色化妆土，胎质较细密坚致，器类以碗为主，还有盏、执壶、盆、双系罐、瓜棱罐、瓶、杯、盂、平底钵、枕、缸、提梁罐、砚、玩具、佛像、骰子、棋子、建筑构件等。晚期扰乱地层多出土酱釉深圈足涩圈碗、酱黑釉瓷罐、白地黑花瓷盆（部分带字"风花雪月"）等，当属金代风格。早期唐代地层多出土青釉和黄釉玉璧底碗、盏等，施釉的方法为蘸釉，釉层薄厚不均，往往形成蜡泪痕。器物多素面，除了部分刻花、划花外，少数呈釉下彩装饰，纹饰题材主要是牡丹、草叶、卷云纹等。

#### 4. 认识

根据前期调查和发掘得出的初步认识，萧窑始烧自隋唐，一直延续至宋元时期，结合 2015 年欧盘窑址的发掘情况可知，欧盘窑址主要烧造时代为隋至盛唐时期，欧盘窑址的材料年代最早，白土村各窑址点的年代较晚，其发展历程似有窑址点由北向南迁徙的趋势。

本次发掘进一步丰富了我们对有关萧窑中心窑厂分布区内文化内涵的认识：从产品的种类和品相来说，白土寨窑址所出遗物种类丰富，除了日用器物外，还出土有瓷质明器、佛像砖、佛像面瓦当等，此外大量围棋子、骰子的出土反映了宋时当地居民窑工的日常娱乐生活；更可喜的是碗形间隔具与船形间隔具等窑具的使用方式在这次发掘中有实物可以印证，对萧窑的装烧工艺研究具有十分重要的意义。综合考虑层位关系及出土遗物状况，此次发掘所揭露出的西部作坊区并不是服务于东部窑址烧造区，而寻找与西部作坊区紧密联系的烧造区、与东部烧造区联系紧密的作坊区的工作还需要进一步的发掘来完成和证实。

在展陈大纲整理及布展过程中得到了安徽省文物考古研究所张辉、张小雷、任一龙、王志、陈超、蔡波涛等诸位领导、老师的大力帮助和支持，在此一并致谢。

# "百岁画仙——萧龙士书画艺术展" 展陈内容方案及文本大纲

赵思满（宿州市博物馆）

## 第一部分：展陈内容方案

### 一 展览选题缘由及馆藏资源优势分析

宿州历史悠久，人杰地灵，文化底蕴深厚，书法艺术源远流长。宿州所辖县区，先后被国家有关部门授予"中国书画艺术之乡""中国书法之乡"等荣誉称号。

萧龙士即出生在具有"中国书画艺术之乡"之称的萧县。他是中国现当代杰出的书画艺术家和美术教育家，一代画兰大家，被后人尊称为"安徽八老"。上承徐青藤、陈白阳、朱雪个、扬州八怪、吴昌硕、齐白石诸先贤，下启江淮大写意画派，功勋卓著，成绩斐然，亦是"龙城画派"的领军人物。

我馆在 2013 年从市直机关事务馆接收了一批萧龙士书画作品（现已移交宿州市美术馆），质量堪称精品。依托资源，举办此展览，既可以满足广大观众的文化需求，又能为本地书画艺术的推陈出新、再创辉煌起到积极的促进作用。

### 二 展览内容定位及定位的基本原则

展览精选萧龙士先生书画精品力作，分为绘画和

"百岁画仙——萧龙士书画艺术展"序厅

书法两个部分展出。其著作、文献资料、生活物品、照片及影像资料等辅助展品配合展出，辅以丰富的图文介绍，丰富其人物形象，直观呈现其在书画领域取得的杰出成就，从而使观众更好地领略其独特的书画造诣以及丰富的人格魅力。

展览内容定位的基本原则：

1. "服务观众"的原则。以通俗化和普及化为出发点，将知识性、新颖性、情趣性、观赏性融于一体，缩短观众与陈列展览之间的心理距离，真正达到让展览"活"起来、观众"动"起来的目的。

2. "亮点突出"的原则。在馆藏萧龙士书画资源的基础上，不是一味地堆砌书画作品，而是选取萧龙士经典代表性作品，突出主题，突出亮点。

### 三　展陈风格和手段

尝试改变简单"挂画"的形式，创新展览表达方式。

在展线中穿插辅助性实物展品，包括小型造景元素、古代瓷器和现代工艺品等。展览单元说明位置设有花架，可以放置相应实物展品。例如，在"第一单元：绘画"单元可以展示兰、荷、梅、竹等盆景，与萧龙士绘画作品相映成趣。

在展线外设置萧龙士诗书作品的喷绘布帘。文字内容或者是咏物的名作，或者是其书写历史名人的诗词，色彩配置以淡色为主，图案装饰上使用具有水墨画意的元素，着力营造雅致的氛围。

### 四　展览内容的主题框架

前言

（综述萧龙士其人及其书画对后世的影响，并表达举办此展览的意义。）

第一部分：绘画

（萧龙士绘画作品的展示，体现其在书画领域的卓越成就。）

第二部分：书法

（萧龙士书法作品的展示，体现其在书法领域的深远影响。）

结束语

（收束整个展览，升华与突出主题。）

## 第二部分：展陈文本大纲

### 序厅

**【前言】：**

萧龙士（1889～1990年），宿州萧县人，原名品一，字翰云，斋名墨趣斋、堂号百寿堂。早年毕业于上海美术专科学校（南京艺术学院），四十年代师从艺术大师齐白石，是中国现当代杰出的书画艺术家和美术教育家，一代画兰大家，被后人尊称为"安徽八老"（萧龙士、孔小瑜、懒梧、申茂之、光元鲲、童雪鸿、王石岑、徐子鹤八位艺术家，在安徽近代画坛中尤为突出，并称"安徽八老"）。

萧龙士与一代大家李可染、李苦禅、许麟庐情逾手足，上承徐青藤、陈白阳、朱雪个、扬州八怪、吴昌硕、齐白石诸先贤，下启江淮大写意画派，功勋卓著，成绩斐然，亦是"龙城画派"的领军人物。历任中国美术家协会安徽分会名誉主席、安徽省书画院名誉院长、中国民盟盟员、安徽省文史馆馆员、安徽省人大代表和省政协常委。

此次展览共展出萧龙士精品力作40幅，同时辅以展出的还有相关文献资料，直观呈现萧龙士百年来的艺术经历，体现其在诗书画上的卓越成就。

**【辅助展板】：** 萧龙士成长中重要的人生经历

### 萧龙士年谱

1889年 清光绪十五年（己丑）一岁

是年五月十六日，诞生于徐州府萧县萧场村，取名萧品一。

1904年 清光绪三十年（甲辰）十六岁

考入萧县县城高等小学堂读书。高小期间曾随国画教师朱学骞先生学习花果禽鸟。（朱学骞，号孝堂，清末秀才，是当地著名花鸟画家。）

1906年 清光绪三十二年（丙午）十八岁

考入萧县师范讲习所。毕业后开始任教。

1921年 民国十年（辛酉）三十三岁

在徐州苗聚五处和李可染相识，遂结为好友。

1923年 民国十二年（癸亥）三十五岁

经李可染介绍，考入上海美术专门学校，插班二年级。于沪就学期间，除受教于李健、诸闻韵、潘天寿、汪声远、许醉侯诸先生外，还由诸闻韵老师引荐登吴（昌硕）府拜师求教。

1924年 民国十三年（甲子）36岁

潘天寿初见先生作品，极为赞誉，称为"江北第一画家"。

1925年 民国十四年（乙丑）37岁

在美专毕业，刘海粟校长致辞，蔡元培到会祝贺。

1926年 民国十五年（丙寅）三十八岁

于徐州加入欧亚艺术研究会，旨在介绍西方美术。与赵松年、王继述在浙江会馆联合举办画展。所作《乞丐图》，深受报界称道。同年，与王继述、阎泳百、王子云、李可染等共创徐州美术学校，先生任国画系主任。为立志龙城一士，易名为"龙士"。

1937年 民国二十六年（丁丑）四十九岁

先生作品两件（《幽兰》与《墨荷》），入选《第二次全国美术展览》，于南京参加开幕式时拜见了于右任、黄宾虹、叶恭绰、沈尹默诸先生。

1946年 民国三十五年（丙戌）五十八岁

与郑李可染、佟苏丹、郑培心、王祥甫、王寄舟、胡叙之、张之仁、卓启俊等组织中原艺社。先生同时举办个人画展。同年，先生在南京举办画展时，著名画家陈之佛、张书旂、傅抱石联名发表评介文章，颇多赞誉。

1949年（乙丑）六十一岁

为庆祝新中国成立作巨幅《皆大欢喜》图。是年，经李可染先生引见，李苦禅先生陪同，携友刘惠民、甥郑正拜见了齐白石大师。与李苦禅、许麟庐结为好友。

1950年（庚寅）六十二岁

由许麟庐置办家宴，徐悲鸿、李可染、李苦禅作陪，正式拜白石老人为师，执弟子礼。大师亲刻"龙士"印章赠作纪念。

1952年（壬辰）六十四岁

被选为安徽省第一届人大代表，并出席大会。

1955年（乙未）六十七岁

被安徽省文史馆聘为馆员。

1963年（癸卯）七十五岁

于合肥与梅华、孔小瑜、申茂之、童雪鸿联合举办五老画展。十二月，当选安徽省第三届人大代表。

1974年（甲寅）八十六岁

春，偕学生郑正、薛志耘、傅强等去上海拜会了著名画家王个簃、来楚生、唐云、朱屺瞻、黄幻吾、曹简楼等，去南京拜会了林散之先生。

1978年（戊午）九十岁

五月，学生六十余人在合肥逍遥津公园为先生祝贺九十大寿，并展出先生得意之作四十余件。《徐州报》发表董尧先生文章《九十高龄当奋发》，盛赞先生"老骥伏枥、志在千里"的奋进精神。

1983年（癸亥）九十五岁

从艺八十周年，中国美术家协会电贺先生九五大寿，五月十六日，中国民主同盟安徽省委员会、中国美协安徽分会、安徽省书画院、安徽省文史文史馆、合肥市工人文化宫等五单位，在合肥市工人文化宫举办了萧龙士从艺八十周年茶话会及师生作品展。著名画家李可染、许麟庐、黎光祖、赖少其等皆题词作画以示祝贺。

《徐州日报》载文《年高艺精香远益清》，介绍先生艺术生涯。

1984年（甲子）九十六岁

被推举为齐白石研究中心指导委员会副主席。是年，还被聘为老年书画研究会顾问。

1985年（乙丑）九十七岁

与离休老同志黎光祖、蒋德功、张学祥组成"松风竹雨社"，作《松竹图》，题黎光祖诗。

1986年（丙寅）九十八岁

元月，为安徽省残疾人基金会作画。四月，安徽省政协成立"萧龙士百岁寿筹备组"。

1987年（丁卯）九十九岁

一百岁五月十五日，学生数百人在合肥工人文化宫为先生举办了盛大祝寿活动并举办画展。

1990年1月17日萧龙士在合肥逝世。

【辅助展品】：萧龙士先生肖像雕塑

（白石膏质地，根据萧龙士肖像复原制作。放在序厅单独展出。）

### 第一部分：绘画

【单元文字】：

萧龙士是龙城画派的杰出代表，也是江淮大写意画派的开创者。其大写意花鸟画，吸取了八大、扬州八怪、吴昌硕、齐白石诸家前贤的精髓而又能自出机杼，自具神貌，形成了质朴、厚重、雄浑的个人风格。萧老所作题材十分丰富：除兰、荷外，还有松、梅、竹、菊、雁来红、芭蕉、牡丹、藤萝、蔬果及八哥、翠鸟、家雀、鸬鹚、雄鹰、鸡、鸭、鱼、蟹等。另有少量山水、人物，幅幅精品，足堪传世。

【展品】：萧龙士绘画精品展示（表一）

【辅助展板】：（放在萧龙士兰、荷重点作品旁，辅以介绍）

萧龙士笔下的兰、荷，尤为人们所称道。所画蕙兰，虽寥寥数笔，但错落有致，浑厚挺拔，层次分明，气旺质坚，刚柔相济。无论在笔法、构图和意境上，都可与扬州八怪中李方膺、李复堂相媲美。李苦禅评萧老兰草"堪称全国第一，当代无人可比"，王个簃称萧老为"全国一枝兰"。萧老的绘画主要成就表现在此，故赞者屡见不鲜。

萧老也是画荷高手，其墨荷之作，于严谨构图、潇洒雄浑的风格中，求得练达和深邃。虽"一花一叶一翠羽"，传递出的却是"万波万顷万家香"的物外之境和芳溢寰宇之情。故白石老人初展萧老墨荷画轴，便欣然题词："龙士画荷吾不如也。"

【辅助展品】：

相关著作：《萧龙士画集》《萧龙士蕙兰册》《萧龙士百寿画集》《萧龙士百寿纪念册》等。

旧信札、珍贵老照片、获奖证书、收藏品等。

萧龙士生前所使用的毛笔、砚台等书画用品及生活用品等。

"百岁画仙——萧龙士书画艺术展"绘画部分

表一　萧龙士绘画精品展示

| 序号 | 登记号 | 名称 | 时代 | 尺寸／厘米 | 件数（件／套） | 完好程度 |
|---|---|---|---|---|---|---|
| 1 | X6 | 国画《家常的美味》 | 1956 年 | 146×39 | 1 | 基本完好 |
| 2 | X20 | 国画《映日红荷》 | 1957 年 | 110×41 | 1 | 基本完好 |
| 3 | X4 | 国画《山水》 | 1959 年 | 55×54 | 1 | 基本完好 |
| 4 | X9 | 国画《山水》 | 1959 年 | 55×54 | 1 | 基本完好 |
| 5 | X30 | 国画《墨荷》 | 1959 年 | 66×33 | 1 | 基本完好 |
| 6 | X31 | 国画《香远益清》 | 1959 年 | 208×105 | 1 | 基本完好 |
| 7 | X5 | 国画《莲花》 | | 70×46 | 1 | 基本完好 |
| 8 | X36 | 国画《雄鸡唱晓》 | 1959 年 | 137×67 | 1 | 基本完好 |
| 9 | X39 | 国画《童趣》 | 1959 年 | 124×66 | 1 | 基本完好 |
| 10 | X33 | 国画《清香拂面》 | 1961 年 | 100×34 | 1 | 基本完好 |
| 11 | X18 | 国画《劲风英姿》 | 1963 年 | 145×78 | 1 | 基本完好 |
| 12 | X25 | 国画《幽兰八哥》 | 1965 年 | 90×33 | 1 | 基本完好 |
| 13 | X32 | 国画《戏荷图》 | 1974 年 | 66×105 | 1 | 基本完好 |
| 14 | X28 | 国画《鱼戏》 | | 67×34 | 1 | 基本完好 |
| 15 | X21 | 国画《莲塘蛙声》 | 1975 年 | 100×34 | 1 | 基本完好 |
| 16 | X2 | 国画《幽兰》 | 1988 年 | 68×42 | 1 | 基本完好 |
| 17 | X38 | 国画《幽兰雏鸡》 | | 69×34 | 1 | 基本完好 |
| 18 | X3 | 国画《和合》 | 1986 年 | 92×37 | 1 | 基本完好 |
| 19 | X24 | 国画《红梅八哥》 | 1983 年 | 95×34 | 1 | 基本完好 |
| 20 | X8 | 国画《亭亭玉立》 | 1983 年 | 89×50 | 1 | 基本完好 |
| 21 | X34 | 国画《五月琵琶赛金丸》 | 1984 年 | 137×34 | 1 | 基本完好 |
| 22 | X14 | 国画《垂兰》 | 1987 年 | 89×31 | 1 | 基本完好 |
| 23 | X17 | 国画《香远益清》 | 1988 年 | 92×32 | 1 | 基本完好 |
| 24 | X26 | 国画《兰石》 | 1988 年 | 83×38 | 1 | 基本完好 |
| 25 | X22 | 国画《兰石八哥》 | | 70×30 | 1 | 基本完好 |
| 26 | X35 | 国画《墨荷》 | 1988 年 | 134×65 | 1 | 基本完好 |
| 27 | X40 | 国画《风竹》 | | 79×30 | 1 | 基本完好 |
| 28 | X23 | 国画《荷塘清趣》 | 1968 年画 1988 年题字 | 115×33 | 1 | 基本完好 |
| 29 | X12 | 国画《雄心大志》 | | 92×63 | 1 | 基本完好 |
| 30 | X13 | 国画《田园风味》 | | 89×33 | 1 | 基本完好 |
| 31 | X10 | 国画《欣欣向荣》 | 1990 年 | 67×47 | 1 | 基本完好 |

第二部分：书法

【单元文字】：

萧龙士先生致力于中国画的同时，一直着意于书法，书与画融会贯通，相得益彰，其风格是完全一致的。先生的书法早年曾楷法钟繇、颜真卿，并参以虞世南、褚遂良、柳公权。后习行草，学王羲之、孙过庭、李邕。于颜真卿书用功最勤，学之既久，得力也最深。

【展品】：萧龙士书法精品展示（表二）

【辅助展板】：（历来书画大师对萧龙士的评语）

众家评说萧龙士

人为多愁少年老，花本无愁老少年，翰云学弟画甚工，将有大成定无疑。

——吴昌硕

龙士画荷，吾不如也。国有此人而不知，深以为耻，想先生不曾远游也。

——齐白石

比其人其画，为花中兰蕙，有古君子之风，令人肃然起敬。

——刘海粟

萧龙士之画，为"艺界之光"。

——林风眠

论年龄龙士为我兄长，论意志，我不如龙士，惭愧！江北第一画家。

——潘天寿

腕力绝强已臻行乎自然境界。

——吕凤子

龙士哥画兰，老辣纷披，可称全国第一，当代无人可比。

——李苦禅

先生精究六法，平生潜心苦志，悉心研磨，故下笔落墨，辄饶奇趣。曩于二届全国美展，读其所作，心窃慕之。兰石洒脱有致，尤以墨荷数帧，神姿飒爽，笔力伟健，大有八大风格。

——1946年抗战胜利后，萧龙士在南京举办画展，傅抱石、陈之佛、张书旂联名题评

百岁松不老，高艺万古春。

——李可染

龙士兄画兰笔墨雄浑潇洒，有花香欲活之态。

——许麟庐

## 表二　萧龙士书法精品展示

| 序号 | 登记号 | 名称 | 时代 | 尺寸／厘米 | 件数（件／套） | 完好程度 |
|---|---|---|---|---|---|---|
| 32 | X16 | 书法《联语》（福兮祸所伏……） | 1983年 | 89×33 | 1 | 基本完好 |
| 33 | X15 | 书法《联语》（一生勤为本……） | 1986年 | 100×33 | 1 | 基本完好 |
| 34 | X11 | 书法《联语》（须知极乐……） | 1988年 | 67×45 | 1 | 基本完好 |
| 35 | X7 | 书法《联语》（长寿有方……） | 1989年 | 68×47 | 1 | 基本完好 |
| 36 | X1 | 书法《联语》（振笔……） | 1987年 | 92×33 | 1 | 基本完好 |
| 37 | X19 | 书法《毛泽东词》（四海翻……） | | 69×42 | 1 | 基本完好 |
| 38 | X27 | 书法《脚踏实地不断前进》 | 1987年 | 92×33 | 1 | 基本完好 |
| 39 | X29 | 书法《乐在糊涂中》 | 1987年 | 69×42 | 1 | 基本完好 |
| 40 | X37 | 书法《兰亭序》 | 1986年 | 130×33 | 1 | 基本完好 |

"百岁画仙——萧龙士书画艺术展"展览现场

我们敬重萧龙士先生不仅因为他年高、艺精，还因为他品德高尚，为人谦虚自约，处事豁达大度，待人和蔼可亲。人们常说：画品则如人品。诚然，萧龙士先生善画幽兰，其兰翩翩有君子之风，千姿百态，妩媚多姿，使人肃然起敬。

——赖少其

萧老的兰花，博取各家之长，所以他对石涛、郑板桥，以至于吴昌硕、齐白石都是有所借鉴的。

——冯其庸

【辅助展品】：萧龙士先生珍贵影像资料——《榴花灿灿访肖翁》（需要电子屏播放）

## 结 尾

【结束语】：

1990年1月17日，萧龙士先生走完了他101年的人生旅途，结束了九十多年的艺术生命。先生为人忠厚正直，淡泊名利，不计得失。他曾说："作画必先立人，没有好的人品，就没有好的画品，人品不高，落笔无方。"待人亦热诚谦逊，爱国爱民，尝题"握笔应书民心愿，凝神当思国前程"的书作以表达其情怀。

林散之先生曾说："萧老人厚道，画厚重，字亦厚重……"。萧龙士一生致力于大写意花鸟，作画用墨尤为厚重，主张无论字和画，都要厚重，只有厚重的功力才有厚重的笔墨。其在书画艺术上取得的辉煌成就在当代绘画书法史上增添了承前启后浓墨重彩的一笔。

萧龙士是集花鸟、人物、山水画于一身的多能画家，是诗歌、书法与绘画理论诸方面都有深厚功力的艺术家，有"诗书画三绝，德艺寿齐辉"之盛誉。兰无百岁人百岁，人罕千秋画千秋，萧龙士先生的书画艺术将永垂人间！

# 变化的岁月　不变的情怀
## ——高传业摄影作品展观后

宋建国（拂晓报社）

"为什么我的眼里常含泪水，因为我对这土地爱得深沉。"用这句诗来表达观看高传业摄影生涯 50 年作品展的感触，是最为贴切的。

从一个 20 岁的青年到年近九旬的老者，他始终能把镜头对准这块养育他的大地和生活在这片土地上的百姓，讴歌人民奋斗的历程，颂扬祖国的繁荣进步，就是因为他对宿州这块土地深深的眷恋，对家乡

的一片真情。

高传业同志 1932 年生于淮河岸边的蚌埠。从小饱受淮河水患的他，在新中国成立初，就投入到治理淮河的水利工程当中，从事宣传工作。由于工作成绩突出，1957 年调至《拂晓报》任记者，1959 年，又被选调到中央新闻纪录制片厂任摄影助理。宿州市博物馆展览的"历史的瞬间——高传业摄影作品展"，

"历史的瞬间——高传业摄影作品展"

"历史的瞬间——高传业摄影作品展"展品

展出了他在这 50 多年中，采访拍摄黄河三门峡治水工程、第一汽车制造厂的生产建设、第一届全国运动会，拍摄到了水库放水、红旗轿车下线和周恩来总理、贺龙、陈毅两位元帅参加运动会，接见世界举重冠军陈镜开的珍贵镜头。1959 年 10 月，庆祝中华人民共和国成立 10 周年之际，230 多位将军组成的合唱团阵容宏大，指挥李志民上将的神采，第一位女将军李贞纵情高歌的神韵，《十送红军》那动人心魄的旋律，仿佛冲入耳鼓，扑面而来，给观众以极大的震撼。刘少奇、邓小平等领导接见劳模、平易近人的神态，给人们留下了亲切和鼓舞的力量。

20 世纪 60 年代初，正当高传业崭露才华之际，他却毅然选择回到了家乡，回到了培育他成长进步的

拂晓报社，继续当他的摄影记者。高老说："记录时代是我的责任，也是我的追求。"他是这样说，也是这样做的。从这次展出的一百多幅作品中，可以深深地感受到这一点。影展仿佛带着观众走进时光的隧道，穿越着历史岁月。像祖先把他们的心事刻在竹简上，高传业是把他的生活体验定格在了胶片上。60 年代拍摄的一幅幅开挖新汴河的巨幅图景，为观众呈现出千军万马、人拉肩挑治理河道的壮阔场面。让人们感受到如今通江达海、岸绿水美的新汴河是多少人为之奋斗、又付出了多少艰辛才实现的。拍摄于 20 世纪 50 年代的宿城老城区的巨幅航拍图片，唤醒了几位老者的记忆。他们找寻着当年工作、生活过的老街道、老地方。孩童时的记忆、年轻时的依恋，所走

"历史的瞬间——高传业摄影作品展"
展览现场

过的足迹，感叹着时代的变迁、发展的速度。改革开放后，高老的镜头追随着时代的变化。移风易俗、结婚不要彩礼的十姑娘，风姿绰约，神采飞扬；等待出厂的柴油机整齐排列；新汴河大桥通车时的汽笛声声；交送公粮的队伍望不到尽头；送戏下乡、在田间地头为民演出的铿锵声响；著名表演艺术家赵丹、张瑞芳、杨在葆等人演出时的影像……纵观影展，许多照片，都和我们的时代同脉搏共呼吸，记录着宿州大地上发生巨变的历程，所创造的光辉业绩、彰显的精神价值。影像自然生动，淳朴感人。照片中那秧苗的苗壮、泥土的芬芳、眼中的希望、拉魂的唱腔，为我们展现出了那个年代的生动的画卷。把一些历史瞬间凝固成不少经典照片，具有很强的时代感，而且几乎

没有缺席那些年代宿州发生的重大事件，给我们留下了那个年代珍贵的难忘的记忆。他的作品，必将深深镌刻在宿州发展的史册上。

展览带着我与数不清的旧日重逢，使我记忆的闸门洞开。尤为难忘的是跟随高老师的一次采访。80年代中期，农村专业户如雨后春笋般涌现。固镇县农民利用塌陷区水面养殖珍珠、购买橡皮快艇来进行管理的事引起了他的关注，高老师约我一同前往。记得是春节刚过，水面结了一层薄冰。为了拍到理想画面，高老师毅然脱掉鞋袜，走进冰冷的水中，一站就是 20 多分钟，直到拍摄满意才上岸。看到他冻红的脚腿，亲眼见到他如此的敬业精神，心中油然生起敬佩之情。此情此景，至今仍历历在目，难以忘怀。

陪同高老师观展时，高老师对我说，现在回过头来看看自己走过的路，扑下身子把镜头对准百姓，对准那些大时代下需要帮助、需要歌颂的人物，是我们摄影人应有的情怀，是很值得的。

是的。高传业这次影展以《历史的瞬间》为题，以众多百姓人物为主角，与他的想法和一贯做法相辅相成，为我们留下了宿州人民不屈奋斗、不断前行的身影。在开幕式后，高传业无私地把他珍藏多年的一千余幅底片捐赠给宿州市博物馆，从中更是感受到了他一片赤诚的大情怀。而宿州市博物馆刘林馆长说的"高老的作品不仅仅是记录，更是文物"这句话，特别让我钦佩和感动。我为他对纪实摄影独具眼光的深刻认识而击掌。作为一名摄影人，也从这次影展中感受到了纪实摄影作品记录时代的、无可比拟的真实的力量和无限价值。真实才是一切美的源泉。

真诚祝愿高老师的影展完美成功，衷心祝愿他老人家艺术青春永驻。

高传业摄影作品：《20世纪50年代中期宿城航拍图》

高传业摄影作品：《砀山酥梨采摘》

高传业摄影作品：《开挖新汴河》

高传业摄影作品：《江南竹排》

# 仁者爱山　智者爱水

## ——回忆马彬先生

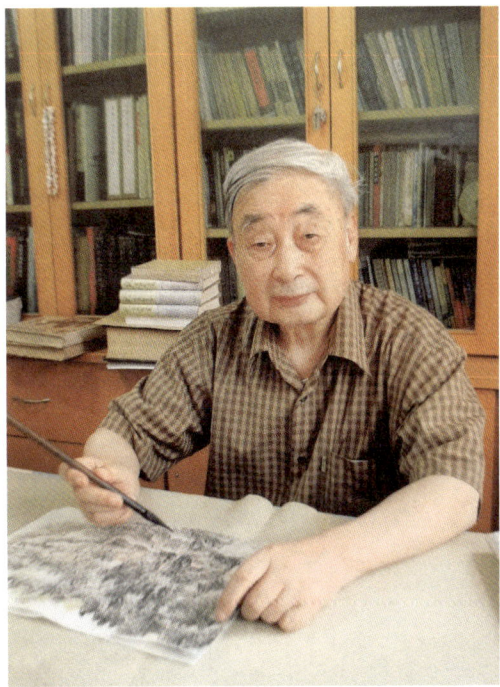

马彬先生

2019 年，马彬先生的后人遵照老人遗愿将遗作 55 幅捐赠安徽博物院收藏。安徽博物院随即策划了"悦目、悦心、悦神——马彬先生绘画艺术展"在老馆展出。北京师范大学康震教授为展览作序，全文如下：

马彬先生，当代著名画家。早年求学中央美术学院华东分院（今中国美术学院），受业林风眠、潘天寿等先生，研习不辍；后进一步得到黄宾虹先生口传心授，兼以博采众长，独出机杼，遂自成一家。马老先生作画，开阖收放自如，虚实疏密相间，峻拔温润交汇；其画作，远观则生气郁勃，近看则浑然天成，细微处精思傅会，宏大处匠心独运。画面虽静止不动，却始终有一股绵绵不息的韵致流动其间，令人一唱三叹，回味无穷。老先生谦称自己的作品为"日课"，可见绘画之事，不仅是功课，更是运思、炼意与修行，画进一步，人进一步，意更进一步，以至于化境，这恐怕也是作者孜孜不倦所要追求的吧？

马老先生精于创作，也擅长体悟绘画之道。在他看来，中国画的"意"，内蕴广大，其核心要义便是自然之真美——也就是"形而上的内美与形而下的外美的统一"。这样深刻的见地，恰恰是对马老先生多年创作实践的精准概括与总结。

我喜欢绘画，非常业余，只是喜欢而已。绘画，让我感到喜悦、幸福。所以不揣简陋，很冒昧的以"悦目，悦心，悦神"表达我这个后生对马老先生画展的感受。班门弄斧，野人献曝，不足以道出我写这篇文字的尴尬与羞愧。汗颜为之而又汗颜，恳望方家哂笑之余，多多赐教为盼。

2020 年 8 月，"悦目、悦心、悦神——马彬先生绘画艺术展"又来到马彬先生家乡宿州举办巡展。画展向人们展示了马彬先生对祖国大好河山无比热爱的赤子之心，对中华优秀传统文化博大精深的仰慕之情。马老先生酷爱山水画，书斋题名倚山阁。偶有花鸟之作，则谦称"试笔""戏作"或"勉强为之"。睹物思人，参观在宿州市博物馆举办的"悦目、悦心、悦神——马彬先生绘画艺术展"，让我回忆起与马老先生难得的几次见面。

第一次见马老是在宿州。20 世纪 90 年代初的一天，在朋友家里第一次见到马彬老先生。进屋时，马老正眯着眼瞅着墙上一幅墨迹未干的梅花图，估计是左邻右舍或是亲戚朋友索画，马老刚刚创作的。马老为人随和，慈眉善目，言语不多，一副喜欢安静、与世无争的样子。当时，马老来宿县做一些考古研究工作，研究对象是某一个山上发现的带有刻画符号的石片。有人和马老开玩笑道："您老在山上捡了这么多破石片，像宝贝一样收着，有啥用啊？"马老不紧不慢地解释道：这代表着一种古老的文明。马老新中国成立初期大学毕业以后一直在安徽省博物馆工作。除进行书画创作和书画理论研究以外，还从事文物研究和鉴定工作。他也是安徽省文物出口鉴定站的特聘专家。

第二次见马老，大概在 1999 年前后。我从天柱山回来路过合肥，顺便去马老先生家里看望他。记得是初冬时节，天气较冷。马老和老伴正在家里用木炭火盆烤火。我问马老，为什么总是待在家里，不出去散散步。马老给我讲了一些陈年旧事。早年间，大家都知道马老的山水画画得好。每次出门时，遇到熟

溪山幽居图　1990 年

湖山高松图　1991 年

龙松梅石图　2003 年

人，就会像马老求画。马老善良，不会拒绝别人，便一一应承。马老又是个认真的人，一旦承诺，从不食言。久而久之，马老不堪重负，便不敢出门，养成了整日待在家里的习惯。

第三次见马老，是 2009 年专程去求画，再次来到马老家。虽然还是安徽省博物馆宿舍，住房条件已大大改善。我在客厅与马老聊天，谈及书画，马老很谦虚。他说："中国画博大精深！我只学一点皮毛而已。"我说："您别谦虚，您是科班出身，师出名门！您和林散之老先生一样，都是黄宾虹的学生。"马老说："我和林老不一样，林老是带艺拜师。他拜黄宾老为师的时候已经取得了很大的艺术成就。我师从黄宾老学画的时候，还是个二十来岁的年轻学生。黄宾老讲的很多东西，当时还理解不透，甚至有些道理在几十年以后才慢慢领悟。"我觉得，马老的谦虚不是装腔作势的客套，而是发自肺腑的真诚。因为，马老是见过世面的画家。他的恩师，如黄宾虹、庞薰琴、林风眠、潘天寿等都是当代中国画坛的泰斗，他本人在省博长期研学馆藏的唐寅、石涛、八大山人、雪庄、查士标、渐江、郑板桥等宋、元、明、清历代大师的真迹。只有没面对过高山的人，才会以为自己是

巨人。

马老还回忆了跟黄宾虹学画时的一些事。例如，黄宾老如何悄悄地将自己的画作和自己收藏的古人佳作让他带回宿舍临摹，还有黄宾老送他一枚刻有"马彬之印"的印章等等。

我顺便问一下马老，宿州谁的画好，马老脱口而出："梅先生的画好！"马老还告诉我，20 世纪 70～80 年代，梅纯一先生每次来合肥，都要到他家里来聊天。我想，梅老与马老有相似的专业背景，都是新中国成立前美术专业的老大学生，一位毕业于南京中央大学美术系，一位就读于国立杭州艺专，这都是民国时期最规范、最标准的美术人才培养单位。所以他们有着很多共同的语言、和相似的认知。

马老夫人看我们这边聊得投机，便回头看着我，打趣马老说：他是个老古董，一聊天净是些老古董的事。

第三次见马老谈了很多，意犹未尽。本想以后能多向马老请教，不想却成为最后一次谋面。在以后的几年里曾多次计划拜见马老，都机缘不巧，擦肩而过。

2011 年清明，马老曾计划回老家埇桥区时村镇

菊石清秋图　2008 年

北大桥上坟。我当时已在宿州市博物馆工作。本想借马老回老家的机会，邀请他来我们博物馆看看，给我们一些指导和建议。后来，子女担心其年事已高，出门不便，终未成行。

2012 年，听说马老得病了，和几位朋友一起去合肥看望。不想，车走一半，刚过蚌埠，局里有急事，只好回去。

2013 年，病重的马老托人给我带来一本画册《丹青问道、墨语人生——颜语、违远柏、周觉钧、马彬、裴家同艺术文献作品集》。画册由安徽美术出版社出版，安徽省美术家协会常务副主席林存安在《序》中写道："颜语、违远柏、周觉钧、马彬、裴家同等'五老'，是继萧龙士等'八老'之后安徽现代中国画坛的名家。"

2014 年马彬老先生逝世，享年 86 岁。画册《丹青问道、墨语人生——颜语、违远柏、周觉钧、马彬、裴家同艺术文献作品集》也成为马老留给我最后的念想。

2015 年 3 月，安徽省博物院郑龙亭副院长，带几位专家来宿州市博物馆做预防性保护和书画保护方案。谈及马彬先生时，快人快语的郑院长赞不绝口。他说："我与马老共过事，马老是我最敬佩的艺术家，无论他的人品，还是他的作品，都非常好，非常难得。"无独有偶，2015 年 4 月，安徽省文物鉴定站来我馆做可移动文物普查的文物鉴定工作。工作之余，鉴定站的书画鉴定专家张耕老师叮嘱我："马彬是你们宿州人，宿州市博物馆一定要收藏马老的画。他的山水画艺术水准很高。"

马彬先生一生淡泊名利，不闻人境的车马喧嚣，静心做学问，潜心画南山。他把毕生的精力都投入到他热爱的绘画和文博事业中，真是一位值得我们尊敬、学习的前辈和榜样。

# 用宿州文物讲中国故事
## ——宿州市博物馆"秦汉雄风"展览综述

孙肖肖（宿州市博物馆）

"秦汉雄风"为宿州市博物馆的基本陈列之一，展厅面积600平方米（图一）。主要展示了秦汉时期发生在宿州的影响中国历史发展的政治和军事风云变幻，以及两汉时期这里的物质和精神文明成就。

宿州历史悠久，文化灿烂，人杰地灵，人文底蕴深厚，社会经济与文化几度繁荣，在中国历史上曾占据重要地位。秦汉时期，宿州，因其是"中原唇齿、徐淮襟喉"之地，战略位置极为重要。可惜秦皇不重农桑，醉心于其霸业，宿地战事不绝。撼动秦二世胡亥宝座的大泽惊雷，是中国历史上农民起义战争的第一幕。随后，楚汉相争，而刘项垓下一战，项羽遭遇"十面埋伏""四面楚歌"，而至"军帐别姬""乌江自刎"，终结了旷日持久的腥风血雨，迎来了中国历史上的大汉王朝。

"秦汉雄风"展厅分为"大泽起义""楚汉相争""两汉遗珍"三个部分。展陈形式采用影像、

图一　"秦汉雄风"展厅

图片、文字、软木壁画、雕塑、现场复原、文物陈列等多种形式，组成立体空间，辅以 VR 展示、智能导览等数字技术再现历史场景，使观众产生强烈印象。

## 一 内容丰富，可移动文物与不可移动文物相结合

展示内容上，抓住宿州秦汉时期的历史发展脉络，突出地域文化特色。展览依托涉故台——陈胜吴广起义遗址、蕲县古城遗址、虞姬墓、"九女坟"汉画像石墓等安徽省重点文物保护单位，采用雕塑、场景复原等方式和手段，生动地向观众呈现了当时的历史场景，辅以图版文字介绍，注重不同时期的发展和演化特点，展示传播更多更丰富的信息量，充分挖掘解读文物背后的故事，以物见事、以物见史，见文化、见精神，聚焦"让文物活起来"更好的宣传弘扬传承中华优秀传统文化，讲好历史故事。

### 1. 涉故台——陈胜吴广起义遗址

公元前 209 年，陈胜、吴广在大泽乡发动了一场具有划时代意义的起义。史称大泽乡起义。它的伟大意义在于，他揭开了数千年来农民起义的序幕。是中国农民自发起义第一次对封建政权发起挑战。给当时暴秦政权带来毁灭性打击。直至公元前 202 年刘邦平定秦朝，建立了有史以来中华民族首个空前强盛的帝国——汉王朝。汉朝前后延续了四百多年，华夏民族称号"汉"就是由此而来。

涉故台，位于安徽省宿州市埇桥区大泽乡镇涉故台村，是中国第一次农民大起义——大泽乡起义的发端地，为陈胜、吴广盟誓诛暴所筑（图二）。涉故台呈覆斗形，面积 4427.8 平方米。台周围绿树掩映，五谷盈野。台东沿存古井"龙眼井"，台上存碑数方；台南沿长有一株铁杆虬枝、古朴苍劲的"柘龙树"，并矗立一座陈胜、吴广起义大型浮雕像。现为安徽省重点文物保护单位。

### 2. 蕲县古城遗址

蕲县古城遗址，位于安徽省宿州市埇桥区蕲县镇，206 国道穿城而过，是安徽省内发现最早的一座古城。蕲县是公元前 209 年秦末农民大起义 -- 陈胜吴广起义的历史发源地。蕲县也是陈胜、吴广起义攻克的第一座城池。

蕲县古今交通便利，古老的浍水从古城南侧自西

图二　陈胜吴广起义塑像

向东流过。古城为秦所筑，属地有大泽乡，中国历史上第一次农民起义就起兵于此。城郭周长5820米。1988年，蕲县古城遗址被列为安徽省级文物保护区，其上秦砖汉瓦，俯首可拾。

### 3. 虞姬墓

虞姬墓坐落在灵璧县城东7.5公里处的宿泗公路南侧，为安徽省重点文物保护单位。墓前立有高大墓碑一块，上书"西楚霸王虞姬之墓"。虞姬为项羽的宠妾，当年项羽四面楚歌，虞姬自刎而葬于此。 公元前202年，楚汉相争到了白热化的阶段，项羽带兵驻扎于垓下，兵少粮尽，此时张良又献计让士兵唱起楚歌，项羽以为汉军尽占楚地，大势已去，面对宠妾虞姬、骏马乌骓，项羽在帐中慷慨悲歌道："力拔山兮气盖世，时不利兮骓不逝，骓不逝兮可奈何，虞兮虞兮奈若何"，项王歌罢而泣，虞姬知军情突变，哀叹大势已去，歌而和之。《史记正义》引《楚汉春秋》云，虞姬歌词为："汉兵已略地，四方楚歌声。大王意气尽，贱妾何聊生！"虞姬歌罢，拔剑自刎；项羽突围，仓皇出走，途中筑冢葬此。

虞姬墓历尽千年，时坏时修。墓侧曾建有虞姬庙，庙内塑有项羽、虞姬像，塑像四周，诗词歌赋的石刻林立。

### 4. "九女坟"汉画像石墓

位于宿州市埇桥区褚兰镇，是宿州地区汉画像石墓的代表。这是一座距今1700余年由巨石构筑，多室组成的大型夫妻墓葬，墓室四壁用石刻壁画装潢得十分华美，为皖北地区仅有的一座大型画像石墓，保存十分完整。墓葬建筑由地面上的石祠、墓垣、墓封土和地下墓室组成。1961年，安徽省政府将其公布为全省重点文物保护单位。

宿州，汉代遗址和汉墓资源丰富，出土了大量珍贵文物，也是需要着重展示的亮点。展览选择最具时代特征、最具文化内涵、最有代表性的文物，选取的文物与展览内容设计的文化传播相契合，精选宿州地区出土文物159件，涵盖青铜器、玉器、陶器、汉画像石等类别（图三），系统陈列，种类丰富，充分反映了两汉时期宿州的社会稳定、经济繁荣和人民生活的富足。

通过器物的组合陈列，展板图文信息，延伸还原出时代背景特色。汉画像石是汉代"侍死如生"观念的集中体现，我们将画像石在展厅中以墓室真实结构还原组合摆放，墓葬里画像石上的内容也随着所处位置的不同而发生相应的改变，生动再现汉代生活风貌。

## 二 形式多样，虚拟与现实相结合

展览形式设计运用多种手段和灵活的空间布局，更好地为展示内容服务，多媒体高科技运用合理得当，起到了烘托升华和吸引观众的良好效果。

汉代，宿州大部分属沛郡，是汉高祖刘邦的家乡，作为汉室和汉文化的发祥地，汉代先民创造了灿烂的物质和精神文明成就，两汉无疑是宿州历史上的高光时期。在宿州地区也发现了大量两汉时期的文化遗存。

汉画像石墓是宿州汉代文化遗存的重要组成部分，主要分布在萧县，以及埇桥、灵璧、泗县。宿州汉画像石内容丰富，生活题材丰有车马出行、乐舞杂技、对博比武、迎宾宴饮等；神话题材有伏羲女娲、瑞鸟神兽、辅首衔环、二龙穿璧等（图四），真实地再现了汉代政治制度、社会生活、精神信仰和神话传说的各个方面。

展览提取汉画像石中的图案纹饰，制作成动态视频，栩栩如生，仿佛千年前的瑞鸟神兽穿越到今天，和画像石上的线条图案形成对比，动静结合，增加了观众的参观兴趣。在展示"九女坟"汉墓时，用3D数据建模还原墓室构造，运用VR全景技术和VR虚拟现实技术，再现墓室场景，最大限度地保留了场景

的真实性，游客可通过拖动界面，从任意一个角度互动性地观察场景，同时根据场景主题添加背景音乐、语音解说，让观众身临其境的参观遗址，使观众更具有沉浸感。实现了用数字技术将不可移动文物搬进博物馆展厅的新尝试。

展览还设置了专属二维码语音、视频导览，配有文物高清图片和中、英文双语讲解，满足了观众群体的不同需求，并为重点展品录制了讲解视频，如大泽起义、垓下之战、铜钫、汉代车马出行画像石等，在展厅参观的观众可以通过扫描二维码，观看讲解视频，来了解文物的具体信息，加强了观众互动性，丰富了观众的参观体验。

## 三 特色鲜明、彰显艺术品味

总体风格高雅庄重，简约又不失大气。展览前半部分，主要以场景复原的方式，再现当时的历史事件，气势恢宏；后半部分，以庄重柔性的色调为主，营造典雅舒心的整体氛围。

墙壁、屏风造型、墓室造型，以及纱幔图案选用汉画像石中汉代人饮食起居、乐舞表演、交通出行等方面的情景，这些造型和绘图营造了浓厚的汉代历史文化氛围，使展览更加鲜活生动。

图四 汉画像石展厅

在展陈中选用与时代特点相协调的漆板，垒砌墓壁砖墙以及红漆木纹板等，使展陈环境具有极佳的观赏性。形式上，抽象简化汉代建筑结构元素，并进行现代语境中的再创作，塑造出浓郁的汉文化场景氛围。色彩上，选用典型汉代特征的红黑相间的主色调，低饱和度的绢帛色作为辅助色调，辅以汉代墓室壁画的纱幔艺术展现，表现出强烈的艺术感染力。同时注重灯光对环境氛围的烘托营造。

各单元按内容设计容量合理布局分配，动线导向性明确、清晰，展线设计流畅、生动。整体空间布局采取开放式，各展示区层层递减，移步异景，结合造型上的高低虚实变化及光影变化的效果，形成适宜的空间环境。设计结合镂空造型与半透材质的使用，减少对视线的完全遮挡，从视觉形态的角度，创造层层递进的空间、加强纵深感。于汉代建筑艺术中提炼斗拱、直棂窗等装饰元素，作为强化展厅历史氛围的重要手段；形象展墙造型设计贴合汉代文物展的主题，注重融入汉文化纹饰元素。空间构筑创意性采用甬道空间模拟，并将汉画像石展品融入其中，如时空之门打开于眼前。整个陈列充分考虑受众的感受及陈列的需求，展项设计中运用人体工程学理论指导，在合适位置设置了休息区域，让观众在轻松、舒适的氛围下完成整个陈列的参观。

## 四　文物陈列突出重点

展览既照顾到整个历史的全面展示，又突出重点，在亮点上不惜浓墨重彩。对青铜钫、伏羲女娲画像石、朱雀铺手衔环画像石、舞蹈、车马出行画像石等重点展品进行独立展示舞台的设计，并将其还原在特定的历史环境中，真实动人。对每一块画像石，都根据其自身特点设置摆放位置，使观众站在展厅的任一角度，前后左右均有看点。

陈列于独立展柜内的汉代铜钫，作为汉代文物展示的开篇，独立分配展览空间，周围营造氛围，充分展示最新科研成果，满足观众的探秘好奇心（图五）。铜钫内的液体，经中国科技大学检测为汉代清酒，是汉代酿酒技术水平的实物见证。

除实物展品外，还使用图版、多媒体视频等辅助展示，较好地诠释了展示内容，充分解读文物背后的技术、用法、艺术和历史文化等丰富信息。版面图片设有兵器的结构、用途、使用方法示意图，放大的印章文字及铜币铭文，遗址状况图等（图六）；说明文字介绍了涉故台——陈胜吴广起义遗址、蕲县古城遗址、虞姬墓、"九女坟"汉画像石墓等安徽省重点文物保护，讲述了十面埋伏、四面楚歌、霸王别姬、乌江自刎的历史故事，还介绍了铜镜、玉器、陶器、汉画像石的历史典故。

根据文物的不同特点分别设计制作亚克力托架等辅助展具，部分文物上墙展示，错落有致。汉画像石是宿州市的优势资源和特色，作为亮点突出展示，改造室外平台拓展展示空间，利用模拟场景、VR 等进行重点展示，突出表现汉画像石之美和丰富的历史文化信息。汉画像石其本身体量大、有艺术美感，震撼力强，分别设计定制展台进行展示，既安全又美观。文物的展示将安全放在首位，强调保护为主，在确保安全的前提下，注重展示效果。

## 五　多样化的宣传方式和社会服务

除了常规馆内宣传外，充分利用媒体宣传，扩宽互联网新媒体推广渠道，建立稳固的宣传平台，并将博物馆的品牌和形象与展览传播和推广相结合起来。通过将展览、文创、社教、研究融为整体，形成多元有效的传播途径。

新媒体时代，博物馆需要更加亲民。因事制宜、灵活多变的宣传策略才能让博物馆的宣传推广工作真正做到有形有质、有声有色，发挥博物馆文化独有的社会效益。

通过自身门户网站、官方微信公众号、微博、抖音等平台，积极宣传推广，展览介绍的宣传语上选用贴近时代的用语以及网络用语，摒弃高大上的宣传论调，使观众对博物馆呆板、沉寂的印象，逐渐变成生动、活泼。

为了做好展览中的重点文物的解读和阐释工作，我们整理出版了《宿州市汉画像石撷珍》一书（图七）。该书收录了包括萧县、埇桥、灵璧、泗县在内的汉代画像石 126 块（组），详细介绍了宿州地区画像石的整体面貌，宣传了宿州丰富的画像石资源，提高了外界的关注度，促进了画像石的保护和下一步的研究工作。为展览的延伸教育提供了科学实用的教材。

我馆还根据馆藏汉画像石文物元素进行设计宣传，提取馆藏特色汉文化元素，制作汉画风丝巾、领带、扑克牌、书签等文创产品，寓教于乐，使观众在娱乐的过程中就可以领略和感受到宿州地区汉画像石的文化韵味。

图六　展板展示

图七 《宿州市汉画像石撷珍》封面

设有观众服务中心，由专人提供咨询、讲解、团体预约等服务。标识引导系统科学合理，使用中、英两种语言。服务设施齐全，展厅导览图、LED 展览讯息预告屏等多媒体影像设施让观众全面了解展厅内容；语导器、轮椅、婴儿车等服务设施，让观众更好地体验参观感受。并定期由专职人员开展观众调查，根据调查结果做出相应改进。

## 六　结语

秦汉时期，作为宿州历史的重要时期之一，提炼其间有地域特色的历史文化，结合中华民族传统美德和人文精神，以及新时期社会主义核心价值观，选取适当的方式，充分挖掘文物背后的历史、文化和艺术价值，彰显宿州地域文化特色，用宿州文物讲好中国故事。

社会教育

# 符离古原 宿州大地
## ——中国文化和自然遗产日随笔

刘　林（宿州市博物馆）

每年 6 月份的第二个星期六为中国文化和自然遗产日，2021 年的文化和自然遗产日是 6 月 12 日。记得以前只叫"文化遗产日"，2017 年国务院将"文化遗产日"调整为"文化和自然遗产日"，以期与世界接轨。1972 年联合国教科文组织通过了《保护世界文化和自然遗产公约》。联合国教科文组织遗产保护名录里收录有：文化遗产、自然遗产、文化与自然双遗产。

谈起文化遗产，宿州人马上会想起小山口和古台寺等新石器时代遗址；想起涉故台、蕲县古城、虞姬墓等秦汉时期的历史遗存；想起花石纲、埇桥码头等与隋唐大运河相关的古代遗迹，想起泗州戏、梆子戏、坠子戏、花鼓戏、埇桥马戏、砀山唢呐等国家级非物质文化遗产……

然而，提起自然遗产，大家会面面相觑。宿州不临名山大川，也不近江河湖海，只是居于一望无际的大平原之中，似乎平淡无奇、乏善可陈。其实，平原也有平原的优势、平原也有平原的魅力。平原虽没有崇山峻岭的叠嶂起伏、飞流直下的气象万千，但有着广阔无垠、兼收并蓄的博大胸怀和厚德载物、厚积薄发的亿年沉淀！我国古代有个伟大的浪漫主义诗人屈

原的名字就取平原之意。屈原在《离骚》中叙述了父亲为自己起名的过程："皇览揆余初度兮，肇锡余以嘉名：名余曰正则兮，字余曰灵均"。"正则"也即是"平"，"灵均"也即是"原"。

让我们追溯一下宿州的起源。公元 605 年开始，隋修通济渠、永济渠、邗沟和江南运河，将中国南北贯通、融为一体。通济渠上的埇桥，因水陆交通节点的区位优势逐步发展成为商贾云集、九州通衢的汴水咽喉。公元 809 年，为保漕运，唐设宿州，辖符离、蕲县、虹县、临涣等县。宿州，因运河而生，跨运河而建，随运河而兴。那么，隋唐大运河为什么要经过宿地呢？晚唐诗人皮日休的《汴河怀古》诗中写道："应是天教开汴水，一千余里地无山"。宿州市博物馆汴水咽喉展厅陈列着一块唐代残碑，碑文里记载了蕲县四界和埇桥至周边运河城市的大致距离："西去东京（洛阳）九百六十里""东南去广陵郡（扬州）七百□□□"。以上记载表明了埇桥处于连接唐朝政治中心和经济中心的一千余里的汴水的中段位置。通济渠经过宿地绝非偶然。宿州作为因交通而兴起的城市，随大运河的开通运行而设立、发展、繁荣，有一定的历史必然。让我

图一 白居易雕像

们来梳理、概括一下溯源关系，宿州源于埇桥，埇桥源于通济渠，通济渠的开挖得益于千里平原。所以说，是大平原孕育了宿州城。

宿州平原还成就了两个伟大的文学家：一个是唐代著名诗人白居易，一个是美国诺贝尔文学奖获得者赛珍珠。

唐代诗人白居易青少年时代曾寓居符离（图一）。十一岁时其父白季庚在徐州做官，将家迁至符离。濉河南岸符离县毓村东菜园有东林草堂，白居易在此居住了22年。16岁时，他以符离大地为背景，写下了《赋得古原草送别》。公元787年，白居易携此诗赴长安拜谒顾况。顾况听到白居易的名字笑道："长安百货贵，居之不易。"当读到"离离原上草，一岁一枯荣，野火烧不尽，春风吹又生"诗句时，感

叹道："有句如此，居天下有甚难。"《赋得古原草送别》使得白居易名扬天下。应该说，白居易的成名作就诞生在宿州平原上。符离古原的野火，宿州大地的春风，伴随着白居易走上了大唐王朝的诗坛。后来，白居易成为和李白、杜甫齐名的唐代最伟大的诗人之一。

赛珍珠，美国弗吉尼亚人（图二）。1917年随丈夫布克来到宿县，曾在启秀女子学校任教。布克先生是教会农艺师，在宿县农村传播农业技术。赛珍珠在宿城生活了五年，她以宿州农村为背景创作了长篇小说《大地》。《大地》三部曲的第一部就是记述20世纪初期宿县农村现实生活的历史史诗。1932年，《大地》获普利策小说奖。1937年，根据《大地》改编的电影获得过奥斯卡金像奖。1938年，赛珍珠

图二　赛珍珠

因小说《大地》获诺贝尔文学奖。《大地》的英文原名为《The Good Earth》，直译应为"美丽的土地"。从中可以看出，赛珍珠对宿州平原的眷恋，对生活在这块土地上的芸芸众生勤劳朴实、生生不息的奋斗故事情有独钟。宿县这片神奇的"大地"，成就了第一位女性诺贝尔文学奖得主——赛珍珠，并使之成为闻名世界的大文学家。

新中国成立以后，宿县地区响应毛主席"一定要把淮河治好"的号召，组织上百万民工兴修水利，改天换地。特别是1966年到1969年的新汴河水利工程，彻底地改变了宿县地区的水文环境，消除了水患，充分发挥了平原的优越性。

历史总是惊人的相似。今天，宿州又处在连接中国政治中心和经济中心的交通大动脉——京沪高铁的中段位置，从宿州出发乘高铁去北京三个多小时的车程，去上海两个多小时车程。2010年12月3日，京沪高铁试车，在宿州段跑出了每小时486.1公里的最高时速，人称"宿州速度"。为什么会在宿州段测试最高时速？显然是因为这一段高铁又平又直，彰显了大平原的交通优势。

如今的宿州平原，阡陌纵横、南北交融、风调雨顺、五谷丰登；如今的平原宿州，云都初建、乡村振兴、百姓安居、城市文明。宿州，成为真真正正的心灵归宿、幸福之州！

谈古论今、东拉西扯地说了一大堆，无非是想阐述一个观点：广袤无垠、沃野千里、物产丰富、人杰地灵的大平原是上天赐予我们宿州得天独厚的自然遗产。

# 2021 年国际博物馆日主题聚焦"博物馆的未来：恢复与重塑"

邱少贝（宿州市博物馆）

## 一 国际博物馆日的由来

1946 年 11 月，国际博物馆协会（ICOM）在法国巴黎成立，这是隶属于联合国教科文组织的一个非政府性国际组织。1960 年，联合国教科文组织提出一项建议，要让所有人都能亲近博物馆。该建议阐明了博物馆向所有社会阶层敞开大门，尽可能免费，组织导览参观和媒介活动以受到所有年龄段欢迎的重要性。1974 年 6 月，国际博物馆协会于哥本哈根召开第 11 届会议，将博物馆定义为"是一个不追求营利，为社会和社会发展服务的公开的永久机构。它把收集、保存、研究有关人类及其环境见证物当作自己的基本职责，以便展出，公之于众，提供学习、教育、欣赏的机会。"1977 年国际博物馆协会为促进全球博物馆事业的健康发展，吸引全社会公众对博物馆事业的了解、参与和关注，向全世界宣告 1977 年 5 月 18 日为第一个国际博物馆日，并每年为国际博物馆日确定活动主题。1992 年，国际博物馆协会首次为国家博物馆日提出了一个主题：博物馆与环境。自此以后，国家博物馆协会每年都会为国际博物馆日确定一个主题，在这一天，世界各地的博物馆都参与其中，围绕

主题，举办开展各种各样的庆祝活动。有数据显示，2018 年大约有 158 个国家和地区的 37000 多家博物馆加入了活动。2011 年，国家博物馆协会有了机构合作伙伴，相关的网站和通讯工具也应运而生，这是国际博物馆日发展史上的又一次重大事件。

中国于 1983 年加入国际博物馆协会，随后每年均组织纪念国际博物馆日的相关活动。中国博物馆界高度重视国际博物馆日，视之为向公众宣传博物馆事业的重要契机，希望借此增进公众对博物馆的理解与认同。中国博物馆协会通过网站等手段介绍国际博物馆日的来历，并发布其主题、海报。

从 2009 年起，国家文物局开始采用主会场活动的方式开展博物馆日活动，现已相继在重庆、广州、沈阳、南宁、济南、南京、石家庄、呼和浩特、北京、上海、长沙等地举办了 12 届，今年主会场活动将于 5 月 17 日至 18 日在首都博物馆举行。

## 二 国际博物馆日主题的作用

国际博物馆日与博物馆的发展息息相关，每年的国际博物馆日的主题，都反映出了当时博物馆行业所

关注的重点与发展近况以及社会的发展情况，促进博物馆行业的人员相互交流与沟通，对博物馆的发展有重要影响。

历年国际博物馆日的主题内容一般都与当年的社会热点问题有关，它为博物馆的发展做出了正确的导向和指引，使博物馆明确如何围绕热点为社会服务，进而更好地适应社会发展的需求。

主题的设立能够使博物馆围绕主题开展各项丰富多彩的活动，有助于人们增加对博物馆的了解和认识。在过去，人们对博物馆的了解和认识相当有限，到博物馆参观的人也很少；而目前，精彩纷呈的国际博物馆日活动吸引了更多人的目光，大众尤其是青少年儿童开始愿意到博物馆参观和学习，了解过去的历史和故事。每一年，围绕着国际博物馆日的主题，各个博物馆都会积极地开展相关活动，扩大了博物馆在社会上的影响力，丰富了人们的业余生活，开阔了视野（表一）。

## 三 对 2021 年国际博物馆日主题的认识

2020 年是极为特殊的一年。新冠肺炎疫情骤然席卷全球，影响到我们生活的方方面面，人们的生产、生活方式也随之发生了巨大的变化，处于这些变化中的博物馆也不例外，打乱了博物馆的日常工作节奏，冲击了观众参观量、增加了安保压力、观众与博物馆的互动方式发生变化等。基于现实情况，博物馆行业逐步推出微信版语音导览、APP 云展览、云课程，联合各媒体开展直播活动。数字化技术日益成为博物馆开展业务的一种重要形式手段，当然，这要结合观众的需求与博物馆自身的特色来进行开发。

为了不断满足人们的精神和文化需求，博物馆被赋予了更多的职能和角色，疫情下的博物馆和博物馆工作更要在主动和被动中寻求博物馆的发展之路。在这种形势下，对未来的博物馆发展趋势和目标的探索被提上议事日程。国际博物馆协会提出 2021 年国际

表一　历年国际博物馆日主题

| 年份 | 主题 |
| --- | --- |
| 1992 年 | 博物馆与环境 |
| 1993 年 | 博物馆与土著人 |
| 1994 年 | 走进博物馆幕后 |
| 1995 年 | 反应与责任 |
| 1996 年 | 收集今天 为了明天 |
| 1997 年 | 与文物的非法贩运和交易行为进行斗争 |
| 1998 年 | 与文物的非法贩运和交易行为作斗争 |
| 1999 年 | 发现的快乐 |
| 2000 年 | 致力于社会和平与和睦的博物馆 |
| 2001 年 | 博物馆与建设社区 |
| 2002 年 | 博物馆与全球化 |
| 2003 年 | 博物馆与朋友 |
| 2004 年 | 博物馆与无形遗产 |
| 2005 年 | 博物馆——沟通文化的桥梁 |
| 2006 年 | 博物馆与青少年 |
| 2007 年 | 博物馆和共同遗产 |
| 2008 年 | 博物馆：促进社会变化的力量 |
| 2009 年 | 博物馆与旅游 |
| 2010 年 | 博物馆致力于社会和谐 |
| 2011 年 | 博物馆与记忆 |
| 2012 年 | 处于变革世界中的博物馆：新挑战、新启示 |
| 2013 年 | 博物馆（记忆＋创造力）＝社会变革 |
| 2014 年 | 博物馆藏品架起沟通的桥梁 |
| 2015 年 | 博物馆致力于社会的可持续发展 |
| 2016 年 | 博物馆与文化景观 |
| 2017 年 | 博物馆与有争议的史实：博物馆讲述难言之事 |
| 2018 年 | 超联通的博物馆：新方法 新公众 |
| 2019 年 | 作为文化枢纽的博物馆：传统与未来 |
| 2020 年 | 致力于平等的博物馆：多样性与包容性 |
| 2021 年 | 博物馆的未来：恢复与重塑 |

博物馆日"博物馆的未来：恢复与重塑"的主题（图一），邀请全球博物馆在共同创造价值、新型业务模式及具有革新性的解决方案方面进行构想，分享各自的实践经验，以应对将来社会、经济及环境领域所面临的挑战。

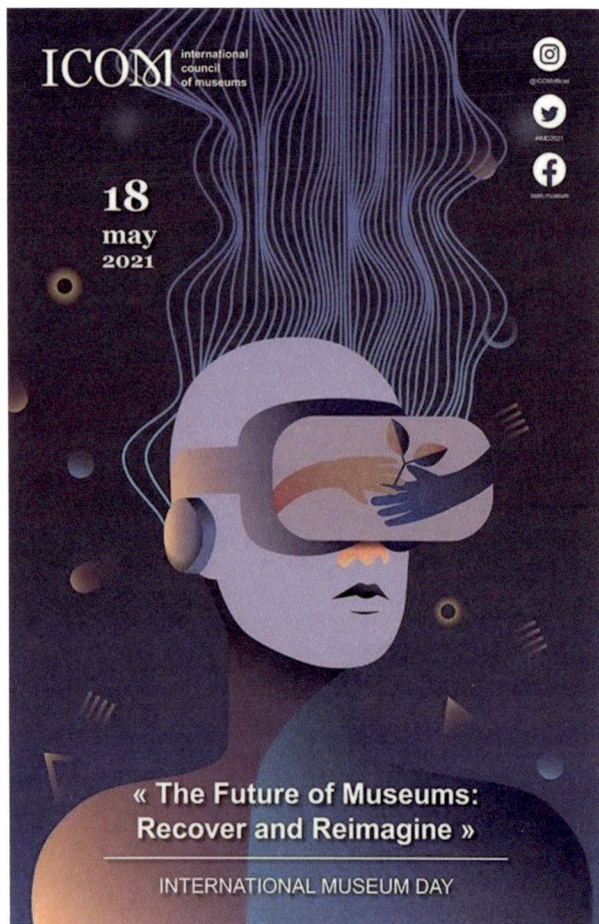

图一　2021 年国际博物馆日宣传海报

未来的博物馆该成为一个什么样的博物馆呢？首先它要成为一个公众自主学习的平台，博物馆作为重要的文化载体，增强与观众的参与性、互动性，搭建起个体与文化知识的桥梁，让公众根据自己的需要进行自主学习；其次，要成为一个数字化的平台，数字技术是博物馆赖以发展的重要手段，无论是藏品保护、管理与研究，还是陈列展览的策展、公共宣传和服务，都需要数字技术的支持，例如我们可以通过三维技术，将原址保护的古遗址、古墓葬，通过技术手

段，呈现在博物馆展厅内，使公众身临其境、一目了然。再次，要成为一个权威研究、信息发布平台，研究是宣传、认识的基础，要深入挖掘藏品背后的社会形态、工艺技术、历史故事等，结合不同学科，做好解读。同时，确保内容输出的权威性，在信息爆炸时代，公众会通过各种渠道接收到大量的信息，有基于客观的事实，也存在大量的"垃圾"信息，博物馆要确保生产和传递内容的准确性、权威性，采取最为合适的传播形式，不断取得公众对博物馆的信任和关注。

## 四　宿州市博物馆举办 518 国际博物馆日系列活动

为庆祝 518 国际博物馆日，宿州市博物馆与清华大学艺术博物馆联合举办"莆孙雅韵·百菊展"。展览共展出清华大学艺术博物馆珍藏缪莆孙绘菊佳作 108 件（套），绘菊 187 种，展现出菊花姹紫嫣红、绚丽满枝的多彩之姿。

宿州市博物馆与宿州邮政分公司、宿州市集邮协会联合举办"岁月峥嵘 砥砺前行——庆祝中国共产党成立 100 周年集邮展"（图二），展期自 6 月初至 7 月。本次邮展包括红色题材邮集 10 部共 47 余框，包含"建党百年英杰传、改革巨变、辉煌七十年、伟大领袖毛泽东、中国共产党历次代表大会、光辉历程时代先锋、改革开放新成就、伟大历程辉煌成就、脊梁、红色足迹"。邮集主要阐述了中国共产党的诞生史、党带领全国人民建设社会主义国家的历程、改革开放以来取得的成就等内容。

同时，为庆祝 518 国际博物馆日，博物馆宣讲团走进社区，为社区群众送去一场文化盛宴，将在市博物馆一楼大厅举办"博物馆奇妙夜"活动，设地方曲艺和皮影戏两个专场，展示地方优秀非物质文化，丰富市民的文化生活；举办线上答题活动，设有精美礼品，希望大家多多参与。

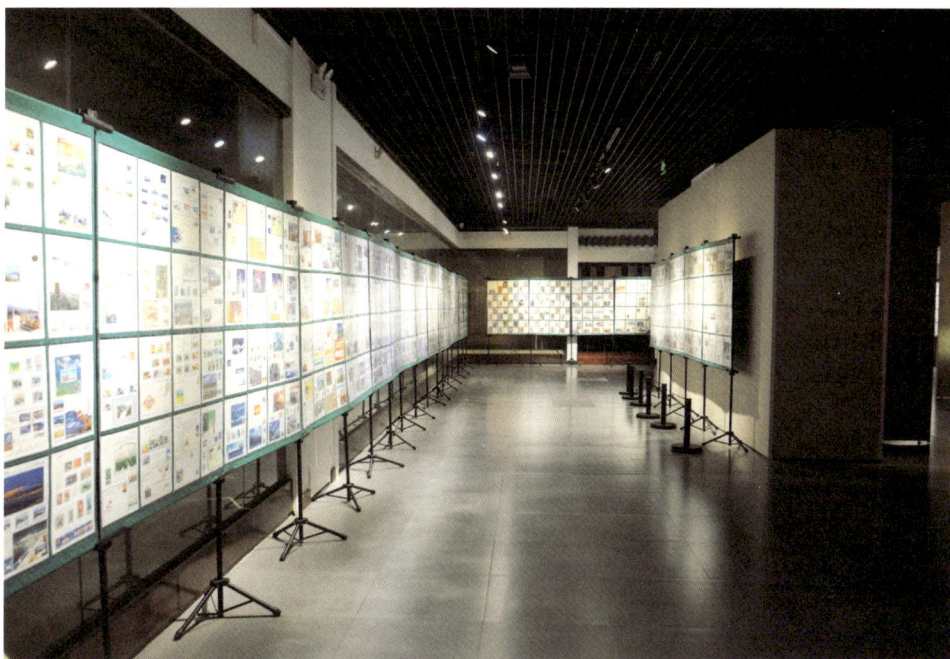

图二　岁月峥嵘 砥砺前行——庆祝中国共产党成立 100 周年集邮展

# 宿州市博物馆的讲解队伍建设工作

昌　馨（宿州市博物馆）

随着我国经济的快速发展，居民的生活水平不断提高，人们不再单纯满足于对物质和娱乐的追求，越来越多的人开始关注并且走进博物馆去探究历史发展、梳理文化脉络，并且由此掀起了新一轮的"博物馆热"。打卡博物馆成为新的旅游清单，也引发出对博物馆的社会服务功能的探索，其中博物馆讲解作为一项重要的参考指标，受到越来越多参观博物馆的游客的重视。

宿州市博物馆是国家一级博物馆、国家 AAAA 级旅游景区、安徽省爱国主义教育基地和研学旅行基地，不但是传播和展示宿州市历史文化的一扇窗口，也是开展社会教育的重要阵地。因此，拥有一支业务能力强，专业素质过硬，能满足前来参观游客不同讲解需求的讲解队伍是基本保障。

## 一　讲解队伍建设的必要性

在《辞海》中对于讲解员的概念是这样定义的："讲解是以陈列为基础，运用科学的语言和其他辅助表达方式，将知识传递给观众的一种社会活动。讲解员是沟通博物馆、纪念馆与社会的桥梁和纽带，是博物馆、纪念馆的名片，讲解服务的质量和水平直接影响着观众的参观和受教育质量，影响着博物馆、纪念馆的窗口形象，甚至影响到一个地区和国家的形象。"自此可知，在博物馆发挥其社会教育职能的过程中，讲解是其中的关键环节也是一项重要手段。在博物馆、纪念馆的参观过程中，好的讲解不但可以让游客了解历史文化的深厚底蕴，还可以激发他们对历史文化研究的兴趣。

近年来，在博物馆的参观接待中，游客的构成部分主要有专家、政要、学生、普通游客，这些都给博物馆的讲解工作提出更高的要求与标准，尤其是中小学生，博物馆作为中小学生的"第二课堂"、爱国主义教育基地和研学旅行目的地，种种身份，都为博物馆发挥社会教育职能提出更高的要求。而参观中，讲解作为其中一项重要的传播手段，如何做到根据不同的参观群体制定多套行之有效的讲解词，达到良好的参观效果，成为考验博物馆讲解员合格与否的标准，这也对博物馆的讲解员提出更高的要求。正如国家博物馆第一代讲解员齐吉祥老师所说"讲解员应该是一位杂家，什么都懂一些"。但随着网络传播的飞速与便利，现阶段的大众已经非常习惯于从网络上获取信息，这就导致许多未经证实的观点与理论混入到大众视野，讲解员在接收信息与传播信息过程中的不善分辨，导致讲解内容不够准确；又因为讲解员工作内容与工作性质的相似性，导致每一位讲解员去重复讲解同一份讲解词，不但造成听众在参观过程中的不适，也不利于讲解员的进步与提升，甚至在日复一日的重复中产生消极怠工、导致讲解队伍不稳定的现象，不利于博物馆文化内涵的传播与大众形象的建立。因此，建立一支素质高、能力强，符合社会发展需要的讲解队伍，是提高博物馆公众服务的重要一环。

## 二 宿州市博物馆讲解队伍建设的做法与成效

宿州市博物馆目前拥有专职讲解员 5 名，其中本科及本科以上学历 3 人，其中 1 人入选"全国红色旅游五好讲解员"培养项目；2 人被纳入"安徽省优秀讲解员人才库"；先后共有 4 人曾获安徽省博物馆、纪念馆、革命文物等省级讲解比赛二等奖（表一），

被公认是一支专业能力强、业务素质高的博物馆讲解队伍。自 2010 年开放至今，宿州市博物馆接待游客人数逐年逐倍增多，博物馆讲解员要参与日常的讲解接待工作和社会教育活动，工作不可谓不繁杂，却能依然保有积极向上的工作热情，不断提高讲解质量，树立良好的文化形象。

### （一）准确的角色定位和科学的角色培养

博物馆讲解员的自我定位与角色认知关乎讲解员职业道德观与发展观的养成，讲解员只有正确认识自己在馆内工作中的重要性才能有职业荣誉感和归属感，才能树立更高的职业道德观，更好地服务于大众。在宿州市博物馆，讲解员是集咨询引导、社教专员、志愿者辅导员与宣讲员于一身的角色，帮助讲解员树立正确的角色认识，进行科学的角色培养，是宿州市博物馆在建设讲解员队伍中的重要手段。

#### 1. 咨询引导人员

博物馆的咨询服务台是讲解员日常非讲解接待期间的办公地点，作为每日与游客接触的讲解人员，对于博物馆的开放情况、地理位置、咨询预约方式以及文物的基本信息概述都有着相应的了解。因此，作为

宿州市博物馆讲解队伍

### 表一　宿州市博物馆讲解队伍获奖情况一览表

| 年　份 | 所获荣誉 | 获奖人员 |
|---|---|---|
| 2011 年 | 安徽省革命文物讲解比赛优秀奖 | 许影、李嘉琪、李金铮 |
| 2013 年 | 安徽省博物馆、纪念馆讲解员大赛优秀奖 | 许影 |
| | 安徽省博物馆、纪念馆讲解员大赛"优秀气质奖" | 祝梦春 |
| 2015 年 | 安徽省博物馆、纪念馆讲解员大赛二等奖 | 李嘉琪 |
| | 安徽省博物馆、纪念馆讲解员大赛三等奖 | 祝梦春、夏雪 |
| | 宿州全民阅读知识竞赛二等奖 | 祝梦春 |
| | 安徽省读书知识电视大奖赛三等奖 | 祝梦春 |
| 2017 年 | "学习贯彻十九大精神·书香宿州·毛泽东经典诗词朗诵会"探花奖 | 许影、李嘉琪、祝梦春郑洁、岳珂、昌馨 |
| | "不忘初心 牢记使命"安徽省第二届爱国主义教育基地讲解员大赛二等奖 | 祝梦春 |
| | "中国故事——全国博物馆优秀讲解案例展示推介活动"暨全省讲解员大赛三等奖 | 李嘉琪 |
| 2018 年 | 宿州市旅游行业服务技能大赛游览讲解竞技三等奖 | 李嘉琪、昌馨 |
| | 宿州市新时代传习员大赛一等奖 | 昌馨 |
| 2019 年 | 宿州市"文明优质服务最美职工"称号 | 李嘉琪 |
| | 宿州市导游大赛一等奖 | 昌馨 |
| | 宿州市导游大赛二等奖 | 祝梦春 |
| | 宿州市"金牌导游员" | 祝梦春 |
| | 安徽省博物馆、纪念馆革命文物讲解大赛二等奖 | 昌馨 |
| | 安徽省博物馆、纪念馆革命文物讲解大赛三等奖 | 祝梦春 |
| | 安徽省导游大赛中文组铜奖 | 昌馨 |
| | 安徽省"巾帼建功标兵"称号 | 昌馨 |
| | 宿州市"劳动竞赛先进个人"授予宿州市"五一劳动奖章" | 昌馨 |
| 2020 年 | 安徽省导游大赛金奖 | 昌馨 |
| | 安徽省导游大赛铜奖 | 张程 |
| | 安徽省红色旅游五好讲解员 | 昌馨 |
| 2021 年 | 宿州市"学党史听百年初心"音频故事大赛一等奖 | 李嘉琪、昌馨 |
| | 宿州市"学党史听百年初心"音频故事大赛二等奖 | 张程、纵子琪、岳珂 |
| | 安徽省博物馆讲解员大赛二等奖 | 张程 |
| | 安徽省博物馆讲解员大赛三等奖 | 李嘉琪 |
| | 入选全国"红色旅游五好讲解员"培养项目 | 昌馨 |
| | 安徽省"劳动竞赛先进个人"授予安徽省"五一劳动奖章" | 昌馨 |
| | "安徽省技术能手"称号 | 昌馨 |
| 2022 年 | 入选"安徽省优秀讲解员人才库" | 昌馨、张程 |

游客对博物馆的第一印象与初步了解的源头，能否保有以人为本的理念和为人服务的热情，将成为讲解员定级考核中的参考指标。

### 2. 社教专员

2020 年，教育部和国家文物局联合印发了《关于利用博物馆资源开展中小学教育教学的意见》（以下简称《意见》），其中对中小学教育加强博物馆的协同合作共同开展社会教育提出更高的要求，文件中要求各地教育部门和中小学要将博物馆青少年教育纳入课后服务内容，利用博物馆资源开展专题教育活动。《意见》中指出，"各地教育部门和学校要充分利用各类博物馆资源，组织开展爱国主义、革命传统、中华优秀传统文化、生态文明、国家安全等主题的研学实践教育活动；要注重利用节假日、寒暑假、休息日等时段，组织、引导学生走进博物馆开展学习"等等。

宿州市博物馆积极响应号召，每年开展"传统节日主题社教活动"与"社会主义核心价值观主题社教活动"30 余场。对于讲解员来说，她们是面向一线的服务岗位，且具有丰富的公众服务经验，因此其身份自然转变为社教活动中的社教专员，利用其自身的语言组织能力与知识储备，帮助博物馆利用馆内藏品、资源，发挥博物馆作为中小学生"第二课堂"的重要地位。

### 3. 志愿者辅导员

自 2016 年开始每年寒暑假期间，我馆工作人员会进行校园志愿者宣传、招聘工作，筛选出合格的报名者，进行志愿者岗前培训。由讲解员担任培训导师，培训内容包括：介绍博物馆的展陈建设情况、相关工作条例、博物馆的社会教育职能方式和手段等，经培训合格者安排其在博物馆进行社会志愿服务，包括：义务讲解、接待导览、展厅秩序维护等。自 2018 年开始，宿州市博物馆开始面向全社会招收6-12 岁未成年人，培养他们作为宿州市博物馆的小小讲解员，讲解员担任培训期间的志愿者辅导老师，撰写小小讲解员专用讲解词，而后分批对"小小讲解员"预备军进行培训，辅导内容包括语音面貌、讲解时的手势站姿等内容，辅导人数达到 80 人次，2020 年开始受疫情影响，"小小讲解员"改为线上培训。截止到目前，已有约 100 名未成年人可以成功胜任这一岗位，在馆内为前来参观的游客提供文物讲解。

不论是寒暑假期间的初高中生志愿者，还是"小小讲解员"，这些由讲解员培养出来的博物馆志愿军已经成为每年寒暑假里博物馆的一道靓丽风景线，在担任这些志愿者辅导员期间，我馆给予讲解员足够的尊重，使她们可以在培训过程中实现教学相长，培训期间也让志愿者与讲解员结下了深厚的情谊，不论是"师生关系"还是"朋友关系"，都让讲解员从中得到身份的认同感与事业上的满足感。

### 4. 宣讲员

宣讲和比赛，是讲解员不可避开的一项工作。为庆祝中国共产党成立 100 周年，深入贯彻落实习近平总书记在党史学习教育动员大会上的重要讲话精神，宿州市博物馆成立了"爱国主义教育宣讲团"。自 2021 年 3 月起，在全市开展"百名红色讲解员讲百年党史"宣讲活动，共开展外出宣讲活动90 余场，宣讲场所包括社区单位、校园校区以及部队军营等。宣讲内容包括宿州本土的爱国主义故事：淮海战役总前委唯一一张合影的《一张珍贵的照片》、驰骋于皖北大地的文武兼备的抗日将领彭雪枫和他的三宝之一的《彭雪枫与拂晓报》、淮海战役第一阶段的关键一战的《解放宿县》、为革命事业献出了自己宝贵生命的《革命烈士江上青》、丰富抗战军民精神文化生活的《弘扬文化遗产 唱响戏曲人生》。不仅如此，宣讲团成员还将红色文化传播在合肥市的各大中小学院校，参与安徽省红色讲解员进校园活动，在安徽省内的服务人次累计达到5000 余人。

在宣讲期间，讲解员们需要对自己的宣讲内容深入理解，运用语言技巧与副语言手段使宣讲内容激发起人民的爱国热情和对革命先烈的崇拜和尊敬，一次次的宣讲不亚于一场备赛，不论是前期稿件的磨合、细节的处理还是宣讲过程中状态的调整，对于讲解员而言都是一场历练，也正是在一次次的实战中，使讲解员能够找到最好的状态去应对每一场比赛。

### （二）专业的讲解培训和创新的素质提升

目前，大部分的博物馆、纪念馆的讲解员培训大致分为两种，一种是"老带新"，新进讲解员模仿、学习有经验的讲解员，从而实现自我能力的提升。这种方式是多数博物馆中都会采用的培新方式，但是却带来一些问题。首先，培训的前提是有经验的讲解人员足够优秀且具有相当的学习和创新能力，不然造成的后果便是年复一年的复制粘贴，培训效果难以保障；其次，老带新的过程中，会导致新晋讲解员缺乏自我的思考，一味地重复、模仿老讲解员，出现讲解方式或者讲解内容千人一面的现状，给博物馆的讲解队伍建设带来不利影响。第二种便是送去专业的讲解员培训中心进行系统的学习。这种专业系统的培训学习，一般会从文博基础知识、讲解的语言技巧、基础的手势运用和播音发声等方面进行综合的提升，对于新进讲解员而言是一种很好的培养方式。

我馆积极开展讲解员的专业培养工作，先后派送3名讲解员参加位于西安半坡博物馆的中国博协西安培训中心进行为期13天的封闭式学习，参训讲解员将所学运用在日后的讲解工作与比赛中，成效显著。除此之外，邀请市内相关专业老师为讲解员进行专题培训，通过一次次学习培训的积累，提升大家的素质水平和业务能力。

博物馆的讲解员应该具备较为丰富的知识体系，并且不惧怕接受新领域的不同挑战。讲解人员不仅应该掌握历史文化的知识，也应该了解包括汉语言文学、旅游管理学以及考古学等多方面知识，并且将其融会贯通，更好地服务于日常的讲解工作。宿州市博物馆不但是国家一级博物馆也是国家 AAAA 级旅游景区，我馆要求讲解人员积极适应身份转变，提升讲解员业务素质能力，不仅掌握文物讲解的基本内容也要创新学习导游基础相关知识点，为讲解员考取导游证提供支持与便利，并且鼓励大家参与省市内导游讲解相关比赛累计经验。目前我馆 2 名讲解员顺利考取导游证，并且在宿州市与安徽省导游技能服务讲解比赛中均取得不俗的成绩。

### （三）顺畅的晋升通道与良好的奖励机制

讲解队伍的长远发展，必须保障科学合理的晋升机制。一直以来，讲解队伍建设中的讲解员流失是面临的普遍问题，由于晋升与薪资待遇等多方面因素影响讲解队伍的人才和结构的稳定，许多优秀的讲解员不断出走，因此为讲解员提供发展空间，制定科学的晋升与奖励机制是讲解队伍的根本保障。

为了加强我馆讲解员队伍建设，打造一支业务能力强、综合素质高的讲解员队伍，有效激励表现优秀的讲解员，提升讲解员的工作积极性、业务水平和服务质量，自 2015 年开始，我馆实行讲解员金牌、银牌等级评定，并且对年度评选的"金、银牌讲解员"颁发奖金。这在很大程度缓解了编外讲解人员的焦虑与迷茫，不以年龄与年限作为参照依据而以实际业绩作为考量的评定标准，使老讲解员有了一份紧张感，迫使她们不断前进的同时也让更多年轻讲解员对于职业规划更有信心，更积极地参与到日常讲解工作中。今年，我馆更新了最新的定级标准，每年进行一次定级考核，定级的主要依据也更为清晰，从讲解员的德、能、勤、绩等综合考量，更加保障所评选出的讲解员的业务能力和综合素质符合"金、银"牌的标准。这种公平的考核依据与晋升通道，激发了讲解员的工作积极性和主动性，形成编外讲解员之间的一种良性竞争，促进了整个讲解队伍的发展。

为了进一步提升讲解员的薪资待遇问题，激励讲解员不断进步，我馆制定相应的奖项等级奖励机制，参加省市相关比赛获得相当成绩可兑现相应的薪资奖励，通过这种机制促使讲解员积极参加比赛，以赛带练，在比赛过程中不断磨炼心理素质，认识到自身的不足、取长补短，从而不断提升技能与服务标准，调动工作积极性。

## 三 宿州市博物馆讲解队伍建设下一步计划

### （一）培养专家型讲解员

目前，越来越多的观众走进博物馆不仅仅是走马观花的打卡式参观，而是对相关文物与史实资料确实有一定的研究，希望能通过专业讲解员的讲解介绍，丰富自己现有的知识体系，补充最新的研究成果。因此，讲解员不能再去单纯的以普通游客的观点去介绍基本的陈设展览或是文物大概内容，而是应该在现有讲解词的基础上深入挖掘更为丰富的文物文化内涵，补充最新的研究成果与内容，并且具备一定的研究能力，能够运用自己广博的知识结构，旁征博引多方论证，调动观众的参观兴趣，满足不同层次人群的参观需求。

### （二）鼓励讲解员多语言发展

宿州市博物馆目前是国家一级博物馆，但是馆内配备的专职英文讲解员的数量远远不够，虽然配有多语言的语音导览系统，能够满足不同国家参观群体的参观需求，但是机器的智能无法代替言语的温度，对于参观博物馆的众多观众而言，博物馆的讲解应该是面对面的交流和有温度的传递。因此，应该在日后的人事招聘中，加强语言能力的招聘条件，吸引优秀的不同语种的讲解员加入讲解队伍。同时馆内现有讲解员也应不断加强学习，与时俱进，积极朝着多语种讲解人才队伍迈进。

### （三）积极发展成人志愿者讲解员

每年的 5—10 月份是博物馆参观群体的高峰时期，尤其是学生团体的大批量参观，有时一天能达到近 10 批场次，大规模多场次的讲解对于讲解员来说是一种考验。由于学生志愿讲解员的时间限制，往往无法参与到工作日的志愿讲解中，因此积极培养、发展成人志愿者讲解员对于缓解博物馆的讲解压力来说是最好的方式。其中退休的教职工是最佳的人选，他们多拥有相当的文学素养与文化水平，且受早年工作习惯与劳动创造价值的观点影响，博物馆、纪念馆这种公益性单位对于他们而言是退休后发挥余热的最佳场所。因此在我们的讲解队伍建设中，应该积极吸收，广泛招揽热爱文博事业的退休教职工，充实博物馆讲解队伍。

综上，是宿州市博物馆讲解队伍建设过程中的一些有效做法与未来发展方向的思考，提升博物馆的讲解质量水平，加强讲解队伍建设是促进博物馆发展的一项重要举措，因此，应不断努力，提升讲解员的业务能力，打造一支高素质的讲解队伍。希望能为博物馆发挥社会教育职能提供些许参考。

# 关于博物馆新媒体宣传教育工作的思考
## ——以宿州市博物馆为例

王仁爱（宿州市博物馆）

博物馆是社会公共文化服务体系中的重要组成部分，承载着对人们进行文化教育的重要任务，而宣传是进行文化教育的主要途径之一。因此，博物馆要积极应对新媒体时代带来的机遇和挑战，采用科学合理的方法拓展博物馆宣传教育工作，从而达到传承弘扬中华优秀传统文化的目标。

## 一 基于新媒体技术的博物馆宣传教育工作可行性

在信息技术大背景下，人们的生活节奏加快，新媒体技术能够方便快捷、最大化地获取信息，这会对博物馆的宣传教育工作起到十分关键的作用。信息化时代的来临，新媒体技术因其不受时间、地点的限制，将其引入博物馆宣传教育工作中，可以有效弥补传统宣传教育工作中的不足，不仅可以为宣传教育工作节省大量的人力和时间，还能够将影响扩大到更多的人群中，提高宣传教育工作的质量和效率。

博物馆利用新媒体技术可以设立多元化的信息平台，做好对外宣传教育工作，让观众及时了解博物馆的新动态；其所具备的互动性特点还能够将收集到的

观众意见和建议及时反馈到博物馆，促进博物馆与观众之间的交流互动，也能够了解观众所需。新时期，博物馆要顺应时代和社会发展的潮流，积极转变宣传教育手段，创新宣传教育活动，运用多媒体技术作为载体达到有针对性和广泛性的宣传教育工作，可以使博物馆收获更多的观众，从而更好地发挥博物馆的宣传教育功能。

## 二 当前博物馆宣传教育工作面临的窘境

博物馆宣传教育工作以博物馆藏品及展览为依托，藏品的意义和价值不只存在其本身，更因其所承载的历史文化。博物馆宣传教育工作的本质是进行信息的有效传播和交流。但是，正是因为藏品的珍贵且具有独特意义和价值，导致相当多的藏品不能向观众直接展示，即使是向观众展示的藏品也只能陈列在玻璃柜中，观众无法仔细观赏品鉴展品的细节，更难以获取藏品背后的深层信息。博物馆在宣传教育工作中存在的问题主要体现在以下几个方面：

第一，藏品无法进行全方位展示。只要脱离原生环境，出土的文物就成为孤立的物品，观众在观赏藏

品时，即便有文字、图片等信息说明，也无法将藏品出土时的原始环境直观重现。另外，博物馆能够展出的藏品一般都摆放在陈列柜中，观众只能对其外观进行观赏，无法了解它们的全貌和细节之处。

第二，部分博物馆在宣传教育方面重视程度不足，尤其是一些中小城市的博物馆，对现有展品的宣传只是对资料的描述，这种单一形式的展示宣传，缺乏生动和趣味性，无法满足人民日益增长的文化需求，博物馆的文化传播功能得不到有效发挥，导致博物馆的宣传教育工作很难开展，这也是对博物馆丰富文化资源的浪费。

第三，观众的体验感和互动性不佳。传统的博物馆展览是单向的信息传递，使观众处于被动状态，没有身临其境的体验感，观众的主观能动性无法调动起来，对展品背后蕴含的深层含义更是难以产生共鸣。同时，博物馆宣传人员与观众之间缺少互动，在开展宣传工作时，工作人员往往将资料诵读一遍，观众的参与度低，这种宣传教育形式常使观众感到单调乏味，而且工作人员也很少顾及观众的实际感受，观众在参观活动中取得何种教育效果、有什么疑难问题也不会去主动问询。

## 三 宿州市博物馆新媒体宣传教育工作的一些探索

### （一）搭建数字博物馆系统，进行藏品间的合理串联

新媒体时代下，博物馆要突破观念、技术、场所、展陈能力等限制，构建一个完整的博物馆智能生态系统——数字博物馆。数字博物馆依托互联网技术，基于博物馆核心业务需求构建智能化的数字系统，它可以在文物尺度、建筑尺度、遗址尺度、城市尺度和无限尺度等不同尺度范围内，搭建的一个完整的博物馆智能生态系统。

宿州市博物馆立足于馆内藏品资源，利用数字资源和数字化展示手段，初步形成了覆盖全馆数字资源以及业务的数字资源管理平台。项目包括数字资源管理平台、文物数字化成果展示平台、数字文物库等。从时间和空间上打破限制，运用多样的信息技术手段将博物馆部分藏品的基本资料进行整合，为观众提供更多深入了解博物馆藏品的机会。

博物馆与相关专业公司通过合作，融入最新型网络互动科技，制作出与实际藏品比例相同、逼真的虚拟展品，观众只需通过数字媒介进行播放观看。除此之外，观众还可以借助 VR 设备进行沉浸式体验，静态视觉的欣赏变为动态多感官的体验，增加趣味性的同时也加深了观众对文物信息的印象。宿州市博物馆利用 VR 虚拟现实技术进行有益探索，如利用 VR 实景展示位于宿州市埇桥区褚兰镇的安徽省不可移动文物保护单位——九女坟，探索古代汉墓场景复原，对九女坟汉墓遗址进行高精度的三维立体展示，使观众进入虚拟世界，徜徉在"真实"的汉墓场景，与"历史文物"亲密接触，在获取知识的同时，获得极大的现场沉浸感。虚拟博物馆的制作突破了时间和空间的限制，使博物馆宣传教育工作变得灵活、生动，可以有效地对观众进行文化思想的传递。

### （二）构建线上博物馆，建立双向信息传递渠道

高速发展的新媒体时代，互联网被应用到各行各业，人们无论是工作、生活还是接受教育都与网络息息相关。以互联网技术为基础的网络博物馆，能够显著提高博物馆宣传教育工作的开放程度，利用网络来开展博物馆的宣传教育工作是大势所趋。

开设博物馆官方网站，不仅可以让更多不同群体的人都参与其中，而且为人们更深入了解博物馆提供了十足的便利条件。宿州市博物馆官网自开馆至今，已改版两次，内设多个栏目，包括"本馆概况""资讯公告""陈列展览""藏品管理""学术研究""社会教育""公共服务"等，内容涵盖馆内藏品信息、开放信息、公众教育活动等。观众在到馆参观前可以了解参观须知、报名教育活动，离馆后可以查阅相关信息、回顾活动详情。

在当前新媒体时代环境中，微博平台和微信公众号是最为便捷也是受众最多的信息沟通途径之一，逛微博和刷微信也是人们了解大事小情的主要渠道。博物馆建立相关的官方微博和微信公众号来进行博物馆的宣传教育工作也是势在必行。

宿州市博物馆官方微博于 2018 年 7 月正式开通，微博内容基本以馆内馆藏文物、展览、活动为主，在微博平台开设"活动公告""新展预告""宿博动态"等话题栏目。微博平台给博物馆创造了与公众及时互动的便利，打破以往单一的一对多的传播方式，实现了一对一、一对多、多对一、多对多的网状交互模式。发布形式随着新媒体技术的快速发展，在图文基础上增加直播、短视频、Vlog、长文章、投票、问答等形式，同时也更注重行业矩阵宣传，譬如多家博物馆联合举办活动，或微博平台联合博物馆矩阵宣传等。微博进一步加强与人们的互动交流，使博物馆的宣传教育工作得以大力开展，同时也是博物馆对社会公众文化形成影响的体现。

微信公众号是与微博平台势均力敌的又一宣传方式，工作人员将需要宣传的展览信息、参观须知、教育活动等内容发布，人们在休闲时刻就可以进行观看、评论、转发等操作，既能表达自己的观点，又在潜移默化中受到优秀传统文化的影响，博物馆也能够通过留言来掌握观众的需求，有针对性地开展以后的宣传教育工作。

宿州市博物馆于 2016 年 1 月开通微信公众平台订阅号。为了满足观众对于参观博物馆的需求，并配合宿州市博物馆举办的展览和活动，在经过多次实践改版后，在微信号菜单栏设置了"魅力宿博""品展览""公众服务"三个一级菜单。观众需在参观前通过微信公众号预约门票，方便其合理安排时间进行参观。在参观时可以使用语音导览，这是除人工讲解、观众租赁自助导览机之外的第三种获取讲解的方式。

如今，在信息化技术支持下，短视频和网络直播占据了各大平台，而且受到大量群体的青睐。博物馆也要抓住这一机遇，开展博物馆的宣传教育工作。截至 2022 年 10 月，宿州市博物馆在官方抖音号内共发布 50 余条作品。今后将在作品内容上深挖馆藏文物及展览背后的故事，制作有教育意义的高质量视频内容。

网络直播的形式缩短了博物馆与观众、展品与观众之间的距离，人们可以足不出户地感受博物馆的魅力。博物馆工作人员可以根据观众需求，进行专题讲座的网络直播，针对不同时代、不同类别的藏品开展深入讲解，进一步丰富、完善博物馆宣传教育工作，同时让人们从中感受历史的厚重和传统文化的魅力。此外，直播时观众在线上随时提问、工作人员随时解答的形式，减少了传统展品介绍环节时的无趣和程序化，这是打破单向信息的传递、实现双向信息沟通的过程。宿州市博物馆自 2019 年以来，在各新媒体平台上完成直播共计 40 余次，抖音平台直播 8 次，腾讯看点直播 5 次，微博平台直播 27 次，合计总观看量 30 余万人次。其中，为配合我馆暑期品牌社教活动——"博物馆奇妙夜"进行微博直播、抖音直播宣传工作，浏览量近 15 万人次，在一定程度上较好的起到了博物馆宣传教育的作用。

**（三）开展其他形式的新媒体宣传教育工作，加大宣传教育力度**

新媒体时代博物馆开展宣传教育工作，除了建立官方网站、开通微博和微信公众号等形式外，还可以通过广电宣传、数字网络平台等形式来进行宣传教育工作。比如，我馆可尝试积极主动与传统纸媒、电视广播、大众媒体、视频直播平台等媒体合作，将博物馆展览活动信息、藏品背后的故事等分享到平台中，和公众开展交流和探讨。一是利用车站、广场、公交车等电视广告、电子屏、灯箱等对重点展览或原创展进行发布和深度报道，让观众第一时间知晓博物馆动态，并进一步了解展览内涵。二是探索与拂晓报合作，联合推出文博专栏，借助拂晓报发行量，让文物故事走进千家万户。三是与宿州广电广播合作，推出精品展览、馆藏撷珍线上讲解，形成良好的双向传播效应。在早、晚高峰定期推送"宿博有故事""听得见的博物馆""乡音的故事"等视频音频，真正让文物活起来。

## 四　结语

总之，博物馆作为一个地区、一座城市经济文化的名片，要正视其在宣传教育工作中存在的问题，同时对新媒体技术在博物馆宣传教育工作中的优势和影响加强认识，利用互联网融媒体优势积极开创新的宣传教育工作模式，不断提高宣传教育工作的质量和效率，满足广大人民群众日益增长的精神文化需求，同时提高博物馆对人们精神文化领域的影响力，从而达到传承和弘扬中华优秀传统文化的目标。

文博工作

# 安徽瓷窑址考古的新进展

## ——《淮北烈山窑址》读后

宫希成（安徽省文物考古研究所）

《淮北烈山窑址》是安徽省出版的第一部古代瓷窑址田野考古报告。本书的出版不仅让业界及时了解安徽瓷窑址考古的最新成果，而且也将对安徽瓷窑址考古工作起到积极的促进作用。

安徽省内分布着隋唐宋元时期的瓷窑址众多，其中著名的是陆羽《茶经》记载"寿州瓷黄"的寿州窑，还有萧县的萧窑、繁昌县的繁昌窑、宣城的宣州窑等等。另外，还有一些地方小窑口，如绩溪窑、泾县窑、界首窑等。安徽地处中国中东部，是属于古代文化交流的中间过渡地带，自新石器时代以来就是多种文化交流交融的地区，古代瓷窑址文化面貌也具有此类过渡地带的特点，反映了南北制瓷技术交流的特征。因此，安徽瓷窑址考古工作对于研究中国古代制瓷业的发展具有重要意义。但是，长期以来安徽瓷窑址的考古工作一直未能开展起来，以往只有一些零星的田野调查、试掘，资料也发表得较少，研究更是不尽人意。

基于此，自2010年以来，安徽省文物考古研究所对安徽省内的瓷窑址有计划地开展了调查和发掘工作。2013年开始，重点对繁昌窑连续进行了考古发掘，已揭露出宋代龙窑3座及作坊等丰富遗迹，出土了大

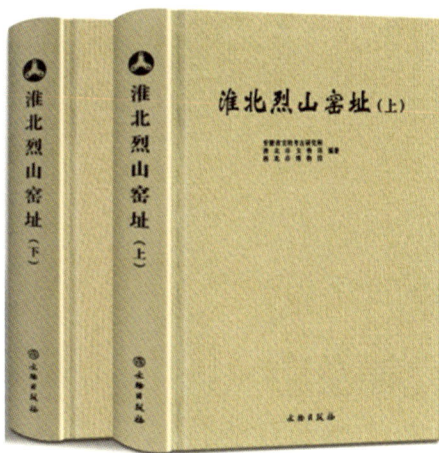

《淮北烈山窑址》封面

量瓷器标本及支钉、匣钵等用具。之后，又陆续对萧县欧盘窑址、白土窑址以及淮南寿州窑进行了发掘，同样发现了窑炉、作坊等重要遗迹。同时，还重点对寿州窑、宣州窑、萧窑、繁昌窑等开展了细致调查，目前对全省古代瓷窑址的专项调查也在进行之中。这些调查和发掘工作，不仅积累了丰富的资料，使我们对安徽瓷窑址的面貌有了较为清楚的认识，为今后深入的研究打下了坚实的基础，还培养造就了一支年轻的瓷窑址考古专业队伍。可以说，瓷窑址考古是近十年来安徽考古最重要的进展之一，弥补了以往的短

板，使安徽考古工作走向更加全面均衡发展的轨道。

淮北烈山窑址是近年安徽瓷窑址考古的新发现。2017年9月在城市道路建设施工中发现该窑址，经过文物部门确认后，2018年初报国家文物局批准进行抢救性考古发掘，同年12月结束，并在淮北市召开了"淮北烈山窑址考古发现暨北瓷南传线路学术研讨会"，与会专家对烈山窑的重要价值和发掘质量给予充分的肯定。淮北市做出原址保护的决定，道路改道修建，体现了地方政府对文物保护的高度重视。

目前发掘的烈山窑规模不大，但意义非凡。

烈山窑址所在地在唐宋时期属宿州管辖，宿州还分布有萧县欧盘窑、白土寨窑、宿州曹村窑等，这些窑址与烈山窑自北向南一脉相承，属于一个大的制瓷体系，根据初步的研究成果，这个体系的制瓷技术应该是来自北方的生产技术。烈山窑生产的北宋白釉瓷器采用了覆烧技术，金元时期的涩圈支烧技术同样是来自于定窑的支烧方法。另外，烈山窑还生产宋三彩，出土大量烧造宋三彩的支钉、三叉支托、模具等，这是安徽省内首次确认兼烧宋三彩瓷窑址，出土的枕片和素胎建筑构件上多次发现带有"鞏縣"字样。

发现的窑炉为北方典型的马蹄形馒头窑。窑炉依山坡而建，建造技术较高，形体及装烧量较大。其中Y4窑室面积近24平方米，火膛大而深，窑炉总长度达12米。这在北宋北方瓷窑系统中应是最大体量的窑炉。燃料用木材，窑具丰富多样。除生产大量日用品之外，还发现高等级琉璃建筑构件，如黄釉琉璃印花大砖，在开封铁塔的宋代瓷砖上发现有"宿州土主吴靖"字样的这类砖。还发现有彩绘"公用"的青釉罐口沿残片、刻划有"丘大人"字样的瓷残片、彩绘文字"华严""祐德观""清净會"等瓷器，说明烈山窑生产的部分瓷器很可能是向高等级政府及寺院提供建筑材料，这也是烈山窑的一大特色！

综合考察，在北瓷南传的过程中北方白瓷对安徽省内窑业有着重要的影响，推动了安徽地区制瓷技术的发展，而烈山窑则是其中一个重要的节点。烈山窑址位于龙岱河东岸，通过濉河与大运河相连。安徽大运河遗址考古发掘过程中发现了大量的贸易瓷器，其中就有烈山窑生产的产品，烈山窑生产的瓷器通过大运河行销各地。

《淮北烈山窑址》分上下两册，100多万字，线图500余幅，彩色照片2400余张。全面详实地展现了烈山窑的文化内涵。该报告有以下特点：

其一，报告遵循客观描述与研究成果分开编写的原则，按遗迹单位介绍出土遗物，把遗物还原到最初的发掘单位之中，让读者能够了解埋藏环境和遗迹遗物相互间关系，方便读者和研究者使用。

其二，采用多学科的科学技术，针对烈山窑的制瓷技术、胎釉成分配比、烧成温度、燃料来源等问题进行了专门研究，信息更丰富，方便读者和研究者更好认识烈山窑的面貌。

其三，本书对瓷器的研究主要观察胎、釉和遗留痕迹。报告采用全彩印刷，把所有品类的窑具、产品以全彩照片的形式公布出来，尤其是反映制瓷技术的遗物均采用特写的方式公布，图文并茂。与传统的书后图版的编排形式相比，更方便读者全方位地观察并全面了解烈山窑的制瓷工艺。作者和责任编辑为此付出了大量的心血。

在《淮北烈山窑址》报告中也发现一些问题，提出来与作者讨论参考。有一些瓷器定名待商榷，比如"三彩瓷"称呼，三彩应属于低温釉陶系列，尚达不到瓷器标准；有一些钵形支具线图均为口部朝上，但其实际使用中有的是口部朝上，有的是朝下，需要更细致的处理，避免引起误读。总体瑕不掩瑜，无论从内容还是编辑印制而言，这都是一部质量上乘的田野考古报告。项目负责人陈超同志在完成烈山窑考古发掘之后，带领他的团队挤时间整理发掘资料，历经三年撰写完成了发掘报告。三年间陈超还承担了濉溪长丰街明清酿酒作坊群遗址、淮南寿州窑遗址、灵璧凤山大道运河遗址等大型考古发掘任务，十分繁忙，整理期间付出的辛苦和努力是可想而知的。能够短时间内完成整理并出版，这种认真负责的态度和效率值得鼓励和提倡。

# 宿州美术馆开馆纪实

陈曙光（宿州美术馆）

2022 年 9 月 28 日上午，"唱响新时代　喜迎二十大——安徽省书画名家作品邀请展"暨宿州美术馆开馆仪式在宿州美术馆举行。安徽省政协副主席孙丽芳宣布开幕开馆，宿州市委书记杨军出席。国务院参事室文史业务司司长耿识博，省政府参事室党组书记、主任白和平，宿州市委副书记、市长王启荣出席并分别致辞。宿州市政协主席许广斌，副市长怀颖等出席，市委常委、市委宣传部部长、市委秘书长李红主持仪式。

宿州美术馆不仅填补了我市美术场馆的空白，也成为全省首家成建制市级美术馆。宿州美术馆的建成开放，必将充分发挥我市重点公共文化设施的责任作用，推动宿州文化事业再启新篇章、再上新台阶。

宿州美术馆

# 一　宿州美术馆综述

宿州美术馆坐落在宿州拂晓大道以东，汴阳三路以南，北纬33度40分41秒，东经116度56分38秒。宿州美术馆占地100亩，建筑面积2.2万平方米。

宿州，文化大市，书画重镇。汉代绘画石刻，数百座汉墓遗存、数千件汉代绘画石刻杰作，开启了宿州美术的壮丽画卷。

美术基因，书画精神，在宿州这片艺术热土，绵延千年。当代，以王子云、刘开渠、朱德群、梅雪峰、萧龙士、李百忍为代表的美术大师、书画大家，肩扛"江淮大写意"的旗帜，走向全国，走出国门，在世界美术史、中国美术史上，留下了宿州"书画之乡、书法之乡、钟馗画之乡"的美名。

新时期，在中共宿州市委、宿州市人民政府的果断决策、全力支持下，公共文化建设突飞猛进，经过设计者、建设者、专家团队数载奋斗，宿州美术馆拔地而起！

对标一流，精雕细琢，力争上游。宿州美术馆作为我省首家成建制市级美术馆，宿州市重点建设项目、重点公共文化设施，建设伊始，决策者们就提出了"全国先进 省内一流"的精品工程目标。

拥抱艺术，专业敬业，服务大众。宿州美术馆现有专业展厅6个，文创大厅、学术报告厅、咖啡书吧、书画培训大厅等各1个，典藏室、藏品摄影室、图书资料室、作品修复室等设施，一应俱全，具备了收藏、保存、展示、研究美术作品的专业场馆功能。

# 二　宿州美术馆建筑特色

宿州美术馆主体建筑由中国美院设计。宿州美术馆馆名由原中国书协主席、著名书法家沈鹏题写；宿州美术馆融入了园林造型、山水画、书卷折页元素，着笔"天圆地方"，着力体现"传承历史文化·展示地方特色·塑造城市形象·提高生活品质"的设计愿景。

宿州美术馆建筑屋顶的设计采用了多个人字形屋面，寓意宿州市依托人和，集聚大众的智慧、力量得以发展。纵观宿州历史，取义人和为众，又从地域特色的中国画派中提取元素，形成宿州美术馆独特的屋

宿州美术馆

宿州美术馆

面造型。

宿州美术馆建筑立面的细节采用中国传统绘画手法，皴法，使建筑独具中国画的意韵。在技术上，构造通过现代的参数化设计手法，营造更具变化的立面效果，金属构件与玻璃相互衬托，在阳光中绽放色彩。

宿州美术馆外立面干挂石材采用灰色人造石材，玻璃幕墙采用透光率 40%、60% 的钢化玻璃；屋面采用铝镁锰和铝板双层屋面板，墙面采用铝板；主入口景观墙干挂石材采用爵士白。

今天，呈现在我们眼前的宿州美术馆建筑群，本身就是一件美轮美奂的美术作品。

## 三　宿州美术馆开馆展览巡礼

"大师、大家、大众、传统"，这是宿州美术馆建成开放首批展览活动的布展理念，6 个专业展厅、9 个展览专题、超过 1000 幅的书法、绘画、石刻、木刻精品力作，期待您的到来！

### （一）宿州美术馆开馆展览布展规划

1. 布展理念基于办馆定位：宿州美术馆作为艺术类展示陈列馆，是收藏、保存、展示和研究书画艺术的公益性公共文化机构。

2. 布展定位：彰显宿州书画成果优势、书画资源优势：宿州书画历史悠久；宿州书画大师、大家群体；宿州书画流派入史；书画之乡、书法之乡；国家级会员群体；书画普及现象；国内外书画精品的交流展示。

3. 利用宿州美术馆独特空间结构（1 层 4 个展厅、二层 2 个展厅），采用移步换景的空间布局方式，围绕"展示宿州美术特色，传承历史文化亮点；塑造宿州城市形象，提高生活品质品位。"的主题概念，以全方位、多角度、常态化与即时性相结合的布展方式，展示宿州书画事业的蓬勃发展。

4. 展厅以作品实物、艺术大师大家书画文物为主，突出"精品、雅道、精到、简约"的风格，尽量避免或压缩文字、图片图版介绍的墙报设计。

### （二）宿州美术馆开馆庆典·各厅展览概要

1. "建功新时代 启航新征程"——宿州市喜迎党的二十大胜利召开书画精品展（1 号厅）

新时期的宿州书画，真正迎来了百花齐放、百家争鸣、硕果累累的大繁荣局面。为喜迎党的二十大胜利召开，以书画的形式歌颂祖国、歌颂党、歌颂人民，宿州美术馆在建成开放活动之际，在1号厅推出"建功新时代 启航新征程——宿州市喜迎党的二十大胜利召开书画精品展"。

笔墨为人民而书，丹青为时代而绘。本次展览共展出宿州籍名家作品300幅，分四次轮展。参展作者包括中国美术家协会会员，中国书法家协会会员，安徽省文史馆馆员、研究员，书画界省级非物质文化遗产传承人以及其他特邀书画艺术家。

2. 回望汉画——宿州汉画拓片精品展（2号厅展览之一）

汉画艺术，既是我国汉代以前一个美术巅峰，同时，它又是宿州书画的初期源头之一。

汉画像石是汉代墓室、祠堂、石阙上装饰石刻艺术，它主要以浅浮雕的雕刻手法，生动地描绘汉代社会的典章制度、风土人情以及神话故事，是中华民族传统艺术的瑰宝，在中国美术史上占有极其重要的地位。

汉画石刻，是以石为地、以刀代笔的石刻艺术品；汉画拓片则是对汉画石刻的纸质摹本、还原。本次所展汉画精品拓片，共计80件，分两批轮展。展品主要是近年来萧县弘汉轩汉画艺术馆收藏以及民间藏品拓片。

3. 第四届安徽省现代刻字艺术展（2号厅展览之二）

现代刻字艺术作为一种艺术门类，是传统刻字的升华，是书法、美术、色彩、雕刻等多种艺术元素的融合，蕴含着深厚的文化底蕴与文化内涵。

本次现代刻字艺术展集中展现了近年来全省刻字艺术创作发展水平，共展出作品117件，其中优秀作品17件、特邀作品18件。

4. 百岁画翁萧龙士捐赠书画作品展（3号厅展览之一）

"写意"是中国艺术的传统、精神和灵魂。萧县龙城画派的总体风格是豪放质朴的，以大写意、写意为特征，重人品与艺品的结合，重传统，重师承，重创造，重生活，重笔墨意趣，是一个书画兼善的画派。

萧龙士先生是中国当代德、艺、寿齐辉的著名书画家、艺术教育家，是南吴北齐的重要传扬人，是龙城画派的当代主将，是江淮大写意画派的宗师，是安徽画坛享有盛誉的泰斗。此次展览集中展示的萧龙士先生精品佳作40幅，旨在传承先贤、启教后学，充分展示宿州书画辉煌成就和文化宿州的巨大魅力。

本次展览作品，均为萧龙士之子萧承震先生捐赠。

5. 草书大师李百忍捐赠书法艺术作品捐赠展（3号厅展览之二）

李百忍曾任中国书协理事、安徽省书协主席，是我国当代书坛最重要的书法家之一，擅行书，尤精狂草，被誉为"草书圣手"、"草书大师"，其书法风格别开生面，影响一代书风。

2021年，李百忍先生长子李农先生、长孙李海青把李百忍各个时期的书法代表作品200件慷慨捐赠，由宿州市美术馆永久收藏。宿州美术馆特举办"草书大师李百忍捐赠书法艺术作品展"，集中展示李百忍先生书法及学术成果，彰显其卓越的艺术成就，也以此怀念先贤，激励后进。

6. 世纪履痕——美术大师王子云生平成果专题陈列厅（4号厅展览之一）

本次展览是对美术大师王子云生平的艺术成果、学术研究的专题陈列。王子云（1897~1990年），宿州萧县人，是我国新美术运动先驱之一、中国美术考古学派奠基人、中国美术史论开创者。他学贯中西、洋为中用、著作等身，是中国近现代文化研究的杰出贡献者。他的爱国情怀、文化精神、学术思想、艺术高度，令后人景仰，被学界推崇为一代文化大师。本厅展览共分为六个部分，以时间、地点、事件、人物为轴线论述组合，图文并茂辅以场景、视频、手稿、衣物、著作等实物，给观众提供具有可视性、趣味性、回顾性、参与性的展示内容。

7.宿州美术馆数字化展览（4号厅展览之二）

宿州美术馆数字化展厅，是高科技与美术的结合——本厅通过实物、图片、文字、网络、音视频、观众互动、沉浸式空间等方式，展现宿州书画的精彩内容。

数字化厅的内容特点是：以画叙事——用宿州本地名画背后的画家背景故事，来解读宿州书画的发展历程；数字化厅的视觉特点是：动态演绎——对名画进行数字化处理，让美术作品"动起来"、"活起来"。

数字化厅的技术特点是：先进多样——展示技术先进多样，包含场景搭建、大屏道具、沉浸融合投影、体感互动技术等。

8.迎接党的二十大胜利召开安徽省政协系统书画作品巡展·宿州展（五号厅）

复兴伟业辉煌，盛世画卷长舒。迎接中国共产党二十大胜利召开主题书画巡展·宿州展，在安徽省政协党组、宿州市委市政府高度重视和关心下，在宿州美术馆隆重开展。

以笔墨致敬党的伟大事业，用丹青礼赞百年风华，是参展作品的共同特点。82幅作品中，既有省政协书画研究院组织的主题创作，也有各市政协聚焦主题选送的精品力作，还汇集了省内书画领域知名人士和社会贤达的专题杰作。

9.二梅风骨领风骚——梅雪峰、梅纯一书画作品展（六号厅）

梅雪峰，著名书画艺术家，美术教育家。人称"老梅"，诗书画印皆精；其子梅纯一，著名书画艺术家，美术教育家，人称"小梅"，子承父道，妙又过之，尤喜画梅，笔可扛鼎，墨如铁浇。其梅花作品，雄浑厚重，苍劲朴拙，一派大家风范。

本次共展出"二梅"作品80余幅，作品从梅雪峰1932年所作的山水画，到1997年梅纯一所作的梅花图，时间跨度半个多世纪。"二梅"的创作题材十分广泛，山水、人物、蔬果、花鸟、书法、篆刻、诗文皆精且博；表现技法工写皆擅，笔墨精妙，气象高旷。

宿州美术馆

# 优秀党务工作者

## 黄　鑫

宿州市博物馆办公室

黄　鑫

黄鑫，中共党员，宿州市博物馆办公室主任，市博物馆党支部组织委员，协助分管人事、财务等工作。

2010年入馆工作以来，黄鑫同志以党性为后盾，以政治责任感为动力，以"党性最强、作风最正、工作出色"为具体要求，从思想上、作风上加强自身建设，恪尽职守、竭诚奉献、辛勤工作，完成党赋予党务工作者的光荣任务。2013年4月，黄鑫同志增选为支部委员。2015年、2018年、2021年支部换届，

连续被选为支部委员。多年来，她积极配合支部书记抓好支部的组织建设和思想建设工作，为市博物馆党支部成立和发展做出了自己的贡献。2014年、2015年、2016年、2017年、2020年，先后五次被评为被中共宿州市直机关工委、局机关工委表彰的优秀党务工作者。黄鑫同志在工作中所表现的谦虚谨慎、任劳任怨、严于律己、团结同志、认真负责、积极进取等工作作风和工作态度值得我们每一名党员干部学习借鉴。

## 一　谦虚谨慎，不断学习提高业务能力和党务工作水平

黄鑫同志深知：作为一名党务工作者，必须具备优良的政治素质和熟练的业务技能。特别是新的时期，党组织给党务工作者提出了更高的要求。因此，她十分注重知识的学习和更新，充分利用业余时间和岗位锻炼的机会，不断加强马列主义、毛泽东思想、邓小平理论的学习，认真学习习近平新时代中国特色社会主义思想。在平时的工作中，刻苦钻研业务知识，了解基层党组织的基本任务、组织

优秀党务工作者——黄鑫（右一）

发展的程序与要求，努力做好组织交于的各项工作。黄鑫同志在 2014 年完成中共省委党校经济管理系研究生班的相关课程，取得研究生学历。2015 年 6 月，她参加中博协举办的为期 16 天的"第五期全国博物馆系统新入职员工培训班"，以优异的成绩获得了结业证书。

宿州博物馆党支部非常重视学习，每周安排周二下午一小时的学习时间，我馆党支部制定了《宿州市博物馆学习制度》，规范了学习秩序，提出"坚持集体学习与个人自学相结合，走出去学与请进来教相结合，学文件、听报告与业务研讨相结合，开展多种学习方式"的指导方针。黄鑫同志具体负责学习组织工作，联系讲课、选择学习资料、安排外出参观，组织外地培训，事无巨细、细心准备，认真落实，做好记录和总结。每年，协助党支部组织安排职工馆内学习近 20 余次，外出集体学习 3～5 次，组织班组长以上员工考古工地现场慰问，学习兄弟博物馆考察学习。这些活动开展，丰富了党员的组织生活，增进职工之间沟通交流，为我们建设学习型支部、学习型单位做出了自己的贡献。

## 二 任劳任怨，发挥党员先锋模范作用

黄鑫同志时刻牢记自己是一名共产党员，牢记自己是一名党务工作者，在平时的工作中，事事、处处、时时都以党员的条件来严格要求自己，以一名组织干部来约束自己，对事业兢兢业业，勤勤恳恳，表现出强烈的事业心和高度政治责任感。

2017 年，黄鑫同志因身体不适治疗期间，博物馆创建 AAAA 级旅游景区景观质量工作正处在资料整理和申报阶段，她仍坚持和同事们一起加班准备评审材料到凌晨，并连夜赶赴合肥参加评审会，最终功夫不负有心人，我馆顺利通过了 AAAA 级旅游景区景观质量评审。

由于博物馆刚刚起步，工作人员缺乏，黄鑫同志还要协助馆领导负责办公室、人事、财务、后勤等相关工作，因此她总是加班加点，但从不计个人得失，也从无怨言，总是不厌其烦、有条不紊地搞好自己的工作。黄鑫同志负责单位的财务工作。多年来，她事无巨细，亲力亲为，认真做好记账做账、预算决算、

财务统计工作，从未出现过差错。黄鑫同志因优秀的业务水平和出色的工作成绩，多次受到市财政局预决算先进个人的表彰。

## 三 严以律己，积极参与建章立制工作

市博物馆制定党员"五个带头"，员工"十个要不要"行为规范，并且执行严格的上下班考勤制度，作为办公室一名工作人员，要求别人做到的，黄鑫同志总是带头先做到。工作以来，她从不迟到、早退、有事请假，从未出现旷工、离岗现象。即使是在休假期间，单位有突发需要处理的工作，她也第一时间赶回来处理。

在我们博物馆建馆初期提出了："服务周到，管理规范，科学严谨，积极进取"十六字原则。建馆十二年间，我们先后出台四十多个管理制度，内容包括考勤制度、财务制度、岗位责任、会议制度、值班督查、安全生产、考评奖惩等方面，范围涉及全馆、各部室班组和全馆每一名干部职工。黄鑫同志主持或参与了其中的大部分制度的制定工作。黄鑫同志积极响应"五个带头"倡议，带头遵守单位各项规章制度，为制度和措施的贯彻落实，保障宿州市博物馆有条不紊的开放运转和循序渐进的不断发展发挥了重要作用。

## 四 团结同志，做好群众思想政治工作

黄鑫同志工作以来，团结同志，为人友善，积极营造轻松愉悦的办公环境。她说，一个人关心其同事，首先就要干好本职工作，不要让别人来替自己操心、费力；其次要宽以待人，热心助人，在别人有困难时去拉一把。积极参加本市举办的运动会和馆内三八妇女节联欢会，增进与同事的沟通交流；面对前来办业务的同事，总是笑脸向迎，热情接待，尽快及时处理；遇到职工在福利待遇、工作安排方面出现的问题，及时与职工谈心谈话，与馆领导和部室负责人

协调沟通，换位思考，将心比心，做好思想开导工作，努力把问题化解在萌芽状态；遇到生活中遇到困难的职工，在政策允许范围内，尽量倾斜照顾，帮助渡过难关。

黄鑫同志善于协调同事之间、部室之间的合作关系，团结大家携手共进、同创佳绩；黄鑫同志善于联系上级机关和沟通兄弟单位，为宿州市博物馆的建设发展营造和谐良好的氛围环境。

疫情防控工作中的黄鑫

## 五　认真负责，抓好党员培养和组织建设工作

宿州市博物馆是 2010 年开馆的新建单位。2012 年成立支部，当时只有 4 名党员，发展党员是首要任务。黄鑫同志参与了多名同志的培养联系工作。在党员培养上，与培养对象谈心谈话，及时了解他们思想动态，主动指导帮助他们完成入党材料。黄鑫同志负责新党员发展的资料档案的管理工作。博物馆党支部的新党员发展的程序规范、资料齐备，受到市文广新局机关党委领导的多次表扬。其他兄弟支部纷纷向我们学习，参考我们的做法。10 年来，我们共培养发展党员 7 名，为基层党组织增添了新鲜的血液，为市博物馆党支部发挥战斗堡垒作用奠定了组织基础。

在市博物馆党支部，黄鑫承担着党费管理、党员信息管理、党员发展及组织关系接转、支部活动的组织安排、党建材料的整理、支部会议的记录等工作。在党的群众路线教育实践活动、"三严三实"专题教育活动、"两学一做"党员学习、"不忘初心，牢记使命"主题教育和党史学习教育等活动中，她负责整理的材料得到领导和同志们的肯定。在党支部标准化建设中，市博物馆党支部在文化和旅游局系统中始终位列先进支部行列。

宿州市博物馆党支部于 2015 年、2016 年、2017 年和 2020 年被市直机关工委评为优秀基层党组织。宿州市博物馆党支部党建工作取得的成绩，包含着黄鑫同志的一份努力和奉献。

## 六　积极进取，为文明创建工作贡献自己的力量

宿州市博物馆党支部负责抓文明创建工作。黄鑫同志负责文明创建工作的联系对接。在我市创建全国文明城市的工作中，宿州市博物馆作为大型公共文化设施、国家 AAAA 级旅游景区、安徽省爱国主义教育基地市创建检查的重点单位。黄鑫同志对照文明城市标准，积极查摆问题、认真组织整改、营造宣传氛围。为顺利通过历次省检、国检做出了不懈的努力，为我市全国文明城市首创首成做出了自己的贡献。

黄鑫同志还负责我馆市级文明单位、省级卫生先进单位、省级园林式单位和省级节水型单位创建材料的整理申报工作。经过和大家共同努力，顺利通过了评选，被授予"安徽省节水型单位""安徽省园林式单位""安徽省卫生先进单位"和第九届、第十届"宿州市文明单位"称号。

作为一名基层支部党务工作者，黄鑫同志这种不为名利的高贵品质、全心全意为人民服务的观念、客观公道的处事原则，耐心细致的工作作风，持之以恒的奉献精神，倾入党务工作的满腔热情，深深打动着每一个党务工作者，也深受党员、群众的好评。黄鑫同志在工作中，各方面都是经得起考验的，是一名"党性强、作风正、工作出色"的党务工作者。

# 优质服务最美员工

## 李嘉琪

宿州市博物馆宣教部

李嘉琪

李嘉琪 2010 年入馆工作，宿州市博物馆讲解员，讲解组组长。入职以来，李嘉琪同志讲解场次两千余场，讲解服务观众数万名，圆满完成接待国家领导人、外国领事、港澳台同胞等重大讲解任务数十次；曾经取得安徽省博物馆、纪念馆讲解员大赛前十名、全省竞赛二等奖等优异成绩；多次被评为宿州市博物馆金牌讲解员和优秀员工。入职以来，李嘉琪积极向上、爱岗敬业、热情服务、细致周到、勤于学习、业务精湛、努力工作、成绩显著，是一位讲解服务岗位的标兵。

### 一 积极向上，爱岗敬业

李嘉琪同志从一名普通的讲解员成长成为宿州市博物馆讲解队伍中的领军人物，和她对讲解工作的执着、对文博事业的热爱是分不开的。宿州市博物馆2010 年底建成开馆，李嘉琪是开馆招聘的第一批讲解员。由于讲解员岗位条件要求高、工作压力大、工资待遇低，不少人中途转岗跳槽，没有坚持下来。入职以来，李嘉琪同志兢兢业业地坚守在讲解岗位上，陪伴着市博物馆不断发展、共同进步、一齐成长。作为一名优秀讲解员，李嘉琪始终保持良好的工作作风，态度端正、团结同志、乐于助人，具有较高的职业修养和职业道德。在宿州市博物馆这样一个展示宣传宿州历史文化的窗口单位中，树立了良好的讲解员形象，体现了自身价值、维护集体荣誉、发挥了表率作用。

### 二 热情服务，细致周到

作为宿州博物馆的金牌讲解员，李嘉琪对每一次讲解都投入百分百的热情，"每次讲解，都是一次洗

李嘉琪

礼和成长"。李嘉琪说，观众来博物馆参观，请讲解员是希望能对展品有更深刻的理解，所以讲解员要以观众的需求作为目标，因人施讲，让观众能得到最好的观展体验。

作为一名讲解员，接触的人方方面面。讲解员的工作态度，不仅是自身综合素质的体现，同时也是城市整体形象的代表，直接关系到观众对宿州的印象。为此，她认真研究观众的心理，学习文化交流中的礼仪，微笑面对进馆的每一位观众。微笑就像是春天如风的小花，夏天如水的清风，秋天高洁的云朵，冬天温暖的阳光。微笑服务是对讲解员的基本要求，也是成就一名优秀讲解员的成功秘诀！

到博物馆参观的外地游客也有很多，李嘉琪说，有次几位五十多岁的外地观众来馆参观，由于进馆时间较晚，最后一个展厅还没参观，眼看着就要清场了，他们有点着急，说他们远道而来，看不完很可惜。李嘉琪对他们报以热情的微笑，耐心细致地带着他们参观完了展厅。李嘉琪说她只是做了一个讲解员应该做的，他们却送给了她很多感谢的话，说他们在这感受到了宿州人民的热情。李嘉琪经常为了接待讲解延迟下班时间，只要观众满意，自己从无怨言。

## 三　勤于学习，业务精湛

宿州市博物馆是个新建馆，一切都是从零开始，讲解员的培训没有现成的老师。李嘉琪和其他讲解员一起，克服困难，勤学苦练。从基本功开始、从背讲解词起步，短短一个月时间就能上岗讲解，服务公众。在讲解岗位上，李嘉琪同志从未放弃过学习。向书本学，学习文博专业知识；向老师学，学习讲解技巧和服务礼仪；向观众学，学习交流和互动；向同行学，学习敬业精神和讲解经验。

李嘉琪还积极参加国家、省、市举办的行业培训，系统地学习讲解员专业知识，不断提高业务素质、专业水准。曾参加2013年全省讲解员培训、参加2015年中国博物馆协会主办的讲解员培训班。2012年以来，她还积极参加省市举办的历次讲解员比赛。以赛代练，和省内同行交流，不断提高讲解技能和水平。从开始的比赛陪练，逐渐成长为一名获奖专业户。如：2013年获省讲解员比赛优秀奖，2015年获省讲解员大赛二等奖，2017年获宿州市读书演讲大赛三等奖、毛泽东诗词大赛三等奖和安徽省讲解员大赛三等奖。李嘉琪是我馆第一批在省级大赛获奖的讲解员，为我馆讲解员培养工作带了好头，打开了新的局面。

一枝独秀不是春，百花齐放春满园。李嘉琪在自己刻苦学习、不断提高的同时，还热心帮助讲解组的其他同事，带好讲解员队伍。作为组长，她经常带着组员在展厅内进行学习，对于每次换展的文物都要求讲解员们可以重新整理一份新的讲解词。并要求讲解中讲解员可以随机应变，随时做好应对突发事件的心理准备。要求主动引导观众，让他们积极参与到讲解当中。作为播音主持专业的毕业生，李嘉琪主动与其他讲解员交流发声方法，示范如何运气发声，保护嗓音，使她们都具有音质优美、吐字清晰、声音洪亮的语音语貌。她还带领讲解员进行仪容仪表、礼仪礼节方面的训练，研究讲解中的举止、手势运用和讲解器的规范运用。

功夫不负有心人，宿州市博物馆的讲解员队伍后来居上，在2016年全省博物馆讲解员比赛中连中三元、名声大振。馆领导经常自豪地说："讲解员就是我们宿州市博物馆的镇馆之宝！"

## 四 努力工作 成绩显著

李嘉琪同志业务素质强、工作态度好，是市博物馆宣教部的骨干。她总是认认真真准备每一场讲解，热情洋溢地面对每一名观众。入职以来，她讲解几千场次、服务数万观众，从未收到一次投诉，得到都是夸奖和表扬。宿州市博物馆的重大接待任务一般都是李嘉琪担纲讲解：美国赛珍珠基金会、彭晓枫上将、全国人大原副委员长顾秀莲、安徽省委书记张宝顺、政治局委员兼广东省委书记汪洋等。2012年汪洋来到博物馆参观，讲解中汪洋同志对馆藏文物非常感兴趣，不停询问讲解员瓷器、青铜器的出土地点等情况，并亲切地鼓励李嘉琪要不停地学习，做到即是口才良好的演说家，又是一位知识渊博的文物专家。在几十场重大接待任务中，李嘉琪精心准备、沉着应对，圆满地完成了历次接待任务，受到各级领导的表扬和夸奖。

由于李嘉琪的口碑好、业务强，还经常被市政府、市直各机关借调完成项目推介、对外宣传、博览会讲解等临时任务。其中，2017年为安徽省博览会上顺利完成我市农业技术的讲解工作，受到省、市领导的表扬。

一分耕耘，一分收获。李嘉琪同志在平凡的讲解岗位上取得了突出的成绩、做出了无私的奉献，成为先进的典型；荣耀秋菊，华茂春松。宿州市"文明优质服务最美职工"的称号是对李佳琪同志认认真真学习、勤勤恳恳工作、热情周到服务、坚持不懈努力的肯定和褒奖！

讲解中的李嘉琪

# 守正创新　服务为民

## ——宿州市博物馆探索夜间开放新模式

许　影（宿州市博物馆）

2022 年 8 月 24 日，国际博物馆协会正式公布了博物馆的新定义：博物馆是为社会服务的非营利性常设机构，它研究、收藏、保护、阐释和展示物质与非物质遗产。它向公众开放，具有可及性和包容性，促进多样性和可持续性。博物馆以符合道德且专业的方式进行运营和交流，并在社会各界的参与下，为教育、欣赏、深思和知识共享提供多种体验。从定义可以总结出，博物馆的功能包含了搜集、保存、修护、研究、展览、教育、娱乐七项。如何能最大程度的发挥博物馆的功能，一直是博物馆人思考的问题。

### 一　博物馆奇妙夜活动出现的背景

博物馆是一个城市的重要印记，承担着爱国主义、文化传承、审美情趣、展览展示优秀传统文化、宣传地方民俗文化等功能，是加固历史保留文化、更好地保存文物展示文物、为社会发展提供服务、对公众开放以学习教育娱乐为目的的场所，是人们认识城

宿州市博物馆夜景

市历史、感悟城市辉煌的窗口，一直以来都是观众参观学习的俱佳场所。但博物馆实行"朝九晚五"工作制度，文化服务与公众需求间存在错位，因此近年来，公众对于博物馆错时、延时开放的呼声越来越高，博物馆人也一直致力于研究如何提升服务质量和服务水平，满足观众的参观需求是博物馆人一直追求的目标。博物馆人通过不断的探索与研究，萌生出举办博物馆夜游活动的想法。夜游博物馆最早出现在欧洲。1997年，德国柏林市政府率先在柏林国家博物馆等13家博物馆发起活动，现已有近百所博物馆加入其中，已成为当地每年固定的文化节日。经过多年的发展，博物馆之夜的影响范围已经覆盖整个欧洲，如今，特定时间段的"欧洲博物馆之夜"已经成为欧洲多个城市重要的文化品牌项目。中国的夜游博物馆活动虽然起步较晚，但也越来越红火。2019年，故宫博物院举办紫禁城上元之夜、莫高窟4月至5月推出"夜游莫高窟"、上海14家博物馆7月至9月试点博物馆夜游项目、广州11家博物馆开放夜游等，都吸引了众多客流。博物馆夜游是利用文化资源的一种创新，有助于吸引更多群体参观且停留时间有所延长，为博物馆带来了新的机遇。一线城市博物馆的不断尝试，也为中小博物馆开展夜游活动提供了经验。因此，近年来中小博物馆的夜游活动也逐渐开展起来。

博物馆夜游从产品服务现状来看，目前主要呈现出三大特点：一是就参与主体与区域而言，知名博物馆率先尝试，夜游从一线城市逐渐向二三线城市蔓延；二是就表现形式而言，延长固有展览时间的同时，跨界体验、灯光秀、文化文艺表演等逐渐成为博物馆夜游的引流主力军；三是就持续度而言，以短期和非常态化为主，多配合特定节日、特定展览和节假日进行。

## 二 宿州市博物馆奇妙夜活动的探索

2010年，宿州市博物馆建成开放以来，一直致

力于提升服务质量与观众参观体验感。通过多年来的努力，宿州市博物馆已成为国家一级博物馆、国家AAAA级旅游景区、安徽省爱国主义教育基地。虽然取得了一些成绩，但我们发现在工作中仍然有许多需要不断改进的服务和继续提升的空间。

每年暑期是博物馆参观高峰，尤其未成年人居多。宿州市博物馆位于市民广场中央，夏季夜晚有很多来此休憩纳凉的群众，他们表现出对博物馆的极大兴趣。为此，宿州市博物馆谋划延长开放时间，让观众夜游博物馆，感受奇妙夜。文物安全是博物馆各项工作的核心与底线，夜间开放首先要解决安全问题。我们调整安防设施和安保力量，同时对馆内亮化、人员安排进行优化，为启动夜间开放工作做了充分准备。经多次征求意见、调整方案，夜间开放的宿州博物馆奇妙夜活动终于提上了日程。大家认为，这不仅是博物馆免费开放的一次主动改革，也是文化惠民的重要举措，更是文旅融合的创新探索，将为宿州旅游注入新活力。

宿州市博物馆于2019年7月3日开启了"博物馆奇妙夜——优秀传统文化展览展示活动"。我们将博物馆一楼"民间艺术馆"和临时展览展厅延长开放时间，晚上7：30至9：30增加夜场活动。"博物馆奇妙夜——优秀传统文化展演展示活动"持续整个暑假近两个月时间。奇妙夜活动中，观众不仅可以参观展览，还可以欣赏非遗展示和文艺演出。

奇妙夜文艺活动在一楼大厅举行，时长40～60分钟。宿州市博物馆党支部联合宿州市泗州剧团党支部、宿州市梆子剧团党支部、宿州市坠子剧团党支部以及宿州市管弦乐协会、埇桥区曲艺协会等社会团体发动组织专业演员、业余爱好者及非遗传承人等作为志愿者义务进行文娱演出和非遗展示。奇妙夜文娱活动主要包括：一、舞蹈展示：民族舞蹈、现代舞蹈、街舞、少数民族舞蹈；二、戏曲展示：戏曲表演（坠子戏、泗州戏、花鼓戏、梆子戏）；三、传统文化展示：吹唢呐、茶艺表演、汉服走秀、二胡演奏、吹竹笛、大鼓书、相声表演、快板、葫芦丝演奏、评书、

博物馆奇妙夜戏曲展示

曲艺展示周

京剧表演；四、音乐展示：钢琴演奏、架子鼓展演、吉他弹奏、古筝表演、声乐表演奏；五、电影展示：皮影戏、解放 103 提包机放映胶片老电影。博物馆奇妙夜文娱演出的同时，现场实况通过馆外的电子大屏以直播的形式呈现给广场上休闲散步的观众。户外的大屏直播吸引观众驻足观看，吸引观众走进博物馆。

奇妙夜活动期间，除开放宿州民间艺术馆的地方戏曲、埇桥马戏、民间工艺、宿州书画、灵璧奇石等基本陈列展厅，我们还组织准备了优质的临时展览：如交流引进的"徽文化博物馆新安山水画展""淮南市博物馆寿州窑瓷器展""阜阳市博物馆书画展"和自办的"宿州百姓收藏展""萧窑瓷器展"等，以供游客参观。

对于精彩的展览和活动，我馆利用微博、抖音等新媒体平台，采取线上直播的形式为没有前来的观众转播文艺表演、非遗展示和精彩展览现场实况。讲解员现场讲解，并根据观众的留言，通过互动形式介绍观众感兴趣的展览。这些举措大大提高了该活动的受众度和影响力，吸引了一大批年轻观众。

宿州市博物馆的"博物馆奇妙夜——优秀传统文化展览展示活动"成功举办，激发了广大市民的参观热情，每晚入馆游客多达三四千人次，在广场上通过大屏幕观看活动的观众和通过网络直播浏览的网民更是成千上万。整个暑假期间直接入馆参加博物馆奇妙夜活动的观众多达十几万人次。

从 2019 年夏开始，每年暑假 7、8 两月，宿州市博物馆都组织开展博物馆奇妙夜活动。该活动连续开展多年，已经逐渐成为深受群众欢迎的品牌活动。

## 三　宿州市博物馆举办
## 奇妙夜活动的社会效应

宿州市博物馆"博物馆奇妙夜——优秀传统文化展览展示活动"吸引了众多市民参与，安徽电视台、宿州市广播电视台和拂晓报社也相继来采访报道。特别是皮影戏专场表演，传统的民间表演艺术吸引众多市民。人们围坐在皮影戏台周围，近距离地观赏艺术家们的表演。特别是未成年人对古老的艺术表演形式表现出极大的兴趣和好奇心，达到了宣传、传承优秀传统文化的目的。另外，宿州市博物馆独具匠心，把该活动与社教品牌活动"小小讲

解员"相结合，游客在奇妙夜活动期间欣赏展览的同时，也可以聆听到小小讲解员的精彩讲解。不少游客和市民对宿州市博物馆推出的夜间开放举措表示欢迎，称这很人性化，丰富了夜间旅游的多样性。有市民在采访中表示："国内多数博物馆的开放时间都是朝九晚五，存在'你上班，我开门，我下班，你闭馆'的情况，上班族、学生等群体只能趁周末参观，不过周末人多，参观质量很难得到保障。如此延长开放时间，又加上夜间天气凉爽，可带着老人孩子来参观博物馆。"

"博物馆奇妙夜"活动，是宿州市博物馆贯彻服务为民的理念，本着与民同步、与民同乐的初衷，打

皮影戏

元宵活动

造市民休闲纳凉与参观欣赏展览展示相结合的博物馆夜间开放新模式。这一模式的有益探索，提高了博物馆的参观人数、增加博物馆的社会教育活动场次、扩大了博物馆的影响力、拉近了博物馆与市民的距离、促进了博物馆志愿者活动的开展。博物馆奇妙夜的成功举办，使得宿州市博物馆增加了一个服务为民的新形式，打开了一扇文旅融合的新窗口。

## 四 结束语

"博物馆奇妙夜"活动是宿州市博物馆的一项重要文化惠民活动。全馆上下致力于举办好此活动，并认真做好下一步工作计划：一是进一步扩大"博物馆奇妙夜"时间范围。除暑假期间外，尝试利用法定节假日举办"博物馆奇妙夜"活动；二是进一步提升现场活动和展览的品质和水平，把宿州市博物馆奇妙夜活动打造成展示美好宿州的文化名片和文旅品牌；三是进一步利用新媒体技术，把宿州市博物馆奇妙夜活动全方位地推介到更多、更远的地方。展示多彩地方文化，传承优秀的中华文明。

夜间开放博物馆是文化惠民的重要举措，也是文旅融合的新的探索，在提升城市品位与城市好客度、刺激旅游"夜经济"等方面，有积极意义。虽然活动取得了一定的成效，但夜间开放目前处于探索阶段，未来我们希望进一步丰富游客体验，增加配套服务，真正营造出博物馆之夜的奇妙本质。

# 宿州市博物馆大事记

| 2009 年 | 4 月，宿州市编制委员会批准设立宿州市博物馆，副县级全额拨款事业单位。 |
| --- | --- |
| 2010 年 | 10 月，宿州市博物馆试运行。 |
| | 12 月 31 日，宿州市博物馆举办开馆仪式。 |
| 2011 年 | 美国赛珍珠基金会一行参观访问宿州市博物馆。 |
| | 3 月，宿州市博物馆获宿州市文化建设贡献奖。 |
| | 6 月，故宫博物院研究员耿宝昌先生参观宿州市博物馆。 |
| 2012 年 | 3 月，时任中央政治局委员、广东省委书记汪洋参观宿州市博物馆。 |
| | 5 月，宿州市博物馆被安徽省建设厅评为"安徽省十一五十大地标建筑"。 |
| | 8 月，宿州民间艺术馆完成布展，对外开放。 |
| | 11 月，宿州市博物馆获安徽省文化体制改革先进单位表彰。 |
| | 11 月，宿州市博物馆成立党支部。 |
| | 9 月，宿州市博物馆被中共安徽省委、安徽省人民政府评为"安徽省第四届爱国主义教育示范基地"。 |
| 2013 年 | 宿州市博物馆被推选为安徽省博物馆学会常务理事单位。 |
| | 5 月，宿州市博物馆被评为国家三级博物馆。 |
| | 12 月，中国人民解放军第二炮兵部队政治部在宿州市博物馆举办"多彩的长缨——火箭兵摄影作品展"，"二炮"政委彭晓枫上将参加开幕式。 |
| | 12 月，宿州市编制委员会批准宿州市博物馆增加十名正式编制。 |
| 2014 年 | 1 月，中国书协《"孝行天下·埇桥杯"全国书法作品展》在宿州市博物馆举办。 |
| | 5 月，全国政协原副主席顾秀莲参观宿州市市博物馆。 |
| | 12 月，宿州市博物馆被推选为中国博物馆协会第六届理事会理事单位。 |

|  |  |
|---|---|
| 2015年 | 3月，宿州市博物馆成立学术委员会。 |
| | 4月，宿州市博物馆成立工会委员会。 |
| | 11月5日，"氤氲长虹——艺术大师黄宾虹书画展"在宿州市博物馆开幕。 |
| | 12月，宿州博物馆李嘉琪、祝梦春、夏雪分获安徽省博物馆纪念馆讲解员大赛二等奖、三等奖，第一次走上省级讲解员大赛领奖台。 |
| 2016年 | 元月，"宿州民间艺术展"获第三届安徽省博物馆陈列展览精品奖。 |
| | 元月，安徽省馆藏文物保护方案专家预审会在宿州市博物馆举行。与会专家有故宫博物院李化元、国博铁付德、荆州文保中心吴顺清、中科大龚德才、安博郑龙亭、安徽考古所姚政权等。 |
| | 4月，著名电影表演艺术家杨在葆、许还山等参观宿州市博物馆。杨在葆在宿州市博物馆举办书法作品展，并向宿州市博物馆捐赠书法作品。 |
| | 7月，安徽省文物局在宿州市博物馆举办第一次可移动文物普查数据专家会审。 |
| | 9月，"辉煌的征程——纪念长征胜利80周年全国名家作品展"在宿州市博物馆举办。画展展出了中国美协副主席李翔、常务理事吴涛毅等六位画家作品。 |
| | 9月，安徽省文物考古研究所、宿州市文物管理局、宿州市博物馆主编的《宿州芦城孜考古发掘报告》由文物出版社出版发行。 |
| | 9月，宿州市博物馆承办"淮河中下游地区龙山时代学术研讨会"。来自中国社会科学院考古研究所、中国国家博物馆、故宫博物院、文物出版社、北京大学等单位的专家学者60余人参加研讨会。中国考古学会新石器专委会副主任、山东大学栾丰实教授作主旨报告。为配合会议的展开，安徽省文物考古研究所与宿州市博物馆联合举办"芦城孜考古成果展"。 |
| | 12月，宿州市博物馆被宿州市人民政府授予"第九届宿州市文明单位"称号。 |
| 2017年 | 3月，宿州市博物馆被评为国家AAAA级旅游景区。 |
| | 3月，原中央军委委员、中国人民解放军总后勤部主任王克上将参观宿州市博物馆。 |
| | 7月，宿州市博物馆编辑出版《宿博文博》（第一辑）由安徽人民出版社出版。 |
| | 8月，安徽省教育厅授牌宿州市博物馆"安徽省研学旅行实践基地"。 |
| | 8月，宿州市编制委员会批准宿州市博物馆设立办公室、陈列社教部、藏品保管部三个二级机构，增加部室主任领导职数（副科级）二名。 |
| 2018年 | 5月17日，"庆祝5.18——韩美林综合艺术展"在宿州市博物馆开幕。 |
| | 8月，宿州市博物馆编辑的《宿州名人书画集》由安徽人民出版社出版。 |
| | 8月，宿州市博物馆被中共安徽省委、安徽省人民政府评为"安徽省第五届爱国主义教育示范基地"。 |
| | 10月，宿州市博物馆晋升国家二级博物馆。 |
| | 11月，宿州市博物馆编辑的《宿州市博物馆文物集萃》由文物出版社出版。 |

| | |
|---|---|
| 2019 年 | 7 月，宿州市博物馆开始在暑期举办"博物馆奇妙夜——优秀传统文化展览展示活动"，探索博物馆夜间开放模式。 |
| | 9 月，宿州市博物馆被宿州市人民政府授予"第十届宿州市文明单位"称号。 |
| | 11 月，宿州市博物馆理事会成立，选举出理事长、副理事长、秘书长和理事，通过了《宿州市博物馆理事会章程》。 |
| 2020 年 | 5 月，宿州市博物馆被安徽省文化和旅游厅评为"安徽省十家最美博物馆"。 |
| | 5 月，宿州市博物馆编辑的《宿州名人书画——闵祥德书法作品集》由安徽人民出版社出版。书中收录了闵祥德向宿州市博物馆捐赠的书法作品 60 幅和闵祥德书法理论文章 18 篇。 |
| | 9 月，宿州市博物馆被推选为中国博物馆协会第七届理事会理事单位。 |
| | 12 月，宿州市博物馆昌馨获得安徽省导游大赛金奖。 |
| | 12 月，宿州市博物馆晋升国家一级博物馆。 |
| 2021 年 | 4 月，安徽省归国华侨联合会授牌宿州市博物馆"安徽省华侨国际文化交流中心" |
| | 4 月，宿州市博物馆昌馨荣获安徽省"五一劳动奖章"。 |
| | 9 月，高传业向宿州市博物馆捐赠时代跨度五十多年（1959 年～2010 年）的历史老照片 1088 张。宿州市博物馆编辑《历史的瞬间——高传业摄影生涯 50 年》由安徽人民出版社出版，并举办"历史的瞬间——高传业摄影作品展"。 |
| 2022 年 | 3 月，宿州市博物馆获评"第五批安徽省社会科学知识普及基地"。 |
| | 3 月，宿州市博物馆昌馨入选全国 100 名"红色旅游五好讲解员"培养项目。 |
| | 6 月 10 日，宿州市博物馆与省考古所共建安徽省文物考古研究所宿州工作站，揭牌仪式暨宿州考古成果展开幕式在宿州市博物馆一楼举行。 |
| | 7 月，宿州市博物馆昌馨、张程入选 30 名"安徽省优秀讲解员人才库"。 |
| | 8 月，宿州市博物馆编辑《宿州市汉画像石撷珍》由文物出版社出版。 |
| | 12 月，宿州市博物馆编辑《宿州名人书画——李百忍书法作品集》由安徽美术出版社出版，书中收录李百忍长子李农向宿州市博物馆捐赠的李百忍书法作品 137 幅和李百忍书法理论文章 8 篇。 |

# 征稿启事

　　《宿州文博》第二辑由宿州市文化和旅游局主管，宿州市博物馆主办，文物出版社出版的学术文集，自2017年7月第一辑出版以来，在业内获得良好反响。这是一本集文物、历史、考古学、博物馆学、文物保护学等多学科、多领域于一体的综合性文集，是面向文博、考古工作者和相关专业同仁的学术性读物。为加强学术交流，促进学术研究，《宿州文博》现诚邀相关学科的专家学者赐稿，并在此深表感谢。

　　一、内容范围

　　涉及宿州地区相关的考古学、博物馆学、历史学、文献学、民俗学、文物保护学及文物研究，集学术性、知识性与鉴赏性为一体。

　　二、稿件要求

　　1. 稿件要求观点明确、逻辑严谨，具有学术价值，标题准确，资料新颖，文字精练，图文并茂，层次清楚。

　　2. 文章字数宜3000~6000字左右，特殊情况除外。引文、注释须核对准确，并采用自动生成的注释，统一置于文末。

　　3. 请尽可能提供配合文章的图片资料，以高清数码相片为宜（请存JPG或TIF格式），质量精美的线图与拓片亦可。

　　4. 来稿请存WORD文件，并附作者简介及联系方式，通过电子邮件发送至宿州市博物馆《宿州文博》编辑部邮箱。

　　5. 自收稿之日起三个月内未收到稿件采用通知，作者可自行处理。本刊不对未采用稿件提出意见，敬请谅解。

　　6. 文章一经采用，即依国家标准从优付酬。

　　7. 凡涉及作者著作权等知识产权问题，相关责任一律由作者自负，与本刊无关。

　　地址：安徽省宿州市埇桥区博物馆路一号

　　宿州市博物馆《宿州文博》编辑部

　　邮编：234000

　　邮箱：szsbwg518@163.com

　　电话：0557-3020018